经济转型时期中国环境规制政策问题研究

JINGJI ZHUANXING SHIQI ZHONGGUO HUANJING GUIZHI ZHENGCE WENTI YANJIU

冯 卓 著

中国财经出版传媒集团
中国财政经济出版社

图书在版编目（CIP）数据

经济转型时期中国环境规制政策问题研究／冯卓著．--北京：中国财政经济出版社，2019.12

ISBN 978－7－5095－9455－1

Ⅰ．①经…　Ⅱ．①冯…　Ⅲ．①环境政策－研究－中国　Ⅳ．①X－012

中国版本图书馆 CIP 数据核字（2019）第 256298 号

责任编辑：田明晖　　　　责任校对：李　丽
封面设计：孙俪铭

中国财政经济出版社出版
URL：http：//www.cfeph.cn
E－mail：cfeph@cfeph.cn

社址：北京市海淀区阜成路甲 28 号　邮政编码：100142
营销中心电话：010－88191537　编辑部门电话：010－88190670
北京财经印刷厂印刷　各地新华书店经销
787×1092 毫米　16 开　14.25 印张　235 000 字
2019 年 12 月第 1 版　2019 年 12 月北京第 1 次印刷
定价：58.00 元
ISBN 978－7－5095－9455－1
（图书出现印装问题，本社负责调换）
本社质量投诉电话：010－88190744
打击盗版举报热线：010－88191661　QQ：2242791300

前　言

我国改革开放40多年以来，经济高速发展，当前正在步入经济转型时期，过去那种依靠以资源能耗、环境污染、廉价劳力为代价的要素驱动型增长模式，再也无法继续支撑我国经济的快速发展。我国正逐渐迈入一个以转变发展方式、调整产业结构、持续稳定增长、提高质量效益为内容的中高速发展新常态时期。在经济发展新常态下，我国增长速度由高速转为中高速，经济结构由中低端迈向中高端，发展动力由要素驱动、投资驱动转向创新驱动，资源环境要素投入呈现下降态势。环境规制政策既面临新的机遇，也面临新的挑战①。在新常态时期，如何协调经济增长与环境污染之间的关系成为人们关注的焦点。与环境问题相伴随而来是一些经济和社会问题，国家环保资金投入逐年增多，而环境治理效果不佳；对污染企业治理力度加大，但污染企业效益下滑、地方财政收入减少。政府环境治理难以形成长效机制，环境规制部门治理信心受挫，对已有环境规制政策抱有迟疑态度，环境规制政策实施的监管力度减弱。因此，在相当长一段时间内，我国仍将面临严峻的环境压力。如何较好地完成环境保护与经济发展这一双重任务，无疑是我国经济转型的关键时期需要解决的最重要问题之一。

面对越发严重的环境污染问题，政府通过不断强化环境规制政策来加以解决。为此，政府采取了提高污染物排放标准、关停污染严重的小企业、鼓励企业进行污染治理技术创新等举措。而在众多污染企业中，能源产业在消耗大量能源的同时，造成了严重的环境污染，成为政府环境规制的重点对象。能源产业作为环境规制的重点对象，也成为环境规制政策影

---

① 冯卓．经济转型背景下我国环境治理问题研究［J］．沈阳师范大学学报（社会科学版）2016（3）：130－134.

响最深的行业。为此，本书在进行实证分析时以能源产业为例，分析政府制定的环境规制政策是否对能源产业的环境污染进行有效控制的同时，直接或间接的对能源产业的经济效益产生正面影响，实现经济增长与环境保护的双赢局面。

本书共分为8个章节。第1和第2章，介绍研究背景和意义、国内外环境规制相关理论研究现状及其述评、研究内容和方法。第3章，首先从我国环境污染情况分析出发，研究我国在经济转型的第二阶段和第三阶段三废排放情况，并对此进行总结，然后，根据经济转型各时期特点，对环境规制演进阶段进行划分；最后，总结环境规制演进各阶段具体环境规制内容。第4章，揭示环境规制与产业经济发展的关系问题。第5章，以能源产业为例，对能源产业环境规制效应进行实证分析，计算出能源产业中各行业污染强度。归纳能源产业环境规制发展的各个阶段，概括能源产业环境规制类型及作用。根据能源产业环境规制类型的特点，构建能源产业环境规制实施强度评价体系，测算能源产业环境规制强度。基于SCP范式理论，分析能源产业环境规制对市场结构、市场行为进而对市场绩效的作用机理，对能源产业环境规制效应进行实证分析。第6章，结合经济活动过程建立环境规制的选择机制，实现经济发展与环境规制政策制定的和谐统一。第7章，综合对比分析这些效应，得出当前能源产业环境规制效应结论，并给出相应的对策建议。第8章，提出本书的结论与不足之处。

著　者

2019 年 10 月

目　录

第1章

绪　论

1.1 研究背景和意义

自1978年党的十一届三中全会以来，随着中国经济体制改革和对外开放政策的实施，我国的体制开始由计划经济向社会主义市场经济过渡转型。经济体制改革与经贸技术的对外开放国策同时启动，在中国经济社会快速发展的过程中互为补益，最为关键。随着不断深化的近40年经济体制改革，中国的自身发展及为世界经济做出的贡献都是令世人始料未及的，长达30多年高GDP增长率，以及减少超过2亿的世界贫困人口数量等事实和数据，都说明中国经济转型的成就斐然（林毅夫，2012）。但面对高速增长的数字，我们也必须保持清醒的认识，那就是中国的经济增长尤其是20世纪90年代后期的经济增长是具有“两面性”的：作为一种粗放型的经济增长，其特征是大量投入生产要素，未顾及生态环境质量，因此经济增长的副产品是环境的恶化以及资源的高消耗。中国政府并非对此问题没有意识，通过经济转型时期出台的系列政策和采取的措施可以看到政府保护环境的决心和努力，如1979年颁布了《中华人民共和国环境保护法》（试行）、1992年将保护环境作为基本国策，并成为《联合国气候变化框架公约（1992）》和《京都议定书（1997）》的缔约国和推动者、“美丽中国”的建设者。但是，我国人口、资源、教育等国情的特殊性，使得诸多环境保护和整治措施未能获得预期的实施效果，环境污染问题存在于发达国家上百年工业化进程中的各个阶段，我国只经过了30多年的改革就已经集中地呈现出来。来自美国耶鲁大学（Yale University）和哥伦比亚大学（Columbia University）的科学家联合发布的世界环境绩效排名 EPI（Environmental Performance Index）则进一步指出，2008 年我国的 EPI 得分为 65.1 分，在 149 个国家和地区中位居第 105 位，2010 年我国的 EPI 得分降低至49.0 分，在 163 个国家和地区中仅排第 121 位。2012 年我国的 EPI 得分进一步降低至 42.24 分，在 132 个国家和地区中仅排第 116 位，如此的 EPI 排名与我国经济转型时期取得的成绩并不相称。与发达国家平均水平相比，中国单位 GDP 污染物排放量约是其 10 倍。由于污染物的大量排放，导致我国三亿多农村人口没有洁净水饮用，一亿多城市居民呼吸不到清洁空气，国土的部分地区饱受酸雨侵袭，天然草原逐步退化，更为严重的后果是制约了经济的进一步增长，我国因环境污染造成的直接和间接经济损失约为 GDP 的 10%。

可见，我国经济转型时期以来的成绩，多是以牺牲环境为代价所取得的。只有及时提高环境规制强度，我国才可能阻止生态环境承载达到“阈值”。但是必须承认的客观事实是，大量贫困人口问题尚存、社会福利水平整体较低、城市化和工业化仍未达目标等国情不容单一考虑环境问题，经济增长是我国在实施环境规制的同时必须重点考虑的问题。基于此，中国如何较好地完成环境保护与经济发展这一双重任务，无疑是我国经济转型的关键时期需要解决的最重要问题之一。因此，通过归纳经济转型时期中国环境规制政策，总结中国经济转型时期环境规制政策最优选择机制，对中国经济的持续绿色发展具有重要意义。

1.2 文献综述

国内外学者对该问题进行了深入的研究，本书主要涉及以下几个方面的内容。

1.2.1 环境规制含义理论研究

针对环境规制含义的界定问题，国外不同的学者有不同的观点，但总体来看，都是从规制及社会性规制角度进行界定。如维斯卡西（Viscusi，2005）等认为规制是政府对人或组织的自由选择进行控制的手段[①]。（植草益，1992）认为经济性规制是指："存在着自然垄断和信息不对称问题的部门，以防止无效率的资源配置的发生和确保需要者的公平利用为主要目的，通过被认可和许可的各种手段，对企业的进入、退出、价格、服务的质和量以及投资、财务、会计等方面的活动所进行的规制"[②]。与经济性规制相对应的是社会性规制。（植草益，1992）认为社会性规制是指："以保障劳动者和消费者的安全、健康、卫生、环境保护、防止灾害为目的，对物品和服务的质量和伴随着它们而产生的各种活动制定一定标准，禁止、限制特定行为的规制"。美国经济学家卡恩（Kahn，1970，1971）认为，规制作为一种基本的制度安排，实质就是政府命令对竞争的明显取代，试图维持良好的经济绩效和取得良好的社会效益[③]。斯蒂格勒（Stigler，1971）认为，"作为一种法规，规制是产业所需并主要为其利益所设计和操作的"。而规制的前提是国家所具有的强制权[④]。著名经济学家萨缪尔森则认为，规制是政府以命令的方法改变或控制企业的经营活动而颁布的规章或法律，以控制企业的价格、销售或生产决策[⑤]。环境规制属于社会性规制的一种，自 2000 年后，国外学者逐渐将注意力转向环境规制问题。原因在于，2000 年以后，世界各国环境污染的加剧促使规制部门开始重视对环境的规制，从而带动了环境规制领域研究的兴起。

我国学者对环境规制问题的研究起步较晚，国内学者对规制的定义与国外学者的定义大同小异。（傅京燕，2004）认为规制的概念经历了从特殊到一般、从较为泛化到逐步走向专门化的过程。（王俊豪，2007）认为："政府规制是具有法律地位的、相对独立的政府规制机构，依照一定的法

---

① Viscusi W. K. , J. E. Harrington, Jr. , Economics of Regulation and Antitust, Cambridge: The MIT Press, 2005: 357.

② 植草益著，朱邵文等译. 微观规制经济学［M］. 北京：中国发展出版社，1992.

③ Kahn. A. E. The Economics of Reguiation: Principles and Institutions［M］. Cambridge, Mass: MIT Press, 1988: 36 - 45.

④ 施蒂格勒. 产业组织和政府管制［M］. 潘振民译，上海：上海人民出版社，上海三联书店，1998: 210.

⑤ 保罗·萨缪尔森、威廉·诺德豪斯. 经济学［M］. 高鸿业译，北京：中国发展出版社，1992: 864 - 865.

律对被规制者所采取的一系列行政管理与监督行为”①。（余晖，2008）认为，“规制是指政府的许多机构，以治理市场失灵为己任，以法律为依据，大量颁布法律、法规、规章、命令及裁决为手段对微观经济主体的不完全的市场交易行为进行直接的监控或干预”②。（朱方明等，2009）认为，社会性规制主要是指政府等权威机构为控制外部性（主要是负外部性）和可能会影响人身安全健康的风险而采取的行动和措施，它主要包括对各种污染物排放、产品和服务质量、工作场所安全、收入分配乃至就业和教育机会等方面的规制。

综上所述，环境规制是政府或者权威机构为了达到环境保护的目的，针对企业从生产到消费的过程中产生的污染行为，制定的各种政策措施。基于本书研究的需要，本书中所涉及的环境规制政策主要针对能源产业的生产环节进行的。

1.2.2 环境规制与经济发展相关性的理论研究

人类进入工业社会以后，环境问题的凸显开始对全人类的生存和发展造成威胁，很多学者试图从经济、社会、技术等不同学科与角度对其产生原因进行分析。以经济学的视角来看，外部性理论可以对其进行一定程度的解释。

马歇尔（Marshall）是最早提出外部性问题的学者，他在《经济学原理》这本书中指出：“我们可以把因任何一种货物的生产规模之扩大而发生的经济分为两种：第一种是依赖于该产业的一般发达所导致的经济；第二种是依赖于从事某产业的个别企业资源、组织和效率的经济。我们可以把前者称为‘外部经济’，将后者称为‘内部经济’（Marshall，1920）。”尽管马歇尔的“外部经济”概念并非是为了解释环境问题，其初衷只是要说明经典理论“看不见的手”是存在瑕疵的（Andress，1994），且在“外部经济”概念提出后并未从现实中找到相对应的事实，以致在当时被称为“空盒子”（Clapham，1922）。但毕竟这一新理论的产生开启了经济研究的新领域，众多学者开始关注并深入研究，外部性理论的发展和成熟就此有

① 王俊豪. 管制经济学原理［M］. 北京：高等教育出版社，2007：3-4.
② 余晖. 管制与自律［M］. 杭州：浙江大学出版社，2008：25-29.

了先决条件。

仅仅 4 年后，庇古（Pigou）便在《福利经济学》一书中进行了进一步的探究，充实和完善了“外部经济”，促成外部性理论的形成。庇古在书中提出：“我们必须分清两种不同的边际净生产，也就是我们所说的‘社会边际净生产’和‘私人边际净生产’。社会边际净生产是指在任何场合下，由于资源的增加所带来的物质或客观劳务的净生产增量的总和，而不管这些增量由谁拥有。而个人边际净生产是指在一定场合下，由资源的增加所带来的物质或客观劳务的净生产增量的总和，并且此部分增量在出售前是由资源所有者拥有。在有些情况下，两者是相等的，在有些情况下，两者是不相等的（Pigou，1971）。”庇古的贡献还在于，他进一步指出了“外部性”中正、负外部性的不同情况，当“私人边际净生产”小于“社会边际净生产”时，会产生正外部性，此时政府应当对这些私人部门实行奖励和津贴，以鼓励厂商增加产量；当“私人边际净生产”大于“社会边际净生产”时，则会产生负外部性，此时政府应当对这些私人部门实施征税，以迫使厂商减少产量。通过政府的这种补贴和征税政策，就可以实现外部效应的内部化（Pigou，1971）。

庇古对于负外部性的说明即以环境污染为例，认为对污染者征税可以弥补社会成本和私人成本之间的差距，借此实现资源的有效配置。其后的学者科斯（Coase）在其《社会成本问题》一文中，以交易成本为零的假设前提下，证明了庇古的外部性理论是片面的。在这篇文章中，科斯以牛群数量和耕地数量为例，设定了交易成本为零及牛群走失时会损害农民耕地的前提。科斯的阐述认为如果法律赋予农民享有耕地不被损坏的权利时，牧民就会对被牛群损坏的耕地负责。如：赔偿农民损失、修建防护牛群的栅栏（牧民主动替农民修建或者农民用获赔的资金自己修建）、减少牛群数量等，从而解决存在的外部性问题；当法律赋予牧民有自由放牧的权利时，农民就必须对可能存在耕地损坏问题自负其责，如主动修建防护牛群的栅栏、减少耕地数量、付钱给牧民请求减少牛群数量等，从而也能解决存在的外部性问题。科斯以此来证明，产权的界定不够清晰是外部性产生的根本原因，在产权能够被清晰界定的前提下，不论产权被界定给哪一方，在交易费用为零时，理性的经济人总会将外溢成本和收益考虑在内，在私人之间达成协议，从而使经济活动的边际私人净产值和边际社会净产值相等，消除外部性存在的根源，实现资源的有效配置（Coase，1960）。

在“外部性”问题的研究中，德姆塞茨（Demsetz）、鲍莫尔（Baumol）和奥特斯（Oates）等学者展开了进一步的探讨，从不同的角度深入丰富和扩展了外部性理论。其后的学者大多采用他们对于外部性概念的描述，即：当某一决策者的决策行为影响了其他决策者的效用或者生产函数时，受影响的一方并未对其所受到的好处付费，或者受影响的一方并未获得赔偿以弥补其受到的损失，就产生了外部性问题。

环境污染问题之所以会出现，其经济根源就可以用外部性来解释。

情况1：污染问题产生于企业生产的过程中，企业的产量决策建立在成本和效益的比较上，通过比较边际收益与私人边际成本来决定均衡产量A，产量B则出现在边际收益与总社会边际成本（包含了私人边际成本和污染产生的社会边际成本）相等之时，且前者大于后者，即当不存在任何与污染物相关的规制时，企业的均衡产出大于社会均衡产出，而且并不赔偿其过多产出而造成的社会污染问题，结果是带来了外部性问题。

情况2：企业产量在此情形中不纳入考虑，即任何水平上的污染物排放量，都会在一定程度上造成附近其他企业与居民的损失，导致相关民众生活质量下降，于是清洁的生存空间将会随着居民收入水平的提高逐渐成为稀缺商品，对企业污染物进行治理的需求亦将日益显著，但在产权不明晰的情况下无法解决污染物的排放和治理，因此外部性问题依旧存在。

情况3：无论生产者还是消费者对污染问题采取的治理措施都会使其他生产者和消费者从中受益，然而如果受益方并不为此付费便会导致“搭便车”的行为，将在一定程度上削弱治理方的治理积极性，这时的正外部性便不利于环境治理。环境规制便是为了将上述外部性问题内在化处理应运而生的，换句话说，环境规制之所以产生和存在，其目的就是为了明确环境污染问题的产权，解决环境污染的外部性问题，满足人们对洁净空间、持续健康发展的需求。

1.2.3 环境规制与经济发展相关性的实证研究

（一）环境规制与全要素生产率的相关性

国内外有很多学者从不同角度检验了环境规制与经济增长的关系，大多数该类文献都从国家或地区、产业、企业等不同层面上进行了宏微观研究，然而诸多文献的检验结果并不一致，甚至存在着相反的结论。在环境规制和生产率以及经济增长之间的关系方面，国外学者从 20 世纪 70 年代末开始就做了大量研究。最初进行的是环境规制与生产率二者间关系的研究，部分学者的研究结论是环境规制会降低生产率的增长速度，代表人物有 Denison（1979）和 Gray（1995）等。其中 Gray（1995）的研究是基于健康、安全与环境规制的视角，通过论证认为 30% 的制造业全要素生产率下降源于社会性规制。Conrad et al.（1995）和 Gray et al.（1995）则分别从国家层面进行了实证研究，以德国和美国污染密集型产业生产率为研究对象，分析环境规制对其影响，结果证实引入环境规制会使污染密集型产业的全要素生产率下降。Chung et al.（1997）利用方向性距离函数，提出 Malmquist - Luenberger 生产率指数，并通过这种方法重新测算了经济增长率，最终研究表明：包含环境污染这个“坏”产出时的全要素生产率比实际全要素生产率低。Sancho，Tadeo 和 Martinez（2000）通过对效率指数的采纳，以实行环境规制下的西班牙木制品和家具制造业的产出和生产效率为实证分析的对象，结果显示环境规制对产出和生产效率均产生了负的影响。Alpay，Buccola 和 Kerkvliet（2002）的研究对象是美国和墨西哥食品加工利润率和生产率，使用利润函数考察环境规制政策对食品生产的影响，实证分析发现在 1971—1994 年间，对于墨西哥食品加工业，环境规制政策对其利润率产生负影响，但是对生产率则产生正影响；对于美国食品加工业，环境规制政策对其利润率未产生显著影响，对生产率的影响则为负。Ricci（2007）的研究所阐述的观点是，一国如果引入环境规制，则该国会迫于规制而将原有用于投资的资金转而投入污染治理，从而产生了降低该国经济增长率的负面影响。搜集整理了韩国 1983—1993 年间制造业的十个次级产业的数据，Lee（2008）进行了实证研究，数据分析表明此间的环境规制会使生产率年均降低 0.14%，但同时显示了各产业受到环境规制的具体影响与同时期的市场力量表现出负相关性。Morley（2010）使用的是面板格兰杰检验法，以欧盟为研究对象，用相关数据进行实证分析，以验证说明环境保护政策和经济增长二者的关系，实证结果通过两个层面表明：一是通过长期观测，发现环境保护政策愈发严苛的格兰杰成因是经济增长，但当试图对这个假设寻找证据时并未实现；二是进行短期观测，发现经济增长的格兰杰成因是由于环境保护政策强度增加，但是这是一种负向影响。与以上观点相反的是，部分学者认为环境规制与生产率增长速度是正相关的关系，前者可以促进后者的提高。Xepapadeas et al.（1999）利用数理模型验证，生产率在环境规制的政策和执行较为严格时会得到提高，但同时，他们也发现，生产率的提高并不能完全补偿规制引发的成本。学者 Hamamoto（2006）应用日本制造业的相关数据进行分析论证，也得出环境规制对经济增长是正向影响的结论，其压力对全要素生产率能够产生显著积极的作用。Fleishman et al.（2009）使用 1994—2004 年间美国的环境规制政策，根据政策的变化测算了不同政策如何影响燃气发电厂生产率，结果显示针对 SO_2 排放量的政府规制同发电厂生产率二者的关系是正相关的。

与国外学者有所区别，我国学者分析环境规制政策与经济增长二者关系的方法时普遍采用测算经济增长率。考虑到环境规制政策作用于对经济增长时，有短期与长期、不同地域等差异化因素，因此环境规制政策与经济增长二者之间的关系不能简单理解和推断。解垩（2009）与张成（2010）等学者利用数据包络分析方法对中国工业全要素生产率进行测算，其中解垩主要是对环境规制政策对经济增长的单方面影响进行了分析，而张成则对环境规制政策与经济增长二者的相互关系通过协整检验进行了分析，并得出环境规制政策对经济增长确有促进作用的结论，但短期效果不如长期作用显著。采用中国 19 个省市 20 个部门在 1995—2005 年间的相关数据，李泳和李金青（2009）尝试构建了中国可计算非线性动态投入产出模型，主要基于此研究环境规制政策如何作用于行业产出和经济增长，模型分析的结果显示经济增长并未因为机动车尾气排放控制而制定的环境规制政策而受到显著抑制，但却得到了增加治理污染的投资可导致 GDP 下降，从而呈现出指数快速上升态势的证据。基于我国 30 个省份 1998—2006 年间的面板数据，孔祥利和毛毅（2010），按照区域对环境规制与经济增长的关系进行了实证研究，指出无论是从地区还是时间的影响去考量，我国环境规制政策的强度水平与经济增长之间的差异性非常明显。将两个影响要素具体结合来看，长期观测我国东部地区、中部地区和西部地区表现出的是环境规制水平与经济增长之间彼此促进、互为因果的关系，然而从短期的分析来看，我国东部地区的环境规制水平与经济增长之间正相关显著，我国西部地区表现为经济增长在一定程度上会提升环境规制水平，而在我国的中部地区二者之间并未表现出存在显著的相关性。原毅军和刘柳（2012）的研究从环境规制的分类入手，基于费用型和投资型两类环境规制的视角对我国 30 个省（市、自治区）在 2004—2010 年间的面板数据进行研究分析，其结论表明：费用型环境规制对经济增长的影响并不明显，但投资型环境规制对经济增长的促进作用则很明显。

（二）环境规制与技术创新的相关性

从国外一些研究成果来看，关于环境规制政策和技术创新方面的研究文献很多。例如 Lanjouw 和 Mody（1996）应用了美国、日本、德国的数据，对环境规制和环境技术专利申请的数量二者存在的关系进行了分析验证，得出了环境规制政策对技术创新产生积极促进作用的研究结果，不过其结论还显示环境规制政策对技术创新的正向影响有 1 ~ 2 年的滞后效应。二位学者同时指出除了发达国家，巴西等发展中国家的环境技术创新率也并不低，只是众多发展中国家的环境技术创新大多只是表现为改造进口环境技术。Xepadeas 和 De. Zeeuw（1999）的研究结论是环境规制政策的实施产生的并非单一效应而是双重效应，即生产率效应和利润效应。而且技术进步需要提升环境规制强度来促进。Popp（2006）的研究同样是基于美国、日本、德国的面板数据，但其实证研究对象为与空气污染治理相关的技术创新和扩散，研究认为尽管美国对于 SO_2 排放标准的制定标准较为严格且时间较早，但日本和德国对于该标准的颁布则比美国更早，所以该文献的结论是如果一国较早的颁布某类污染物排放标准的时间，那么就能够使该国获得更多针对该污染物指标的专利申请数，而别的国家的专利数增长就会相对缓慢。然而同样是这一方向上的研究，学者们得到的结论却并不相同。Lanjouw 和 Mody（1996）采用的两项数据是污染治理成本和专利数量，以此来衡量环境规制强度和研发产出，实证检验后并未显示污染治理成本对专利数据的正向效应显著，其结论中表现为弹性 0. 15，具有显著正相关性的要素是污染治理成本及其滞后效应和环境规制强度。Jaffe 和 Palmer（1997）通过实证研究了环境规制标准与企业创新行为二者之间的关系，研究样本为 PACE，分析结果发现更为严格的环境规制标准能够对以 R&D 投资额为衡量指标的创新产生显著的正向效应，但环境规制标准和以专利申请数为衡量指标的创新之间并未在统计意义上表现出显著的正相关关系。Brunnermeier 和 Cohen（2003）的研究同样是针对环境规制政策和产业技术创新二者之间的关系，采用了 1983—1992 年美国 146 个制造业的样本数据，研究在检验中将治理污染的成本、政府实施检查及监督的活动等作为变量，用以衡量环境规制政策的影响，结果发现：与环境相关的专利申请数量与治污削减成本成正比，但是政府对污染案的检查数对与环境相关的专利申请数的影响并不显著。

我国有关专家对环境规制政策与技术创新之间关系的研究是从近十几年开始的，大多实证研究结论都认为环境规制政策强度的增加可以促使企业在技术创新上投入更多的资金。王齐（2005）通过研究分析发现在技术创新的条件下，环境规制水平的提高会大大的促进企业创新产品以及产业升级。张嫚（2006）和王爱兰（2005）的研究结果则显示环境规制政策与企业技术创新并不存在确定相关性，其中王爱兰（2005）得出的结论是：在企业非主动遵从环境规制政策的情况下，环境治理成本会增加，使企业总成本增加，从而导致企业竞争力下降，相反，在企业主动遵从环境规制政策的情况下，环境规制政策可以使企业的生产效率相应提升；张嫚（2006）得出的结论则是：环境规制政策对企业竞争力的影响存在一定程度的不确定性，在可能促使创新补偿收益机制的形成的情况下，创新补偿收益与环境规制政策遵循成本之间的差额将决定这种影响的确定程度。赵红（2007）对环境规制政策对技术创新产生的作用和影响进行了研究，通过实证分析得到的结论是环境规制政策的中长期效应是有利于技术创新的，因此，适度提高环境规制水平对于激励企业的技术创新的行为具有积极作用。江珂（2009）的视角着重于环境规制政策和中国区域技术创新能力，采用的是我国 1999—2007 年的省际面板数据，通过实证分析表明环境规制政策对于技术创新具有中长期的促进效应，但研究结果还显示环境规制政策对技术创新在地区间的影响上存在较大差异性，较为显著的正影响主要体现在东部地区，而未见于中部和西部地区。黄平（2010）的观点是环境规制政策与技术创新之间存在双向彼此作用的关系。张成等（2011）首先针对环境规制强度与企业生产技术进步二者之间的关系构建了数量模型，并基于我国 30 个省份的工业部门 1998—2007 年间的相关数据利用面板数据分析法进行了检验。沈能（2012）构建的数理模型主要是研究环境规制强度和企业技术创新之间的关系，其分析基于区域异质性假定，对我国环境规制与技术创新的关系进行了检验和论证，表明二者之间是非线性的关系，并最终确定了环境规制的最优水平。其研究显示了环境规制强度和企业技术创新之间的非线性关系是“U”型的，表明随着环境规制强度的加强，规制对企业技术创新产生的影响先降低后提高。此外，研究还指出经济发展水平也是环境规制的创新效应的一个决定性因素，经济发展水平具有双门槛，其门槛跨越值越高，环境规制就表现出越为显著的对技术创新的促进作用。王鹏和郭永芹（2013）实证研究了环境规制政策对我国中部地区技术创新的影响效果，基于该地区六个省份1998—2009年的面板数据分析表明，该地区的专利授权量、发明专利授权量、实用新型专利授权量和外观设计专利授权量均受到科技活动经费内部支出和科技活动人员数的正面影响；环境规制政策水平对专利发明专利、实用新型专利和外观设计专利授权量的作用则是负面的，但其中对实用新型专利授权量的影响效果不显著。

（三）环境规制与竞争力的相关性

一个国家或地区整体的经济实力很大程度上表现为其竞争力强弱，且该国家或地区的综合竞争力也受其重要影响。除了上述环境规制与生产率、技术创新性等关系的文献外，很多学者还通过关注环境规制成本对受规制部门的盈利性、价格、需求动态和投资决策等方面的影响，研究了环境规制与竞争力之间的关系。这类文献主要有三种解释。

第一种解释持新古典观点说明环境规制以部门的成本结构和市场结构特征影响市场势力，强调环境规制将环境的负外部性内部化，与此同时也造成了对企业的额外负担。Clift和Wright（2000）认为在有无环境规制相比较的情况下，受规制的企业或部门需要承担较高的生产成本，进而产生对企业、部门以及国家竞争力的不利影响，尤其是对于环境成本占生产成本比例较部门平均水平更高的产业，不利影响可能表现得将更为显著。但是并非所有的经验研究均得到一致的结论，例如Hitchens等（2000）通过对多个国家以及欧盟多个部门的案例研究，环境规制显著负面影响中小公司的竞争力。然而Alpay等（2002）却通过对墨西哥食品加工业部门的实证分析发现，环境规制能够促进其生产率的提高，因此得出结论认为环境规制的加强并不总是对部门竞争力产生负面影响。Chintrakam（2008）做的是美国的实证分析，通过48个州的数据和SFA模型对环境规制与美国制造业部门技术效率间的关系进行评价，结果发现环境规制强度对制造业部门技术无效率具有显著正向影响，表明环境规制水平加强不利于改善和促进制造业技术效率，进而对制造部门竞争力有负面作用。相反，Aldy和Pizer（2009）同样利用美国400多个制造产业部门的数据进行实证分析，却得到不同的结论，研究以能源价格作为衡量竞争力的指标去分析对就业、产出和消费等各个方面的影响，并将温室气体的限额交易制度对制造产出部门竞争力影响数量化进行统计分析，结果表明制造部门竞争力并未受到对每吨15美元CO_2排放的明显影响，但碳税的征收却使得能源密集型产业可能会承受国外竞争压力。Costantini和Mazzanti（2010）采用的是引力模型，以出口动态代表出口竞争力，检验14个欧盟国家受环境规制影响的程度，结果发现制造部门绿色竞争力的形成在一定程度上受到环境税、能源税、污染控制支出和公共R&D支出等多种因素的影响，不过并未发现制造部门出口竞争力与环境规制彼此冲突的证据，二者之间在某些情形下存在正向关系，而在另一些情形中则不存在明显关系，例如环境税对出口绩效的影响几乎可以忽略。持相同观点的国内文献有，李钢等（2010）的研究基于我国1997—2007年的相关数据，主要从环境规制的成本与收益角度进行分析。针对工业SO_2、烟尘粉尘和工业废水等不同污染物的管制强度分析表明，我国的环境规制强度和环境执法强度均呈现不断上升的态势，然而以对SO_2规制为例可观察到对不同污染物的规制强度存在着较大差异。该研究的测算结果显示2007年工业环境成本为工业增加值的1.71%（占工业总产值的比例为0.55%），说明在此期间我国的环境规制成本对工业部门竞争力并未产生显著影响。董敏杰等（2011）的研究基于2010年6月的一份调查，这份面向974家企业和114名经济学家的问卷调查显示环境规制仅对企业生产经营产生十分有限的不利影响，其数据表明企业家对企业竞争力的担忧（即“担心在与没有进行环保投资的企业竞争时处于不利地位”）才是导致企业不愿增加环保投入的主要因素。研究结论认为环保法律体系以及执法标准和行为的进一步加强完善，是解除环保投资企业的重要保障和必要措施，使企业获得应有的回报。

第二种解释为Porter假说。该假说与新古典观点的差别在于，它认为环境规制可能在短期内引起竞争力损失（以减少的产出来表示），但在较长时期则可以通过技术创新促使生产率的提高，并进一步增加产出。其原因在于环境规制以外在压力存在的情况下，有可能促进企业减少资源投入或提高资源使用效率，以此降低成本、甚至创造新的产品，激励常规生产方式的变革。这类创新不仅有助于提高原有生产率，甚至可能促使企业的创新收益高于遵规成本。在该假说动态和长期的观点之下，相较于竞争优势的传统因素，竞争力的提升和经济的增长与发展更多地依赖于新技术、新生产工艺和产品的开发能力。傅京燕等（2010）研究检验了环境规制强度对污染行业的国际竞争力的影响，基于我国 24 个制造业的面板数据，以对称的显示性比较优势指数、Michaely 指数和工业制成品净出口率等对行业竞争力进行考察衡量，其中比较优势指标与环境规制的计量分析表明环境规制确为影响该项研究中，污染行业竞争力指标的重要因素，且显著为负的环境规制的二次项系数说明，环境规制以 U 型曲线影响行业竞争力，在拐点前后分别表现出对竞争优势的负面抑制影响和正面促进作用，进而得出结论。认为环境规制对行业竞争力存在双重影响，即规制在增加企业成本的同时也通过促进企业创新而提高企业的竞争力。该研究还指出，我国目前的环境规制水平及效应仍位于 U 型曲线的左侧，故当前的环境规制还表现为对制造行业竞争力的负影响。

第三种解释主要持资源发展观点，实质是以企业内部竞争力为研究核心，扩展了对上述 Porter 假说观点的进一步解释，认为企业竞争力的形成及其显示在经济数据上的成功，很大程度上是由企业可获得的资源质量、数量以及对其有效利用的能力决定的。此观点将企业获取竞争优势的自身需求与涵盖了环境责任的企业社会责任，有机整合入企业的整体决策。认为企业主动承担社会责任时有助于最小化，企业、利益相关者（包括消费者和政府环境治理机构与部门）以及环境间的冲突。例如，当企业主动减少污染排放时，政府环境治理部门就会减少对企业的检查次数，从而降低对企业日常生产的干扰。因此在避免或减少冲突这一层面上，主动减排以降低风险成本是企业可能获得的重要收益。

1.2.4 环境规制政策与 SCP 框架的影响关系综述

根据产业组织理论的相关论述，SCP 框架是由市场结构、市场行为、市场绩效构成。SCP 框架中第一个构成要素是市场结构。影响市场结构因素有很多，如市场集中度、进入和退出壁垒、产品差别化、市场需求的价格弹性、市场需求的增长率和短期成本结构等因素。SCP 框架中第二个构成要素是市场行为。企业行为主要包括企业的定价行为、产品差异化行为、策略性行为以及企业的组织协调行为（杜朝晖，2010）。在 SCP 框架中，最后一个构成要素是市场绩效。市场绩效是衡量市场结构和市场行为是否合理的最终标准，许多对市场结构和市场行为的研究，其最终目的也是为了提高市场绩效。一般来说，广义的市场绩效可以分为经济绩效和社会绩效。其中，经济绩效可以从技术进步、生产效率、利润率、销售费用等角度衡量，社会绩效则可以从社会健康和安全绩效、环境绩效等角度衡量。政府实施环境规制政策的目的是为了提高环境绩效及“SH”绩效，但由于环境规制政策的实施会直接或间接的影响经济绩效。因此，本书对环境规制政策与 SCP 框架的影响关系的文献综述，分别从环境规制政策与市场结构、环境规制政策与市场行为、环境规制政策与市场绩效三个方面进行梳理。

（一）环境规制政策与市场结构

1. 环境规制政策与企业进入退出壁垒

国外学者通过大量的实证分析得出，政府实施环境规制政策会对不同类型的企业产生壁垒作用。这种壁垒作用主要体现在由于“遵循成本”使进入壁垒提高，政府的污染标准的制定使退出壁垒降低。（Scherer 和 Ross，1990；Levinson，1996；Dean et al.，2000）等研究了环境规制政策对不同类型的企业产生的影响。Pittman（1981）以美国威斯康星州和密歇根州纸浆和造纸行业的相关数据为研究样本，利用超越对数生产函数，对污染规制强度和经济规模之间的关系进行了检验。Pashigian（1984）的实证研究发现，政府实施的环境规制政策法规使被规制的企业数量减少，使企业必要资本量的增加，造成企业的额外负担。通过实证分析表明，对小企业来说负担的成本要高于大企业负担的成本。也就是说，在政府的环境规制政策下，小企业的竞争力将逐渐减弱，更难与大企业进行竞争。Dean 和 Brown（1994）对环境规制对新进入企业产生的壁垒效应问题进行了验证。他们以美国 449 家四位数标准分类工业企业的数据为样本，对该问题进行了实证分析，结果表明，在政府环境规制政策的实施下，对在位的老企业更有利。Dean，T. D. 和 R. L. Brown（1995）的研究表明，政府实施环境规制政策对新企业来说，需要增加企业设备投资、人力资本投资，因此会增加企业的生产成本，从而降低企业市场竞争力，使新企业进入壁垒提高。Dean et al.（2000）在对 Dean 和 Brown（1994）问题分析的基础上，对该问题又是进行了进一步的研究，Dean et al. 认为政府环境规制政策的实施会对大型和小型企业进入市场产生不同的影响。通过分析得出的结论表明：对大企业来说，环境规制政策的实施并未给大型企业的进入带来显著负面影响；对小企业来说，环境规制政策的实施并未给小型企业的进入带来显著正面的影响。因此，政府实施环境规制政策后，小企业会比大企业在进入市场时更易处于成本劣势。

我国学者研究与环境规制政策相关的问题起步较晚。目前，国内文献中仅张成（2012）以我国工业部门 1996—2006 年的数据为样本，计算出产业集中度（CR_4和 CR_8）水平，并运用面板数据分析方法，在控制相关变量的基础上，研究了环境规制对产业集中度产生的影响。结果表明在不考虑其他控制变量时，环境规制变量对产业集中度产生不显著的正向促进作用，但随着控制变量的逐步引入，环境规制政策变量的显著性水平逐步提高，模型总体拟合效果趋于优化。国内学者对该问题的研究多是从产品进出口壁垒的角度考察，研究外国环境规制政策对我国商品的进出口产生的影响。王志明和袁建新（2003）认为随着新兴的非关税壁垒即技术性贸易壁垒的发展，将会对国际贸易的发展产生阻碍作用，进而会对中国商品的出口产生不利的影响。因此，中国企业在生产出口产品时，应增加技术投入、研发科技含量较高的新产品、加强技术及专利的认证工作，以此来应对国外的技术性贸易壁垒对我国出口产品的阻碍①。随着欧盟的绿色壁垒实施，高运胜和张永安（2007）研究发现，我国企业进入欧盟市场的难度越来越大，对于研发能力较弱的中小型企业，将受到较为严重的短期和长期绿色壁垒的阻碍。李昭华和蒋冰冰（2009）验证了欧盟的一揽子环境规制措施是否会对我国的纺织品与服装出口产生壁垒效应。该研究利用引力模型，以我国 1990—2006 年间短纤混纺布、棉制男衬衫、合成纤维制男

① 王志明、袁建新．技术性贸易壁垒的影响及中国的对策［J］．世界经济，2003（1）：31－34.

式西服套装、棉制其他袜等四种纺织品和服装上对欧盟的出口数据为样本进行了分析，结果表明，欧盟的一揽子环境规制措施会对我国纺织品与服装出口产生壁垒效应。在此基础上，李昭华和蒋冰冰（2010）又在另一项研究中对欧盟的 EMC、ROHS 与 WEEE 及生态标签的壁垒效应进行分析，结果表明 EMC、ROHS 与 WEEE 及生态标签对我国的空调、显示器、真空吸尘器、电吹风机、微波炉出口也产生了壁垒效应。王蕴琪（2012）指出应对气候变化的大背景下产生了一类新型贸易措施即低碳贸易壁垒。未来贸易保护主义更多是以低碳壁垒等技术性壁垒形式出现。由于碳关税、低碳壁垒衍生品的税收成本和技术标准的提高，将对中国出口产品产生壁垒效应，为此中国必须实施贸易低碳化战略，加快转型步伐，降低碳壁垒等技术性壁垒对中国出口产品的阻碍作用。

通过对上述文献的梳理，可以看出，国内企业由于政府的环境规制政策的加强而产生一定的“遵循成本”。“遵循成本”的增加，一方面会提高新企业的进入壁垒，另一方面也会迫使部分无法满足环境规制政策要求的企业退出市场。环境规制政策还能提高企业的最佳有效规模，以此来实现市场集中度的相对提高。市场集中度的提高最终对环境绩效、“SH”绩效及经济绩效的提高产生促进作用。

2. 环境规制政策与污染产业转移

环境规制政策的实施对企业进入退出壁垒产生影响，进而影响企业的市场集中度。环境规制政策对市场集中度的影响不仅局限于国内市场集中度的影响，当一国政府实施较为严格的环境规制政策时，污染严重的企业会向环境规制强度较弱的地区或国家转移，由此生产“污染避难所假说”，进而对国际市场集中度产生影响。通过对国外相关文献的梳理得出两种观点：第一，认为环境规制政策对污染产业的转移没有影响。如：Tobey（1990）通过检验环境规制政策与 24 类污染产品出口之间的关系，结果表明：环境规制强度的引入并未对 H－O－V 国际贸易模型显示的贸易模式带来统计意义上显著的影响。Grossman 和 Krueger（1992）通过分析美国对墨西哥的进口数据得出环境规制政策的实施对贸易流动没有产生影响。Ederington 和 Minier（2001）对美国制造业的研究显示环境规制政策对贸易流动的影响程度较弱；第二，认为两者之间存在影响关系。如：Cole（2004）在其研究中发现，贸易和污染产业跨国转移使得发达国家在经济增长和环境污染物排放量的关系呈倒“U”型曲线。Akbostanci et al.（2007）以土耳其 1994—1997 年的面板数据为研究样本，考察了土耳其污染密集型企业数量和出口数量之间的关系，发现随着该国污染密集型企业数量的增加，该国的污染密集型产品出口也在增加，说明该国增长的污染密集型产品并未被本国消费，而是通过国际贸易出口至发达国家，沦为发达国家污染密集型产品的生产基地。Kearsley 和 Riddel（2010）以 27 个 OECD 国家 1980—2004 年的面板数据为研究样本验证了污染避难所假说，发现发达国家在污染减排上的成效部分原因是发达国家将“肮脏”产业转移到环境规制标准相对较弱的发展中国家，从而得到了“污染避难所假说”的存在结论。

目前关于“污染避难所假说”在我国是否成立的研究中大都将环境规制政策视为严格的外生变量，检验的结果也不一致。应瑞瑶和周力（2006）认为我国各地区污染治理投资额与外商投资呈显著负相关，“污染避难所假说”在我国成立。刘志忠和陈果（2009）认为环境规制是我国外商投资区位分布不均的原因，环境规制政策对吸引外商投资具有负效应，且中西部地区的负效应大于东部地区。类似的支持“污染避难所假说”的国内研究可见傅京燕和周浩（2010）利用 1998—2007 年我国 30 个省市自治区的数据，验证环境规制政策与 FDI 的关系显著为负，认为环境规制政策是一个非常重要的因素，在我国国内各地区间存在着污染避难所效应。张成（2011）利用工业部门数据验证了工业部门间存在污染避难所效应。彭可茂（2012）利用 2000—2011 年 31 个地区的农业相关数据，验证国内大宗农产品的生产都存在长期递增的稳健的污染避难所效应。

通过对国内外研究文献的梳理可以看出，由于各研究人员采用的方法、样本存在着较大的差异，因此得出的结论也不尽相同。但从总体来看，绝大多数学者认同了“污染避难所效应”的现实存在性。

（二）环境规制政策与市场行为

国外大量学者研究政府的环境规制政策与企业创新或研发行为的关系。Brannlundn et al.（1995）以瑞典造纸行业数据为例进行分析，并认为政府实施严格的环境规制政策是导致被规制企业环境恶化的重要原因之一。Jaffe 和 Palmer（1997）以 PACE 的调查数据为研究样本，验证了更为严格的环境规制标准是否会对企业的创新行为带来正向的促进作用。Hamamoto（2006）基于日本纸浆和造纸行业、化工产品行业、石油和煤炭产品行业、钢铁行业、非金属产品行业5个行业在1960年和1970年的数据，考察了环境规制强度对创新活动的影响。Arimura Toshi 和 Sugino（2007）利用日本19个制造业（其中有4个非制造行业）1996—2000年的面板数据为基础，实证分析了环境规制政策对技术创新的作用，并得出统计意义上环境规制政策不能显著促进技术创新的结论。与 Brannlundn et al.（1995）等研究结论不同，D. Gardiar（1994）、Noah Walley（1994）、Mazzanti（2006）和 Slater（2000）等的研究认为，环境规制政策的实施能够很好的促进企业的技术创新，降低环境的污染。

我国学者近年来对环境规制政策与技术创新问题进行了实证研究，普遍支持环境规制政策的引入会刺激企业投入更多的资金用于技术创新。王齐（2005）认为，在技术创新的条件下，通过加强环境规制，能够促进企业创新产品和产业升级。张嫚（2006）和王爱兰（2005）认为，环境规制政策与企业技术创新之间的关系是不确定的。张嫚（2006）认为，环境规制政策可能形成创新补偿收益，但对企业竞争力的影响存在一定程度的不确定性，确定程度取决于创新补偿收益与环境规制政策遵循成本之间的差额。王爱兰（2005）认为，当企业被动遵从环境规制政策时，由于环境遵从成本的增加，从而导致总成本的增加，降低企业的竞争力。而当环境规制政策能够激发企业的创新行为时，能够提高企业的生产效率。赵红（2007）实证分析了环境规制政策对技术创新的影响，并得出在中长期，环境规制政策有助于技术创新，因此，适度提高环境规制，能够激励企业进行技术创新。黄平（2010）认为环境规制政策与技术创新之间关系是双向的，两者相互作用。江珂（2009）利用中国1999—2007年的省际面板数据实证分析了环境规制政策对中国区域技术创新能力的影响。研究结果表明，环境规制政策在中长期对技术创新有一定的促进作用。但在地区之间存在较大差异性，环境规制政策对东部地区的技术创新有显著的正影响，但并未在中部和西部地区发现类似的显著影响。张成等（2011）构建了环境规制强度和企业生产技术进步关系的数量模型，并采用面板数据分析法，利用1998—2007年中国30个省份的工业部门的相关数据进行了检验。沈能（2012）构建了环境规制强度和企业技术创新关系的数理模型，并基于区域异质性假定检验了我国环境规制与技术创新的非线性关系并确定了环境规制的最优规制水平。研究表明：环境规制强度与技术创新是非线性的。环境规制强度和企业技术创新之间呈现“U”型关系，即随着环境规制强度的加强，对企业技术创新产生先降低后提高的影响。环境规制的创新效应还取决于经济发展水平。经济发展水平则存在双门槛，经济发展水平跨越的门槛值越高，环境规制对技术创新的促进作用越显著。王鹏和郭永芹（2013）运用 1998—2009 年我国中部地区六省的面板数据，实证分析了环境规制政策对该地区技术创新的影响效果。结果表明，科技活动经费内部支出和科技活动人员数对我国中部地区的专利授权量、发明专利授权量、实用新型专利授权量和外观设计专利授权量都产生了正面影响；环境规制政策水平对专利授权量、发明专利授权量、实用新型专利授权量和外观设计专利授权量则产生负面作用，但对实用新型专利授权量的影响效果不显著。

从国内外对该问题的研究来看，大部分学者把 R&D 支出及专利技术申请数作为衡量企业技术创新的指标。当企业用于治污技术的 R&D 投入较高时，能够提高企业污染治理水平，达到政府的环境规制要求；当企业生产技术创新 R&D 投入较高时，一方面可以使企业的生产率得到提高，同时高新技术的引入使企业排污量得到控制。另一方面，由于生产率的提高，企业利润也得到相应的提高，因此，可以抽出更多的资金用于污染治理技术创新。

（三）环境规制政策与市场绩效

1. 环境规制与技术进步

国外学者围绕环境规制政策和技术进步做了大量的研究。Lanjouw 和 Mody（1996）基于美国、日本、德国的数据，对环境规制与环境技术专利申请数之间的关系进行了验证。并得出环境规制政策对技术进步具有正相关关系的结论，同时得到环境规制政策对技术进步的影响存在 1 ~ 2 年的滞后效应。同时，Lanjouw 和 Mody 还指出巴西等发展中国家的环境技术创新率也维持在可观的额度上。不过，大部分发展中国家的环境技术创新主要是体现在对进口环境技术的改造上。Xepadeas 和 De. Zeeuw（1999）通过分析得到实施环境规制政策并非单一效应，而是存在两种效应，即生产率效应和利润效应，随着环境规制强度的提高，有利于技术的进步。Popp（2006）运用美国、日本和德国的面板数据对和空气污染治理相关的技术创新和扩散进行了实证研究。他们指出虽然美国较早制定了严格的 SO_2 排放标准，但日本和德国要比美国更早颁布和 SO_2 相关的排放标准。那么，相对较早颁布某类污染物排放标准的国家就会在该污染物指标上获得更多的专利申请数，但其他国家就不会在该污染物指标上获得明显的专利数增长。也有学者在该研究方向上得到了不一致的结论。Lanjouw 和 Mody（1996）以污染治理成本和专利数量分别衡量环境规制强度和研发产出，实证结果并未得出污染治理成本对专利数据具有明显的正向效应的结论，但污染治理成本及其滞后效应与环境规制强度之间存在显著的正相关性，弹性为 0.15。Jaffe 和 Palmer（1997）以 PACE 的调查数据为研究样本，验证了更为严格的环境规制标准是否会对企业的创新行为带来正向的促进作用。在他们的研究中，认为环境规制能够对以 R&D 投资额为衡量指标的创新起到显著的正向促进作用，但并未发现环境规制和以专利申请数为衡量指标的创新之间存在统计意义上显著的正相关关系。Brunnermeier 和 Cohen（2003）基于美国 146 个制造业 1983—1992 年的数据，检验环境规制政策对产业技术创新的影响，该文选择的污染治理成本，还加入政府检查、监督活动等变量来衡量环境规制政策，结果发现：治污削减成本的增加能够促进与环境相关的专利申请数，但是政府对污染案的检查数对与环境相关的专利申请数的影响并不显著。

我国学者也对该问题进行了研究。李强（2009）指出通过设置绿色进入壁垒、调整市场主体构成等环境规制政策工具，能够实现产业结构升级，刺激企业技术创新，最终提高企业的生产效率。江珂（2009）利用中国 1999—2007 年的省际面板数据实证分析了环境规制对中国区域技术创新能力的影响。研究结果表明，环境规制在中长期对技术创新有一定的促进作用，但在地区之间存在较大差异性，环境规制对东部地区的技术创新有显著的正影响，但并未在中部和西部地区发现类似的显著影响。我国学者还从环境规制强度视角分析了二者间的关系。张成等（2011）构建了环境规制强度和生产技术进步之间的数理模型，利用 1998—2007 年中国 30 个省份的工业部门的数据，采用面板模型对该问题进行了验证，研究结果表明：当以东部和中部地区为研究对象时，随着政府的环境规制政策的加强造成了企业的生产技术进步率的降低，但随着环境规制政策的继续加强，企业的生产技术进步率会逐渐得到提高，即环境规制强度和生产技术进步之间呈现“U”型关系；以西部地区为研究对象时，受环境规制政策形式的影响，环境规制强度和生产技术进步率之间没有形成理论意义上的“U”型关系。张中元和赵国庆（2012）利用中国 30 个省区市 2000—2009 年的数据考查 FDI 技术溢出效应、环境规制强度对工业技术进步的影响，同时估算了环境规制强度对 FDI 溢出效应的工业技术进步边际效应的影响，结果发现 FDI 溢出效应阻碍了各地区工业技术的进步，加强环境规制有利于各地区工业技术进步，而且环境规制对促进 FDI 溢出的边际效应存在显著影响。

因此，从长远的角度看，政府应当适度提高环境规制强度，使企业能够尽快突破生产技术的拐点，进而实现环境保护与经济增长的双赢局面。

2. 环境规制与经济增长

国外学者围绕环境规制和生产率以及经济增长之间的关系所做的大量研究。国外对环境规制与生产率之间关系的研究较早，有的学者认为环境规制会降低生产率的增长速度。代表人物有 Denison（1979）和 Gray（1995）等。其中 Gray（1995）从健康、安全和环境规制角度出发，发现制造业中 30% 的全要素生产率下降来自社会性规制。Conrad et al.（1995）和 Gray et al.（1995）分别实证研究了环境规制对德国、美国污染密集型产业生产率的影响，结果表明环境规制的引入会降低污染密集型产业的全要素生产率。Chung et al.（1997）通过采用方向行距离函数，提出 Malmquist - Luenberger 生产率指数，重新测算经济增长率。研究发现：包含环境污染这个“坏”产出时的全要素生产率比实际全要素生产率低。Sancho，Tadeo 和 Martinez（2000）使用效率指数对西班牙木制品和家具制造业的环境规制下的产出和生产效率进行实证分析，发现环境规制对产出和生产效率都有负的影响。Alpay，Buccola 和 Kerkvliet（2002）使用利润函数考察了环境规制政策对美国和墨西哥食品加工利润率和生产率的影响。发现在 1971—1994 年间，环境规制政策对墨西哥食品加工业的利润率影响为负，但是对生产率的影响为正；环境规制政策对美国食品加工业的利润率影响不显著，对生产率有负的影响。Ricci（2007）在其研究中，就曾指出环境规制的引入会迫使该国将本来用于投资的资金用于污染治理，从而会对该国的经济增长率带来负面影响。Lee（2008）对韩国 1983—

1993 年间制造业的十个次级产业的数据进行了实证研究，认为环境规制平均每年会降低生产率 0.14%，但每个产业受到的具体影响和市场力量呈负相关。Morley（2010）则基于欧盟的相关数据用面板格兰杰检验法从实证的角度验证了环境保护政策和经济增长之间的关系。实证结果显示：从长期来看，经济增长是环境保护政策加强的格兰杰成因，但未在环境保护政策加强对经济增长格兰杰成因这个假设上找到证据。从短期来看，环境保护政策的加强是经济增长的格兰杰成因，不过这种影响是负向的。但也有学者认为环境规制能够提高生产率增长速度。Xepapadeas et al.（1999）通过数理模型证实严格的环境规制能够提高生产率，但他们也认为这只能部分补偿规制带来的成本。Hamamoto（2006）使用日本制造业的相关数据研究表明：环境规制的压力对全要素生产率的影响是正向的，并且是显著的。Fleishman et al.（2009）测算了美国 1994—2004 年不同的环境规制政策对发电厂生产率的影响，发现政府对 SO_2 排放量的规制和燃气发电厂生产率之间存在正相关关系。

我国学者采用不同的方法，通过测算经济增长率，研究环境规制政策与经济增长之间的关系。由于环境规制政策对经济增长的影响存在短期与长期及地域之间差异，不能简单回答和刻画两者之间的关系。解垩（2009）、张成（2010）等采用 DEA 方法，测算中国工业全要素生产率。不同的是，解垩只分析了环境规制政策对经济增长的单向影响，而张成则用协整检验的方法验证环境规制政策与经济增长之间的相互关系，并认为环境规制政策对经济增长的促进作用长期比短期的作用更大。李泳和李金青（2009）基于我国 1995—2005 年 19 个省市 20 个部门的相关数据构造出了中国可计算非线性动态投入产出模型，并利用该模型分析了环境规制政策对行业产出及经济增长的影响，研究结果虽然没有在机动车尾气排放控制这一环境规制政策上发现显著抑制经济增长的证据，但发现治理污染投资的增加会使 GDP 下降，且下降的幅度会呈现出指数的快速上升态势。孔祥利、毛毅（2010）则根据 1998—2006 年中国 30 个省份的面板数据，实证研究了我国各地区环境规制与经济增长的关系，他们指出我国环境规制水平与经济增长的关系在地区和时间上存在较明显的差异性。具体来说，在长期，东部、中部和西部地区在环境规制水平与经济增长之间均呈现了相互促进的因果关系；但在短期，东部地区的环境规制水平会对经济增长带来显著的正影响，西部地区的经济增长会对环境规制水平的提升起到一定的促进作用，但并未在中部地区的两者之间发现显著的关系。原毅军和刘柳（2012）将环境规制分为费用型和投资型两类，并对2004—2010年中国大陆30个省（市、自治区）的面板数据进行实证检验，研究结果表明：费用型环境规制对经济增长无显著影响，而投资型环境规制显著促进经济增长。

1.2.5 对已有研究的简评

从现有研究来看，虽然国内外学者的研究视角已经较为全面，但尚存在三点不足。

第一，现有研究缺乏对环境规制含义的界定。环境规制属于社会性规制的一种，并且随着世界各国环境问题的日益突出和恶化，越发成为社会性规制的重要组成部分，而各国学者对环境规制含义的研究主要是从社会性规制角度进行定义。因此，本书在总结国内外学者对社会性规制定义的基础上界定了环境规制的含义。环境规制是政府或者权威机构为了达到环境保护的目的，针对企业从生产到消费的过程中产生的污染行为，制定的各种政策措施。

第二，从我国国内研究来看，环境规制政策研究基本均视其发展情况为一个整体，而未能结合经济转型时期不同阶段性差异，缺乏环境规制政策的阶段性分析。

第三，影响经济增长的要素较多，而现有的国内外学者研究文献，多数是以促进经济增长的视角、选取影响经济增长的某一个要素实证研究环境规制政策与经济之间的关系，缺乏全局视角和全面分析。

第四，政府制定的环境规制政策，很多都提及对某一产业污染情况的管制问题，尤其能源产业属于高污染产业，政府更加重视对该产业的环境规制。但由于资料收集的困难，从产业层面分析的复杂性，很少有学者对某产业的环境规制政策效应进行评价。因此，本书针对能源产业环境规制政策问题进行了探讨。

第五，从总体看，国内外学者都对环境规制政策与其他变量的影响关系问题进行了分析。但国内外目前的研究都是选取了SCP框架中的一个层面、甚至于一个层面的某一个变量作为研究对象，具备一定独立性，相关性不强。

本书研究主要是基于上述现有文献可能存在的不足，通过选择经济转型这一特定时期对我国环境规制政策与经济二者之间的关系分析，尝试对我国环境规制政策研究进行进一步补充和完善。

1.3 研究框架与研究内容

1.3.1 研究框架

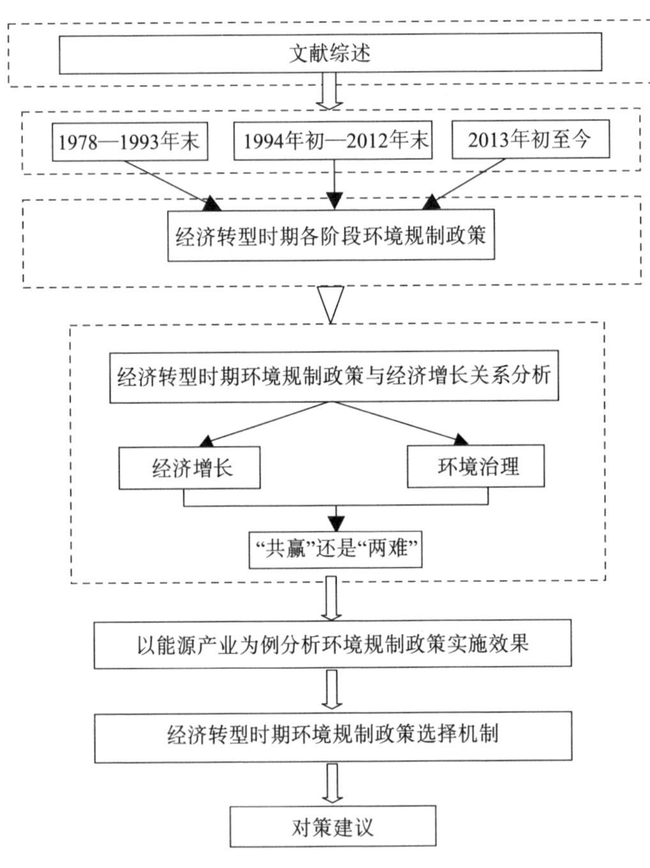

图1-1 本书研究框架

如图1－1所示，本书研究框架的构建思路如下：通过总结学者对环境规制问题的分析找出环境规制问题研究的新视角。从该视角出发，首先对经济转型时期各阶段进行划分，总结各阶段环境规制政策，目的是通过分析各阶段环境规制政策的实施效果与经济发展的关系来判断二者之间是共赢还是两难关系。当经济增长与环境规制政策的实施效果之间呈现出两难关系时，如何去协调两者之间的关系，是解决问题的关键。并以污染较为严重的能源产业为例，研究环境规制政策的实施效果。根据实证分析结果，本书构建了经济转型时期环境规制政策的选择机制，为协调经济增长与环境规制之间的关系提出多种选择。最后针对不同选择提出完善二者关系的对策建议。

1.3.2 研究内容

本书主要包括8章内容：第1章，首先介绍了本书研究的背景和意义。然后通过对环境规制与经济发展相关性的理论分析和环境规制与经济发展相关性的实证理论分析，归纳总结得出待补充观点，而本书正是在这些观点的基础进行研究和发掘。

第2章，阐述了能源产业环境规制政策效应评价的理论基础，介绍了环境规制政策效应评价的指标体系构建及方法的选择，确定了环境规制政策效应评价的目标即环境效益、“SH”效益及经济效益目标，并作了简单评述。

第3章，首先从我国环境污染情况分析出发，研究我国在经济转型的第二阶段和第三阶段“三废”排放情况，并对此进行总结。总体来看我国环境投入较大，污染情况有所缓解，但还没达到预期效果。其次，根据经济转型各时期特点，对环境规制演进阶段进行划分。最后，总结环境规制演进各阶段具体环境规制政策内容。

第4章，为了更好地揭示环境规制政策与经济发展的关系问题，文本以环境库兹涅茨曲线为理论依据，收集了31个省2000—2014年废水、废气、废物排放量数据及GDP数据，利用计量经济学中的面板模型对这些数据进行回归分析，得出环境规制政策与经济发展的关系曲线，结论显示：第一，人均废水平方量与人均GDP之间关系曲线及人均固体废物与人均

GDP之间关系曲线，同时呈现倒U型关系，且经济转型时期的第三阶段处于倒U型曲线左侧，即随着经济增长与环境污染物排放呈现正向关系，经济增长与环境污染处于“两难”局面。第二，人均 SO_2 与人均GDP之间关系曲线，呈现N型关系，且经济转型时期的第三阶段处于N型曲线两个极值点中间位置，该位置的主要表现为，环境污染物排放量随经济增长而减少，经济增长与环境污染处于“双赢”局面。

第5章，分析了中国能源产业整体污染情况，并通过对各行业污染物排放数据进行线性标准化和等权加权平均的方法，计算出能源产业中各行业污染强度。接着介绍了中国能源产业环境规制政策发展的各个阶段。概括了中国能源产业环境规制政策类型及作用，根据能源产业环境规制政策类型的特点，构建能源产业环境规制政策实施强度评价体系，测算出能源产业环境规制强度。基于SCP范式理论，分析能源产业对市场结构、市场行为进而对市场绩效的作用机理。通过分析得出以下结论：第一，能源产业环境规制政策对市场结构进而对市场绩效产生影响。环境规制政策的实施使市场集中度提高。因而，市场结构发生变化。市场结构的变化对市场绩效会产生影响。从环境绩效和“SH”效益角度分析，通过淘汰了一批技术落后，污染严重的企业，使留在行业内的企业为更容易遵从国家的环境规制政策的大企业。留在市场中的企业对国家能源产业环境规制政策的认真实施，使能源生产企业“三废”排放量明显减少。对人们的身体健康产生正影响。从经济绩效角度分析由于行业内企业数量的减少，降低了企业的竞争程度，从而提高经济绩效；第二，能源产业环境规制政策对市场行为进而对市场绩效产生影响。政府实施环境规制政策在一定程度上会刺激企业的创新行为，而企业的创新行为会对环境绩效、“SH”绩效及经济绩效产生影响。能源产业进行的污染治理技术创新有利于环境绩效、“SH”绩效的提高。而对于经济绩效来说，一方面随着生产技术创新的加强，促使企业利润提高，利润的提高又为企业进行污染治理创新提供了资金的保障，随着污染治理技术的增强，污染治理技术达到某一水平时，在满足政府严格环境规制政策的同时，控制排污量，节约了污染治理的成本。另一方面，随着污染物排放的减少，环境得到改善；第三，环境规制政策使能源产业市场结构及市场行为相互作用，共同影响市场绩效。政府采取的较为严格的环境规制政策措施使进入壁垒提高，退出壁垒降低，能源产业市场集中度提高，能源产业结构发生变化。而留在市场中的大企业为迎合市场的需要，达到国家环境规制政策标准，自觉采取技术创新行为，因而影响了能源产业的市场行为。同样，能源产业中的某些企业通过技术创新，增强自身的市场竞争力，将竞争力较弱的，污染严重的小企业排除在行业之外，从而使市场结构发生变化。而市场结构及市场行为的变化对市场绩效会产生影响。结合作用机理，利用计量经济学的分析方法从能源产业行业层面对能源产业环境规制政策效应进行实证分析。得出以下结论：第一，政府对能源产业环境规制政策实施强度的增加，对环境效益有正影响；第二，市场集中度的增加没有使污染物的排放量降低，市场集中度对环境效益的提高有负影响；第三，企业技术创新行为对环境效益的提高有正影响；第四，从短期看，环境规制政策实施强度的增加对“SH”效益的提高有负影响。从长期看，环境规制政策实施强度的增加对“SH”效益的提高有正影响；第五，市场集中度对“SH”效益的提高有正影响；第六，企业技术创新行为对“SH”效益的提高有负影响；第七，从短期看能源产业环境规制实施强度对经济效益提高有负影响；从长期看能源产业环境规制实施强度对经济效益提高有正影响；第八，市场集中度对经济效益的提高有正影响；第九，短期来看，企业技术创新行为对经济效益的提高有负影响。从中长期看企业技术创新行为对经济效益的提高有一定激励作用。综合对比分析这些效应，总结当前能源产业环境规制政策效应结论，并给出相应的政策建议。

第6章，通过第4章和第5章的分析可知，经济转型时期，污染物排放的减少与经济稳定的增长很难实现共赢，而从长期看，环境污染的治理最终对经济增长是有益处的，因此，政府的环境规制政策的最终目标是，通过执行合理的环境规制政策促进环境污染的治理与经济转型的双赢发展。本书结合经济活动过程，建立环境规制政策的选择机制，使环境规制政策制定符合经济发展规律。环境规制政策选择机制体现了经济转型时期环境规制政策从制定到政策监督过程中几种优先的政策选项。首先，在经济人假设的前提下，即环境规制政策制定所涉及的供给方和需求方，通过双方博弈的结果对环境规制政策的制定具有指导作用。在环境规制政策制定阶段，根据经济转型时期不同阶段采用不同的环境规制政策工具，分析政府规制政策工具与市场机制政策工具哪种更有利于经济增长与环境治理的双赢；其次，分析经济转型的不同时期、不同阶段的考核标准对环境规制政策执行效果的影响，在各级政府官员业绩的考核中采用以 GDP 为导向的考核标准还是以环境考核指标为标准，以及环境规制政策在不同时期，具体采用何种执行手段，采用法律手段更有效还是采用道德劝告手段更有效；最后，研究经济转型的不同时期，环境规制政策监督的不同方式，采用政府监督的方式或公众监督的方式，哪种方式更有效。

第 7 章，根据第 4 章的分析提炼出环境规制政策的最优选择，并对此提出有针对性的对策建议。

第 8 章，提出本书的结论与不足之处。

1.4 研究方法

1. 文献分析方法

本书文献分析法的采用主要针对环境规制政策相关的文献综述内容，具体包括：国内外关于环境规制政策与经济发展的相关理论；环境规制与经济发展相关性实证分析等内容。相关文献的研究和总结为本书构建经济发展与环境治理相关评价模型，确定经济转型时期环境规制政策选择机制，提供较为系统的理论知识和应用性较强的实践参考模型。

2. 统计分析方法

统计分析法是运用概率论的理论，运用数学分析模型，通过分析所收集的样本数据，总结已有样本的实现情况，推断未来发展趋势。本书主要是在我国环境污染情况分析即论证经济转型时期经济增长与环境治理关系问题时，运用该分析方法，主要是对相关数据的分析和处理，对环境规制政策相关问题进行定量分析。

3. 计量分析方法

计量分析法是以经济理论研究为背景，通过建立数学模型，分析各经济要素之间的关系问题。通过计量模型分析，了解各要素之间的关联情况。本书主要是在分析经济转型时期经济增长与环境治理关系问题时使用该研究方法，运用计量经济学中的面板数据模型，分析经济增长与污染物排放的关系，推算经济增长处于何种阶段时可以实现经济增长与环境治理的共赢局面。

4. 实证分析与规范分析相结合

实证分析是关于经济问题怎么样的分析，规范分析是对经济问题好与坏作出合意性评价。在本书的研究中，既使用了实证分析手段也采用了规范分析手段。在本书对于环境污染情况的描述和经济转型时期环境规制政策实施对经济增长的影响问题上都使了实证的分析方法。而分析经济转型时期环境规制政策选择机制时采用的是规范分析方法。

1.5　创新点

（1）本书对经济转型时期的各阶段进行了划分，与此相对应本书将我国环境规制的发展历程与经济转型的阶段相融合，将环境规制政策的演进划分为以下阶段：经济快速发展阶段环境规制（1978—1993 年末）、经济高速发展阶段环境规制（1995 年初—2012 年末）、经济增速转换阶段环境规制（2013 年初至今），而这种划分方式在已有文献中尚未发现。

（2）本书结合经济活动过程构建环境规制政策的选择机制，使环境规制政策制定过程符合经济发展规律。环境规制政策选择机制体现了经济转型时期环境规制政策从制定到政策监督过程中几种优先的政策选项。

第 2 章

环境规制政策效应评价的理论基础

1973 年我国召开了第一次全国环境保护会议，从此拉开了中国环境保护事业的序幕。在此之后的几十年中，我国政府的环境保护力度逐步增强。相关政府部门制定了大量的治理环境污染的相关政策。纵观我国环境规制政策发展的 40 余年历史，政府的环境规制政策制定的内容趋于全面，但是环境规制政策效应评价尚处于探索阶段，缺乏完整的理论体系和系统的评价方法。一方面是由于与一般性产业政策效应评价不同，环境规制政策效应评价的过程十分复杂。环境规制政策效应评价涉及环境、健康安全、经济等多个方面内容，其中环境、健康安全中的部分内容是近些年才出现，建立综合的评价体系涵盖这三个方面的内容是一件十分困难的事情。另一方面，环境规制属于社会性规制的内容，相关数据资料较少，评价主体很难得到足够的数据，这大大增加了对环境规制政策效应评价的难度。本书所涉及的效应评价是绩效评价中的一部分，绩效评价包括两部分内容：效应评价和效率评价。其中效应评价主要包括：统计学方法、计量经济学方法等，其评价目的主要是对政策的执行结果进行分析，以此来判断政策是否达到了最终的预期目标。对效率评价则主要采用运筹学方法、成本收益法等，主要目的是对环境规制政策实施后所获得产出和投入进行比较，其主要考察方向是最终收益的多少，通过收益多少来判断环境规制政策执行的可行性。环境规制政策效应考察的是政策的实施是否达到既定的效应目标。环境规制政策的实施结果与规制的目标越接近，说明环境规制政策实施的效应为正效应，应继续加强该政策的实施力度；环境规制政策的实施结果与规制目标越背离，说明环境规制政策的效应为负效应，应该停止该环境规制政策的继续实施或对现有的环境规制政策进行改革。

根据上文的分析，本章主要介绍环境规制政策效应的含义及内容、环境规制政策效应评价的影响因素、评价指标体系及评价方法的分析与选择，最后作简单评述。

2.1　环境规制政策效应评价的含义及内容

环境规制政策效应是环境政策工具运用之后，政策目标实现程度以及对环境效益、“SH”效益及经济效益产生的影响。它是制定环境规制政策目标、选择环境规制政策手段时必须考虑的预期性因素。对环境规制政策效应进行事前和事后分析，有助于环境规制政策制定者预见政策的有效性，修订政策目标、重新组合、协调政策工具。

环境规制政策效应评价是对政策执行以后政策目标实现程度的评价，即对政策效应进行系统的评价与分析，以确定政策的价值。具体而言，就是根据一定的标准，运用一定的方法，对环境规制政策执行的效果好坏进行分析、比较后做出的一种价值判断。

环境规制政策效应评价内容包括环境效应、“SH”效应、经济效应等方面。环境规制政策效应评价是对这三类效应及它们之间的相互联系的综合评价。环境效应主要是指研究环境规制政策是否有效控制了环境污染，分析是否达到了环境保护的政策目标；“SH”效应主要是指从业人员及公众健康安全水平的提升等，分析是否达到了健康安全的政策目标；经济效应主要是指对市场失灵的纠正和商业环境的改善，分析是否达到了经济效益提高的政策目标。同时，这三者之间还是相互影响的。环境效应的实现，在一定程度上有利于“SH”效应目标的实现，经济效应的实现，一定程度上带来良好的“SH”效应。反过来，“SH”效应的良好状况也会对环境效应及经济效应的实现起到促进作用。

2.2 环境规制政策效应评价体系的影响因素分析

本书利用新制度经济学的研究框架来分析环境规制政策效应评价体系的影响因素。SCP 理论框架是制度经济学分析问题的基础，即结构（Structure）—行为（Conduct）—绩效（Performance）。贝恩（1956）提出了市场结构（Structure）—市场绩效（Performance）两段论范式。梅森（Mason）和贝恩（J. Bain）等运用 SCP 范式对不同行业的市场结构、市场行为进行分析，以典型案例为研究对象，研究市场结构对市场行为和市场绩效的影响，提倡政府的干预政策。谢勒（Scherer，1970）在贝恩的基础上提出了 SCP 三段论范式。在结构（Structure）—行为（Conduct）—绩效（Performance）三段论分析框架中，产业的绩效取决于买卖双方的行为，买卖双方的行为取决于市场结构。“新产业组织理论”继承了 SCP 三段论范式，并在此基础上进行了进一步发展。他们把市场行为作为研究的重点，建立以市场行为为主体的双向、动态的 SCP 分析框架。在规制政策的制定方面，放松对自然垄断行业的经济性规制、强化了对各行业的社会性规制（环境、安全、健康）。科斯（Coase）、诺斯（North）、威廉（O. E. Williamson）、阿尔钦（Alchian）等以科斯的交易费用理论为基础提出“后 SCP 范式”，基于制度视角分析了市场运行的最终绩效。制度被认为是政府设定的正式或非正式的规则，以及规则的执行和安排情况（Schmoller，1900）。政府制定制度的目的是为个人设定前进的方向。制度成为日常人们生活活动的准则。

因此，环境规制政策实施的最终效应从根本上取决于环境规制政策的制度安排，受制于市场的主体行为。如我国环境规制政策体系最终会影响我国环境规制政策效应。伴随着我国市场经济的发展，我国环境规制政策体系逐渐建立，环境规制政策体系的内容包括：法规、目标、主体、客体、方式五个要素构成。它们之间的关系如图 2－1 所示：

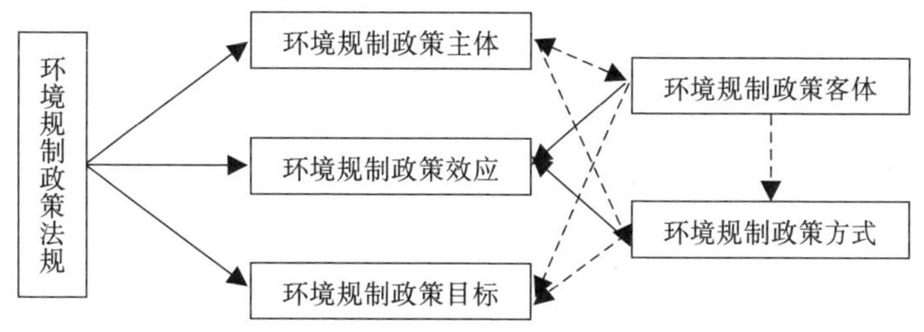

图 2－1　环境规制政策效应评价体系的影响因素

2.2.1　环境规制政策法规

环境规制政策法规赋予了环境规制政策实施的合法性。我国环境规制政策法规主要包括十类。第一类：中华人民共和国宪法；第二类：环境保护法律，其中涵盖了对海洋环境的保护、对水污染的治理、对大气污染的治理、对固体废物污染的治理等法律；第三类：环境保护执行法规、法规性文件，其中包括水污染防治、大气污染防治、石油勘探开发环境保护管理条例、征收污染暂行办法等相关条例；第四类：中国人民解放军环境法规和规章，主要是针对军队的环境污染问题制定的法规和规章；第五类：环境保护部门规章、规范性文件，主要是各级环境保护部门颁发的规章和规范性文件；第六类：环境保护法律解释，是针对政府颁布的各种法律法规相关问题的解释；第七类：资源法律、法规，是与森林、草原、矿产、土地、水、野生动物等有关的法律法规；第八类：相关法律、法规，包括一些与环境有关的城市规划法、乡镇企业法、公路法、农业法等法律法规；第九类：有关程序和实体法律、法规，主要是对一些违规情况的处理办法；第十类：常用环境标准，包括地面水环境质量标准、环境空气质量标准、城市区域环境噪声标准等。

2.2.2　环境规制政策目标

环境规制政策法规明确了环境规制政策目标。环境规制政策的目标是构建环境规制政策体系的基础，环境规制政策实施的目的就是为了保证最终效应目标的实现。环境规制政策效应目标分为广义目标和狭义目标。广义目标包括三方面的内容：一方面是环境效应目标，即水环境、大气环境及土壤环境得到改善，污染情况得到治理；另一方面是“SH”效应目标，主要是通过公共服务来提高整个社会的健康安全水平，公共服务的提供对象是社会大众。最后是经济目标，即提高效率，获得最大利润。对于环境效应目标和“SH”效应目标，要靠政府监督和规制来实现。环境规制政策的经济效应目标可以通过以市场竞争为主，政府监督为辅的手段来实现。狭义的环境规制政策目标主要是指环境效应目标，目的是减少或消除环境污染，改善社会整体福利水平，降低污染排放，改善环境质量等[①]。环境规制政策效应目标的实现程度是通过实施结果进行评价，环境规制政策实施结果与效应目标的实现程度越接近，说明环境规制政策效应为正效应；环境规制政策实施结果与效应目标的实现程度越背离，说明环境规制政策效应为负效应。

2.2.3 环境规制政策主体

环境规制政策主体是与环境有关的相关政策制定、实施及监督机构。环境规制政策机构属于一种行政机构，与一般意义上的行政机构相比，环境规制政策机构具有较强的专业性。对于特定的环境污染问题，我国还有针对性的设立了一些专门机构。因此，我国环境规制政策机构具有针对性、专业性等特点。具体来说，包括广义和狭义的政策制定机构。广义的环境规制政策机构是指社会公共机构（立法机构、行政机构和监督机构）、社会中介机构（行业协会及其他）和私人规制机构（如企业内部的自我规制机构）。而狭义的环境规制政策机构仅指社会公共机构中的行政机构。

本书涉及的我国环境规制政策制定机构是建立在狭义规制机构定义的基础上。我国环境规制政策机构是以地方为主体的领导管理体制。如图2-2所示，国务院是环境规制政策制定的最高行政机构，统一领导地方政府及环境保护部门。而环境保护部则根据法律法规，对各地环境保护情况进行监督。环境保护部的机构设置目前包括办公厅、规划财务司、政策法

① 本书涉及的环境规制政策目标为广义目标。

规司、行政体制与人事司、科技标准司、污染物排放总量控制司、环境影响评价司、环境监测司、污染防治司、自然生态保护司、核安全管理司、环境监督局、国际合作司、宣传教育司、直属机关党以及其他如驻部纪检组监察局等。地方环保部门则受到环境保护部门与地方人民政府的双重领导，并以地方人民政府的领导为主。在省一级政府中，环保局（厅）接受省政府的领导，另外在人事任命中要征求环境保护部的意见，在省以下地方政府中，地方人民政府可以直接任命环保部门的领导，对环境保护的执行情况负责。

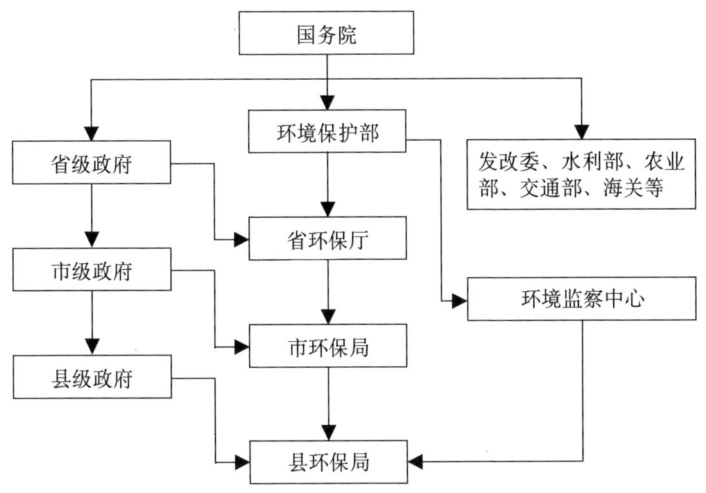

图 2－2　中国环境规制政策制定、实施及监督机构

2.2.4　环境规制政策客体

环境规制政策客体是被管制者，是可能对环境造成污染，从事具体经济活动的主体，具体是指排污的企业和居民。从广义角度来说，单位和个人只要从事对环境有污染的活动都是环境规制政策客体。环境规制政策主体即政府部门通过制定相关法律法规来约束环境规制政策客体即造成污染的单位和个人。因此，环境规制政策客体在环境规制主体的强制管制下，处于被动状态，但这种强制是非绝对的，当环境规制政策客体处于某种条件下，客体会主动遵循环境规制政策主体制定的相关政策，从而达到某种

目的。例如：当政府采取较严格的环境规制政策标准时，处于环境保护优势地位的客体会主动配合政府的相关政策，随着环境规制政策标准的提高，可以使不符合环境标准的企业退出市场，进而降低了行业内的竞争水平；当政府的环境规制政策过于严格使客体的利益受到损害时，环境规制政策的客体就会采取相应的措施，利用环境规制政策中的“边界”问题，对环境规制政策的执行过程产生负影响。从企业角度来看，在环境规制政策执行过程中，环境规制政策客体即企业，如果自觉遵守国家制定的相关政策，通过企业实施污染技术创新等手段尽量减少污染物的排放，并及时对污染排放情况进行检测，即时反馈相关检测结果，这对环境规制主体来说，可以快速掌握环境规制政策实施效果。如果实施效果较好，则继续执行该政策，如果实施效果不佳，则对现行的政策进行合理的改革。从个人角度来看，如果环境规制政策客体即个人，素质较差、环保意识较低，对环境规制政策不能很好地理解和执行，最终也会影响环境规制政策效应。

2.2.5 环境规制政策方式

环境规制政策方式是环境规制主体通过具体的工具和手段作用于环境规制政策客体，以达到最终的效应目标。总的来说，国内外所采取的环境规制政策工具主要有以下两种：“命令和控制”式环境规制政策和“经济动机”式环境规制政策。在当今世界，“命令和控制”式的环境规制政策在环境规制中占主导地位。尽管它可以采取许多形式，但是对环境规制政策主体来说，“命令和控制”的基本概念是制定出单个污染者解决污染问题所必须采取的步骤。“命令和控制”的本质是，环境规制政策主体收集必要的信息来确定控制污染的实际行动，然后环境规制政策主体命令环境规制政策客体采取具体步骤来控制污染。一般来说，环境规制政策主体相当明确必须采取什么步骤。“经济动机”式环境规制政策和“命令和控制”式环境规制政策相反，它是指对环境规制政策客体提供奖励，以使它们做出对公共利益有促进作用的行为。“命令和控制”式的环境规制政策的优点在于，在管制复杂的污染问题时有更大的可行性。“命令和控制”式的环境规制政策在关于污染物排放量上也给出了很大的确定性。“经济动机”

式环境规制政策可以分成三种主要的类型：排放税、市场化的排放许可证以及责任。排放税涉及环境规制政策客体以每单位污染物为单位向政府支付税收。市场化的许可证涉及政府颁发（出售或分发）污染的许可证，它可以在污染企业间进行交易。“经济动机”式环境规制政策的优点在于把污染控制在决策权力赋予那些对污染控制选择最熟悉的人手中，即环境规制政策客体，因而，经济激励能够使成本保持低水平，也能够刺激创新。

2.3　环境规制政策效应评价指标体系

环境规制政策效应主要考察的是环境规制政策目标实现程度。环境规制政策效应是环境规制绩效衡量的一部分。环境规制绩效评价包括两部分内容：环境规制政策效应评价和环境规制政策效率评价。国内外学者多是从绩效角度对环境规制政策进行评价。由于效应评价是绩效评价的一部分，因此本书研究的环境规制政策效应指标评价体系，是在借鉴国内外绩效评价体系相关理论的基础上构建的。

20 世纪 90 年代国际相关组织开始对环境规制政策绩效进行系统化研究，并取得了一定成果。1994 年以后，为了帮助企业建立和完善环境规制政策绩效评价系统，国际标准化组织（ISO）建立了较为完善的环境规制政策绩效评价的国家标准，即 ISO14031《环境绩效评价标准》（1999）。该标准的建立为企业进行环境规制政策绩效评价提供了可参照的“环境绩效指标库”。具体包括：环境状态指标（ECIS）、管理绩效指标（MPIS）、经济绩效指标（OPIS）[①]。此后，联合国贸易与发展会议下属的国际会计和报告标准政府间专家工作组（ISAR）陆续发布了与环境绩效相关的评价标准包括：《环境成本和负债的会计和财务报告》（1999）、《企业环境业绩与财务业绩指标的结合》（2000）和《生态效率指标编制者和使用者手册》（2003），具体包括：环境影响的最终指标、潜在环境影响的风险指标、排

① ISO. ISO14031: Environmental performance evaluation: Guidelines [R]. Geneva ISO, 1999: 5-10.

放物和废弃物指标、投入指标、资源耗费指标、效率指标、顾客指标、财务指标等环境绩效指标[①]；该组织于2000年对指标体系进行了进一步完善，增加了不可再生能源、淡水资源、全球变暖、臭氧层损耗、固液废弃物方面的要素[②]。2004年又加入每单位净增加值的水资源耗用、能源需求量、全球变暖影响、臭氧损耗量和产生的废弃物相关问题计算的内容[③]。全球报告促进行动会（GRI）制定了三版《可持续发展报告指南》（2000、2002、2006），该报告从经济、环境、社会三个方面提出了环境绩效评价指标，具体包括：原料、能源、水、生物多样性、废气污水和废物、产品和服务、法律遵从成本、运输、环保投资几个方面[④]。加拿大特许会计师协会（CICA）（1994）制定的环境绩效评价标准包括：资源、公用事业、大型制造业、小型制造业、零售业、交通业和其他服务业共7种行业、15个方面的环境绩效指标，这些指标成为环境绩效评价的参考指标[⑤]。日本政府制定了政策优先指数（JEPIX）（2003），该指数用来对企业整体环境绩效进行评估，具体内容包括：温室气体、臭氧消耗气体、有毒物质、光化学氧化剂、氮氧化物、飘尘、生化需氧量、化学需氧量、氮、磷、开垦荒地和道路噪声等12个方面的指标[⑥]。耶鲁大学环境法律与政策中心、哥伦比亚大学国际地球科学信息网络中心（CIESIN）联合制定环境绩效指数（EPI）（2006、2008、2010）主要围绕两个基本的环境保护目标展开：①减少环境对人类健康造成的压力；②提升生态系统活力和推动对自然资源的良好管理。2010年EPI使用25个环境指标并遵循10个政策分类对163个国家和地区的环境绩效情况进行了排名。其中建立的10个政策类别分别是：环境疾病负担、水对人类的影响、空气污染对人类的影响、空气

① 联合国贸易与发展会议（ISAR）. 企业环境业绩和财务业绩指标的结合［M］. 刘刚等译. 北京：中国财政经济出版社，2003.

② 联合国贸易与发展会议（ISAR）. 环境成本和负债的会计和财务报告［M］. 刘刚等译. 北京：中国财政经济出版社，2003.

③ 联合国贸易与发展会议（ISAR）. 环境成本和负债的会计和财务报告［M］. 刘刚等译. 北京：中国财政经济出版社，2004.

④ GRI. Sustainability reporting guidelines—G3 sustainability reporting guidelines［R］. Amsterdam, Oct, 2006.

⑤ CIAC. Reporting on environmental performance［R］. Toronto, 1994.

⑥ MIYAZAKI N, SIEGENTHALER C. JEPIX—Japan environmental policy index technical report［R］. 2003（6）.

污染对生态系统的影响、水对生态系统的影响、生物多样性和栖息地、森林、渔业、农业和气候变化。该评价体系较为全面的评价了各国环境绩效指数。

通过上述分析，国际组织构建的环境绩效评价指标体系中的评价要素大多着眼于环境单一要素，没有从环境政策中涵盖的健康安全、经济效益等要素进行分析，而环境问题不是独立存在，是与安全健康问题及经济问题相互作用，共同存在。因此，本书所构建的环境规制政策效应评价指标体系涵盖了环境效益评价指标、“SH”效益评价指标、经济效益评价指标这三个方面的内容。

2.3.1　环境规制政策效应评价指标体系设计思路

环境规制政策效应评价指标体系设计思路上满足以下三个方面：

（一）环境保护的全面性度量

环境保护的全面性主要是指环境规制政策满足社会，适应社会的程度。目前我国正在进行社会主义生态文明的建设，一切有利于生态文明建设的要素都要进行相应的分析和考虑。环境规制政策与社会的相互适应性主要表现在两个方面：环境规制政策的符合性、环境规制政策对生态文明的贡献度。我国“十二五”规划纲要指出，计划将“十二五”期间单位 GDP 能耗指标和单位 GDP 二氧化碳（CO_2）排放指标的 5 年累计下降幅度定在 16%。该幅度比之前市场预计的 17% ~18% 的降幅略低。此外，“十二五”规划还拟定将主要污染物排放总量的 4 项指标：化学需氧量（COD）、二氧化硫（SO_2）、氨氧、氮氧化物累计同比下降 10%。因此，以 CDP 能耗及污染物排放量的减少作为衡量环境规制政策对生态文明贡献率的指标。而作为环境规制政策是否有利于实现整个国家、社会的可持续发展的环境效益目标可以从以下几个方面进行考虑：水环境、大气环境、土壤环境及其他环境。

（二）满足“以人为本”的程度

环境规制政策对人们产生影响主要表现在以下几个方面：对居民及相

关从业人员卫生保健情况的影响、对从业人员安全的影响。可以采取的指标包括平均寿命、居民医疗费用指标、职业病发病人数、事故发生率、事故死亡人数、安全设施投资等指标。

（三）对社会经济的影响

经济效益是衡量一切社会经济活动的最终的综合指标。经济效益的衡量有很多方法。因此，在经济效益指标方面选取：行业利润、市场结构、效率水平、扰动因素等指标。

2.3.2 环境规制政策效应评价指标体系的建立

根据评价标准，评价部门按照实际情况选取相关指标，进行环境规制政策效应评价的实际操作。因此，评价指标体系的设计科学与否决定环境规制政策效应评价的最终结果。而环境规制政策效应评价指标的构建难度较大。首先，环境规制属于社会性规制，其中许多指标无法通过定量分析来完成，避免不了选取某些主观性评价指标；其次，由于本书是对政策效应进行评价，因此，在指标的选取中应重视相关部门的可操作性；最后，为了评价的科学性和全面性，在指标选取上尽可能多的选取与环境规制政策效应评价相关的要素，但不能保证选取的全部要素都能被采集到。

由于环境规制政策效应的评价一般可以采取计量经济分析方法及统计学分析方法，因此，环境规制政策效应评价体系的构建要综合考虑这两种方法的可操作性，进而确定以下衡量指标：

（一）环境效益评价指标

环境规制政策与社会的相互适应性主要表现在两个方面：环境规制政策的符合性，环境规制政策对生态文明的贡献度。环境规制政策的符合性，主要体现在环境规制政策的实施是否有利于水环境、大气环境、土壤环境及其他环境的改善等，见表 2－1。

表 2－1　　　　环境规制政策效应的环境效益评价指标

分类指标	单项指标	功能说明
水资源环境	工业废水排放量	水环境污染情况
	生活污水排放量	
	工业废水排放达标率	水环境污染治理情况
大气环境	SO_2 排放量	大气环境治理情况
	SO_2 去除量	
	工业烟尘去除量	大气环境治理情况
	工业粉尘去除量	
土壤环境	工业固体废物排放量	土壤环境污染情况
	危险物生产量	
	工业固体废物综合利用率	土壤环境治理情况
其他环境	环境噪声达标区面积	噪声污染情况
生态文明贡献率	CDP 能耗	环境质量情况

（二）“SH”效益指标

随着中国经济的发展，人们越来越重视健康安全等问题，这里提到的健康安全既可以指整个社会的健康安全，也可以指某一污染行业由于生产过程的污染给工人造成的健康安全问题。因此，衡量健康方面的指标主要看平均寿命、医疗费用指标、职业病发病人数。衡量安全指标主要有企业的生产过程中，事故发生率、事故死亡人数、安全设施投资，见表 2－2。

表 2－2　　　　环境规制政策效应的“SH”效益评价指标

分类指标	单项指标	功能说明
健康	平均寿命	衡量一个社会的经济发展水平及医疗卫生服务水平
	医疗费用指标	衡量疾病出现情况
	职业病发病人数	衡量行业对人健康影响大小的指标
安全	事故发生率	设备、食品、环境安全状况
	事故死亡人数	
	安全设施投资	安全投资

（三）经济效益指标

在行业利润方面选取：年行业实际利润增长率、年行业实际利润水平；在市场结构方面选取：市场集中度、勒纳指数、行业企业数目增长率；在效率水平方面选取：全要素生产率、劳动生产率、技术效率；在扰动因素方面选取：实际通货膨胀率、政府补贴水平、政府税收水平、国内生产总值等指标，见表2－3。

表2－3　　环境规制政策效应的经济效益评价指标

分类指标	单项指标	功能说明
行业利润	年行业实际利润增长率	增长速度
	年行业实际利润水平	利润水平
市场结构	市场集中度	垄断程度
	勒纳指数	
	行业企业数目增长率	竞争水平
效率水平	全要素生产率	衡量技术进步
	劳动生产率	衡量劳动投入
	技术效率	衡量投入产出
扰动因素	实际通货膨胀率	外部经济环境
	政府补贴水平	配套政策
	政府税收水平	
	国内生产总值	经济规模

2.4　环境规制政策效应评价方法分析与选择

2.4.1　环境规制政策效应评价方法分析

（一）统计学方法

统计学是数学的一门，用来搜集、分析、演绎以及呈现数据。统计学应用范围较广，可以是自然科学领域、社会科学领域和人文科学领域。如能源产业 1996—2010 年“三废”排放的数据，可以描述这份数据各年的集中和离散情况，这个方法称作描述统计法。还可以，通过建立出一个用以解释其随机性和不确定性的数学模型，以此来推论研究中的步骤及母体，这种用法被称作推论统计学。对环境规制政策进行评价时，可以通过统计学的预测方法，对未来环境规制政策实施的结果进行预测，通过预测值与实际值进行对比，分析政策实施后的效果好坏，进而对现行的环境规制政策进行评价。

（二）计量经济学方法

通过计量经济学方法，还可以把环境规制政策效应评价变量，通过设置的各种指标将其量化，把复杂的定性分析问题定量化，如考察环境规制政策问题时，可以分析命令控制型环境规制强度、市场激励型环境规制强度、信息披露型环境规制强度。也可以综合各种环境规制因素加总为一个因素。如把命令控制型环境规制工具、市场激励型环境规制工具等综合为一个指标。

（三）运筹学分析法

运筹学是一种分析、实验和定量分析为基础的科学方法，用于研究在物质条件（人、财、物）已定的情况下，为了达到一定的目的，如何统筹兼顾整个活动所有各个环节之间的关系，为选择一个最好的方案提供数量上的依据，以便能为最经济、最有效地使用人、财、物做出综合性的合理安排，取得最好的效果。目前国内外学者对环境规制政策进行分析时所运用的运筹学方法主要是包络分析法（Data Envelopment Analysis，DEA）。

（四）模糊综合评价法

模糊综合评价法是以模糊数学为理论基础的研究方法。运用模糊数学的隶属度理论把定性分析的问题转化成定量分析。通过模糊综合评价法的运用把受多种因素影响的某一问题，如政策评价，通过模糊数学的计算方法，对该问题进行综合评价。模糊综合评价法具有很多优点如：分析结果明确、定性问题定量化分析、综合分析性强、适用范围较广。值得注意的是，国内外学者在应用这一方法评价环境规制政策时，应注意指标权重的选择问题。

（五）专家评分法

专家评分法是指专家以匿名方式填写问卷，征求专家意见。通过对专家意见的归纳整理，综合多位专家的意见，把专家认为重要的要素赋予较大的权重，对大量难以进行定量分析的因素做出合理估算。如：对构建完的环境规制政策效应评价体系，以问卷的形式发给相关专家，认为在实际应用中较为重要的指标给予较高的分值，不重要的指标给予较低的分值，通过评分对评价体系中的各要素进行评价。

2.4.2 环境规制政策效应评价方法选择

本书主要是对能源产业环境规制政策效应进行评价，因此根据能源产业自身的特点，在方法的选择上一般采用计量经济学方法和统计学方法。本书主要应用计量经济学的评价方法，通过设置的各种指标将其量化，把复杂的定性分析问题定量化。如：考察能源产业环境规制政策问题，把命令控制型环境规制强度、市场激励型环境规制强度加总为一个因素，综合为一个指标。如本书采用计量经济学中的固定效应数据模型，通过建立计量模型，选取指标来考察能源产业环境规制政策对能源产业的企业进入、技术创新的作用程度最终对环境绩效、“SH”绩效、经济绩效产生的影响。

2.5 小结

环境规制政策效应是环境规制政策工具运用之后，政策目标实现程度以及对环境效益、“SH”效益及经济效益产生的影响。它是制定环境规制政策目标、选择环境规制政策手段时必须考虑的预期性因素。对环境规制政策效应进行事前和事后分析，有助于环境规制政策制定者预见政策的有效性，修订政策目标和重新组合与协调政策工具。

对能源产业环境规制政策效应进行评价首先要了解各项能源产业环境规制政策的制定背景与功能特性，了解各种能源产业环境规制政策的法规、目标、主体、客体以及方式等制定环境规制政策效应评价指标体系的依据；其次，收集评价体系中涉及的要素资料；再次，对现行能源产业环境规制政策的有效性进行分析；最后，对未来政策目标及政策目标选择进行预测。

第3章

经济转型时期中国环境污染情况和环境规制政策演进过程

经济制度转型是指由一种经济制度向另一种经济制度的变迁过程，而从旧制度体系瓦解到新制度体系确立的这段时期被称为转型期。经济制度转型包含着两个含义，一种是制度意义上的转型，从一种低效的经济体制跃进到一种高效的经济体制；另一种是社会意义上的转型，即从不发达的经济状态过渡到发达的经济状态。在当前的语境下，前者是指从计划经济体制跨入市场经济体制；后者是从农业社会过渡到工业社会或后工业社会，从自然经济状态过渡到成熟的市场经济状态。前者更多地对应政治层面的改革；后者更多地对应经济层面的发展。在经济层面上，转型也有别于发展。转型更多的是一种政府的自觉行动，是对旧体制的一种人为地矫正；发展更多的是一种自发过程，是市场自动地走向成熟的过程。邹至庄对转型和转轨的概念作了进一步区别。转轨是指经济处于一种向某种理想状态过渡的暂时状态，转型则不包含一个众所周知的最后阶段的概念。与此相对应本书将我国环境规制的发展历程与经济转型的阶段相融合，将环境规制政策的演进划分为以下阶段：经济快速发展阶段环境规制（1978—1993年末）、经济高速发展阶段环境规制（1994年初—2012年末）、经济增速转换阶段环境规制（2013年初至今）。考虑本书研究的针对性和所能收集到的统计资料的有限性，本章对环境污染情况的分析，主要集中于第二阶段和第三阶段。

3.1 环境污染情况分析

我国改革开放40多年以来，经济高速发展，当前正在步入经济转型时期的一个新阶段，过去那种依靠以资源消耗、环境污染、廉价劳力为代价的要素驱动型增长模式，再也无法适应我国经济的持续快速发展，我国正逐渐迈入一个新的以转变发展方式、调整产业结构、持续稳定增长、提高质量效益为内容的中高速发展新常态时期。我国增长速度由高速转为中高速，经济结构由中低端迈向中高端，发展动力由要素驱动、投资驱动转向创新驱动，资源环境要素投入呈现下降态势。在这一阶段，环境治理面临新的机遇和挑战。

3.1.1 水污染情况

从我国环保护部门公布的2014年环境状况公报的信息看，我国水污染情况如下：对于全国423条主要河流、62座重点湖泊（水库）的968个国控地表水监测断面（点位）开展了水质监测，河流污染物的主要污染指标为化学需氧量、总磷和五日生化需氧量。饮用水水源地水质监测，取水总量为332.55亿吨，达标水量为319.89亿吨，占96.2%。水质优良级的监测点比例为10.8%，良好级的监测点比例为25.9%，较好级的监测点比例为1.8%，较差级的监测点比例为45.4%，极差级的监测点比例为16.1%。主要分布在辽东湾、渤海湾、莱州湾、长江口、杭州湾、浙江沿岸、珠江口等近岸海域。全国近岸海域301个国控监测点中，主要污染指标为无机氮和活性磷酸盐。

我国水污染整体情况见表3-1：从2000—2014年我国主要水污染的统计资料来看，2014年全国废水排放量为716.2亿吨较2013年废水排放量多出20.8亿吨，2014年废水排放量与2013年相比增长率为3%，较2000年增长72.56%，增长幅度较大，如图3-1所示。2014年全国化学需氧量排放为311.4万吨，较2013年略有下降，较2000年增长58.8%，如图 3－2 所示。2014 年全国氨氮排放总量为 238.5 万吨，较 2013 年略有下降，与 2001 年相比增长 90.5%，增长幅度较大，如图 3－3 所示。从 2000—2014 年全国废水及主要污染物排放总的情况看，全国废水及主要污染的排放量呈上升趋势，其中城镇生活源上升趋势较工业源上升趋势明显，说明我国水污染的主要原因是由于城镇生活用水造成污染。

表 3－1　　2000—2014 年全国废水和主要污染物排放情况表

年份	废水/亿吨			化学需氧量/万吨			氨氮/万吨		
	合计	工业源	城镇生活源	合计	工业源	城镇生活源	合计	工业源	城镇生活源
2000	415.2	194.2	220.9	1 445	704.5	740.5	—	—	—
2001	432.9	202.6	230.2	1 404.8	607.5	797.3	125.2	41.3	83.9
2002	439.5	207.2	232.3	1 366.9	584.0	782.9	128.8	42.1	86.7
2003	459.3	212.3	247.0	1 333.9	511.8	821.1	129.6	40.4	89.2
2004	482.4	221.1	261.3	1 339.2	509.7	829.5	133.0	42.2	90.8
2005	524.5	243.1	281.4	1 414.2	554.7	859.4	149.8	52.5	97.3
2006	536.8	240.2	296.6	1 428.2	541.5	886.7	141.4	42.5	98.9
2007	556.8	246.6	310.2	1 381.8	511.1	870.8	132.3	34.1	98.3
2008	571.7	241.7	330.0	1 320.7	457.6	863.1	127.0	29.7	97.3
2009	589.1	234.4	354.7	1 277.5	439.7	837.9	122.6	27.4	95.3
2010	617.3	237.5	379.8	1 238.1	434.8	803.3	120.3	27.3	93.0
2011	659.2	230.9	427.9	2 499.9	354.8	938.8	260.4	28.1	147.7
2012	684.8	221.6	462.7	2 423.7	338.5	912.8	253.6	26.4	144.6
2013	695.4	209.8	485.1	2 352.7	319.5	889.8	245.7	24.6	141.4
2014	716.2	205.3	510.3	2 294.6	311.4	864.4	238.5	23.2	138.2

资料来源：2015 年中国环境统计年鉴。

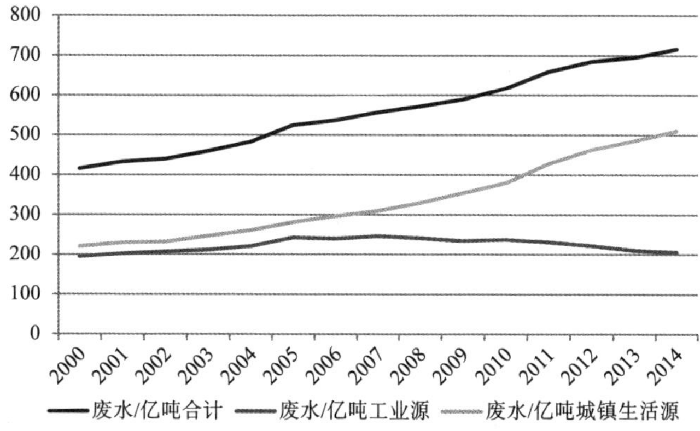

图 3－1　2000—2014 年全国废水排放变化趋势图

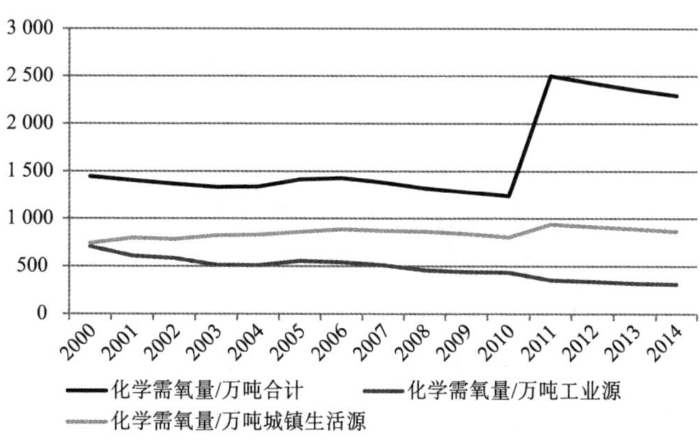

图 3－2　2000—2014 年全国化学需氧量变化趋势图

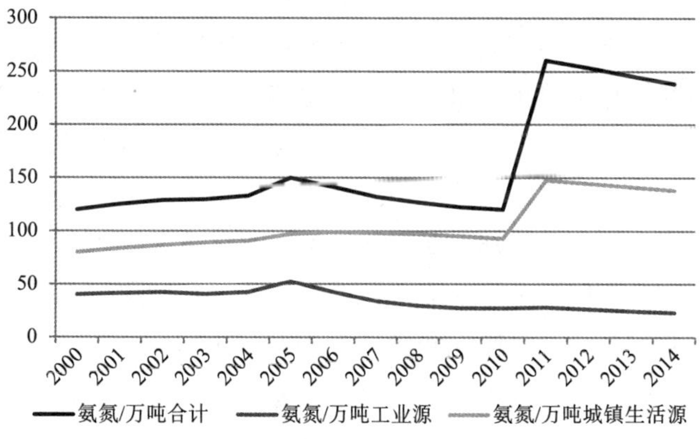

图 3－3　2000—2014 年全国氧氮排放量变化趋势图

3.1.2 大气污染情况

从中国环保护部门公布的 2014 年全国大气污染环境状况公报的信息看，对于检测的 161 个城市，仅有舟山、福州、深圳、珠海、惠州、海口、昆明、拉萨、泉州、湛江、汕尾、云浮、北海、三亚、曲靖和玉溪共 16 个城市空气质量达标（好于国家二级标准），占 9.9%；145 个城市空气质量超标，占 90.1%。其中从 PM2.5 指标看，京津冀区域 13 个地级及以上城市仅张家口市达标，其他 12 个城市均超标；全国 SO_2 年均浓度为 52 微克/立方米，同比下降 24.6%，有 4 个城市超标。

我国大气污染整体情况见表 3-2：从 2000—2014 年我国主要大气污染的统计资料来看，全国 SO_2 排放总量呈下降趋势，2014 年比 2010 年下降 10.67%，其中 SO_2 排放量下降趋势较为显著，而生活源中 SO_2 排放量呈上升趋势，主要是城市汽车保有量增加，尾气排放量增加；分析烟尘排放量的数据可知，烟尘排放总量呈快速上升趋势，与 2013 年相比上升率为 36.2%。其中，工业烟尘排放量上升 33.02%，生活烟尘排放量上升 83.29%。造成烟尘排放增加的原因是能源消耗中的煤炭燃烧（含火力发电、燃煤锅炉、炼焦、建材等行业），施工和道路扬尘、钢铁、炼油、机动车等也排放污染物。有统计显示，中国煤炭燃烧排放的 SO_2 和 NO_2 分别占总排放量的 75% 和 85%，同时还排放出大量粉尘颗粒物和二氧化碳（CO_2）。而空气中 SO_2 及烟尘排放量的增加，造成了雾霾天气。对于大气雾霾污染的认识是从 2013 年初我国中东部出现连续高浓度雾霾污染开始的。雾霾问题一直是困扰京津冀、长三角等地区。根据环保部公布的数据显示，2016 年 12 月 16 日至 20 日中国经历了当年范围最广、雾霾强度最强的雾霾天气。此次雾霾范围扩大到 17 个省市，总面积达 142 万平方公里，全国七分之一的地区都遭受到雾霾天气的侵袭。从单日情况看，12 月 16 日全国 71 城市重度以上污染，京津冀地区雾霾污染尤为严重，其中石家庄监测点数据显示，PM2.5 指数高达 1000。12 月 18 日中国中东部地区持续大面积雾霾天气，日均浓度达到或超过重度污染的城市共 71 个，其中京津冀及周边城市 53 个，占污染城市总数的 71%。12 月 19 日，全国重度以上污染城市共 24 个，京津冀及周边地区 19 个，占比 79%，全国 8 个

表 3-2　　2000—2014 年全国废气中主要污染物排放量表

年份	工业废气排放总量（亿立方米）	SO_2（万吨）		氮氧化物排放总量（万吨）		烟尘排放（万吨）		工业废气治理设施（套）	本年运行（费用）（亿元）
		总量	工业	总量	工业	总量	工业		
2000	138 145	1 995.1	1 612.5	—	—	—	—	145 534	93.7
2001	160 863	1 947.2	1 566.0	—	—	—	—	134 025	111.1
2002	175 257	1 926.6	1 562.0	—	—	—	—	137 668	147.1
2003	198 906	2 158.5	1 791.6	—	—	—	—	137 204	150.6
2004	237 696	2 254.9	1 891.4	—	—	—	—	144 973	213.8
2005	268 988	2 549.4	2 168.4	—	—	—	—	145 043	267.1
2006	330 990	2 588.8	2 234.8	—	—	—	—	154 557	464.4
2007	388 169	2 468.1	2 140.0	—	—	—	—	162 325	555.0
2008	403 866	2 321.2	1 991.4	—	—	—	—	174 164	773.4
2009	436 064	2 214.4	1 865.9	—	—	—	—	176 489	873.7
2010	519 168	2 185.1	1 864.4	—	—	—	—	187 401	1 054.5
2011	674 509	2 217.9	2 017.2	2 404.3	1 729.7	1 278.8	1 100.9	216 457	1 579.5
2012	635 519	2 117.6	1 911.7	2 337.8	1 658.1	1 234.3	1 029.3	225 913	1 452.3
2013	669 361	2 043.9	1 835.2	2 227.4	1 545.6	1 278.1	1 094.6	234 316	1 497.8
2014	694 190	1 974.4	1 740.4	2 078.0	1 404.8	1 740.8	1 456.1	261 367	1 731.0

资料来源：2015 年中国环境统计年鉴。

城市出现 AQI 小时值爆表现象，其中京津冀及周边地区的邯郸雾霾指数爆表 20 小时以上，石家庄雾霾指数爆表 10 小时以上。从 2016 年中国城市雾霾排行榜单中排名前十位的城市分布的地区看，这是个城市基本都分布在京津冀及其周边城市，见表 3-3。通过测算雾霾本源数据显示，京津冀和长三角 PM2.5 排放中，工业部门为第一大排放源，其耗煤比重高达 33.8% 和 36.6%。其他主要排放源分别为：生活消耗耗煤、汽车尾气排放、建筑粉尘污染。京津冀及其周边地区雾霾指数排名前三位的城市是：邢台市、保定市、石家庄市，2016 年 PM2.5 年均排放值高达 131.4 微克/立方米、127.2 微克/立方米、122.6 微克/立方米，而这三个城市的重工业比重值均超过 70%，从而说明大气污染与经济结构之间存在着紧密的联系。与此同时，国家针对废气污染进行了相应的治理设施的投入，年运营费用逐年增加，但近些年大气污染严重的现象没有得到改善，甚至出现了越发严重的趋势，这种污染对居民身体造成严重的损害，国家在大气污染的治理上应采取更为严格的治理标准。

表 3-3　2016 中国城市雾霾（PM2.5 年均值）排行榜单　单位：微克/立方米

1	邢台	131.4
2	保定	127.2
3	石家庄	122.6
4	邯郸	114.2
5	衡水	107.6
6	德州	106
7	菏泽	100.6
8	聊城	99.8
9	廊坊	99.3
10	唐山	98.4

资料来源：http：//blog.163.com。

3.1.3 固体废物污染情况

从中国环保护部门公布的 2014 年全国大气污染环境状况公报的信息看，全国一般工业固体废物产生量 32.56 亿吨，综合利用量 20.4 亿吨，贮存量 4.5 亿吨，处置量 8.0 亿吨，倾倒丢弃量 59.4 万吨，全国一般工业固体废物综合利用率为 62.1%，见表 3-4。全国工业危险废物产生量 3 633.5 万吨，综合利用量 2 061.8 万吨，贮存量 690.6 万吨，处置量 929.0 万吨，全国工业危险废物综合利用处置率为 81.2%。从 2000—2014 年现实的数据可知，我国工业废物产生量、工业固体废物排放量基本呈上升趋势，上升趋势较为明显，如图 3-4 所示。而与此相对应的工业固体废物处置能力较弱，没有达到预期水平。

造成这一现象的主要原因是我国固体废物污染防治工作起步较晚，我国于 20 世纪 80 年代初期开始制定相关的政策法规。1996 年 4 月 1 日我国颁布了第一部针对固体废物污染环境防治的法律，即《中华人民共和国固

表 3－4　　　　2000—2014 年全国固体废物产生及排放情况表

年份	工业固体废物产生量（万吨）	工业固体废物排放量（万吨）	工业固体废物综合利用量（万吨）	工业固体废物储贮存量（万吨）	工业固体废物处置量（万吨）	工业固体废物综合利用率（%）
2000	81 608	3 186.2	37 451	28 921	9 152	45.9
2001	88 840	2 893.8	47 290	30 183	14 491	52.1
2002	94 509	2 635.2	50 061	30 040	16 618	51.9
2003	100 428	1 940.9	56 040	27 667	17 751	54.8
2004	120 030	1 762	67 796	26 012	26 635	55.7
2005	134 449	1 654.7	76 993	27 876	31 259	56.1
2006	151 541	1 302.1	92 601	22 399	42 883	60.2
2007	175 632	1 196.7	110 311	24 119	41 350	62.1
2008	190 127	781.8	123 482	21 883	48 291	64.3
2009	203 943	710.5	138 186	20 929	47 488	67
2010	240 944	498.2	161 772	23 918	57 264	66.7
2011	326 204	433.3	196 988	61 248	71 382	59.9
2012	332 509	144.2	204 467	60 633	71 443	61
2013	327 702	129.3	205 916	4 263.4	82 969	62.2
2014	325 620	59.4	204 330.2	45 033.2	80 387.5	62.1

资料来源：2015 年中国环境统计年鉴。

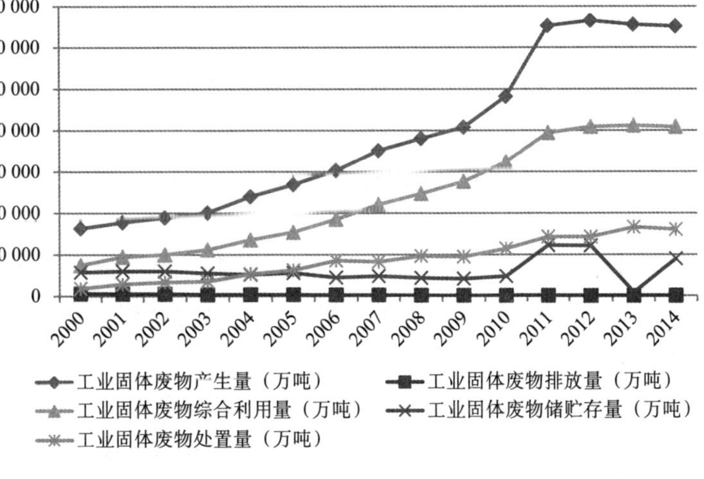

图 3－4　2000—2014 年全国工业固体废物排放情况变化趋势图

体废物污染环境防治法》，这一法规的颁布标志着我国固体废物污染防治工作已被纳入了法制化的管理轨道。此后，我国又相应出台了一系列法律法规如:《中华人民共和国固体废物污染环境防治法》《城市生活垃圾处理及污染防治技术政策》《矿山生态环境保护与污染防治技术政策》《全国危险废物和医疗废物处置设施建设规划》等政策法规，并制定了《生活垃圾填埋场污染控制标准》《一般工业固体废物贮存、处置场污染控制标准》等一系列国家标准和行业标准，这一系列法规法规的制定和颁布推动了我国固体废物排放的治理工作。伴随着治理固体废物法律法规的健全，国家相应投入了大量的资金用于固体废物的治理。“十一五”期间固废投资占环保投资比重分别达到11.4%和13.7%。“十一五”期间环保部对固废污染防治领域投资达2 100亿元，而资金投入的主要治理方向是用于生活垃圾的无害化治理、医疗废物及工业固废的综合利用和危险废物集中处置三大方向。随着国家对治理固体废物的重视，在“十二五”期间我国继续加强环保资金的投资，“十二五”末，我国环保投资总额和固废处理投资额分别达到3.40万亿元和0.80万亿元，市场规模急剧扩大。据环保部规划院测算，预计“十三五”期间环保投入将增加到每年2万亿元左右，“十三五”期间社会环保总投资有望超过17万亿元。根据行业发展，未来几年固废市场规模将占环保投资总额的30%左右。而目前大概是24%左右，前瞻产业研究院发布的《2015—2020年中国固废处理行业市场前瞻与投资战略规划分析报告》显示，“十三五”期间固废处理行业投资区间在4.25万亿元~5.10万亿元之间，那么到2020年前，我国固废处理行业市场规模有望达到万亿元。

3.1.4 环境污染情况总结

随着我国从计划经济体制跨入市场经济体制，从农业社会过渡到工业社会或后工业社会，环境污染的呈现出日益严重的态势，给社会造成了负面的影响，包括大气污染、噪声污染、水体富营养化、酸雨、重金属污染、化学品污染、持久性有机污染物等。随着环境问题的日益严重，国家认识到环境规制的重要性，人们的环保意识逐渐提高，我国的环境规制法律法规从无到有，涉及范围越来越广，执行标准逐渐严格，环境污染治理投资稳步增加，环境规制收到了一定的效果。

（一）环境污染得到一定控制

进入经济转型时期，工业迅速发展，成为经济增长中的主导产业。在这一阶段，工业污染问题伴随着经济的高速增长而产生。随着工业“三废”排放量的增加，人们开始重视环境污染问题。国家实行工业污染源限期达标排放，关闭浪费资源、污染环境的小企业等措施，环境污染程度有所减轻，环境规制收到了一定的效果。从“三废”排放量及治理情况来看（见表 3－5）：2012 年全国废气排放量为 635 519 亿立方米，比上一年减少 38 990 亿立方米。全国工业 SO_2 排放达标率、全国工业烟尘排放达标率、全国工业烟尘排放达标率从 2010 年起均已超过 90%；2014 年全国废物排放量为 325 620 万吨，比 2013 年减少 6 889 万吨。从近三年全国废物排放量值看，废物排放量一直呈下降趋势。工业废物利用率从 2006 年起已超过 60%；2000—2014 全国废水排放总体值，整体上呈缓慢上升趋势。但从工业废水排放指标看，2013 年全国工业废水排放量为 209.8 亿吨，比上一年减少 5.3%。全国工业废水排放达标率从 2010 年起已超过 95%。从统计资料数据分析，在经济转型时期通过有效的环境规制手段使环境污染得到一定的控制。但我们也应该看到一些现实问题，如：雾霾问题、地下水污染等，这些都与“美丽中国”的总目标相背离。可见，污染治理工作任重而道远。

表 3－5　　2000—2014 年工业“三废”排放情况及治理情况

年份	废水		废气				废物	
	合计（亿吨）	工业废水达标率（%）	合计（万吨）	工业烟尘达标率（%）	工业 SO_2 达标率（%）	工业粉尘达标率（%）	合计（万吨）	工业固体废物综合利用率（%）
2000	415.2	76.9	138 145	—	—	—	81 608	45.9
2001	432.9	85.2	160 863	67.3	61.3	50.2	88 840	52.1
2002	439.5	88.3	175 257	75.0	70.2	61.7	94 509	51.9
2203	459.3	89.2	198 906	78.5	69.1	54.5	100 428	54.8
2004	482.4	90.7	237 696	80.2	75.6	71.1	120 030	55.7

续表

年份	废水		废气				废物	
	合计（亿吨）	工业废水达标率（%）	合计（万吨）	工业烟尘达标率（%）	工业 SO_2 达标率（%）	工业粉尘达标率（%）	合计（万吨）	工业固体废物综合利用率（%）
2005	524.5	91.2	268 988	82.9	79.4	75.1	134 449	56.1
2006	536.8	90.7	330 990	87.0	81.9	82.9	151 541	60.2
2007	556.8	91.7	388 169	88.2	86.3	88.1	175 632	62.1
2008	571.7	92.4	403 866	89.6	88.8	89.3	190 127	64.3
2009	589.1	94.2	436 064	90.3	91.0	89.9	203 943	67
2010	617.3	95.3	519 168	90.6	97.9	91.4	240 944	66.7
2011	659.2	—	674 509	—	—	—	326 204	59.9
2012	684.8	—	635 519	—	—	—	332 509	61
2013	695.4	—	—	—	—	—	327 702	62.2
2014	716.2	—	—	—	—	—	325 620	62.1

资料来源：2015 中国环境统计年鉴；2013—2014 年中国环境统计公报。

（二）环境污染治理的资金投入较多

进入经济转型时期，在传统工业化模式下，GDP 数字的快速增长，是建立在资源、环境、健康不断恶化的基础之上的。我国逐渐认识到这种高消耗、高污染、高风险的发展方式是不可持续的。为此，国家不断加大环境保护的力度，拓宽环境保护投入的渠道，由过去单纯的政府财政投入为主体扩展为政府和企业双主体的投资渠道模式。政府通过财政转移支付、环境保护国债及排污收费等方式筹集环境规制资金；企业通过保护专项基金、污染源治理专项基金、企业自有资金、政策性银行贷款、国际金融机构和外国政府优惠贷款等方式筹集环境规制资金。政府与企业共同筹集资金，双管齐下，保证了充足的环境污染治理投入资金。通过整理我国近十年的环境污染治理投资状况相关数据可知。如图 3－5 所示：从环境规制投资的四项指标来看，我国环境规制投资一直呈现稳定上升的趋势，且环境污染治理投资总额上升趋势较为明显，尤其在经济转型时期的新常态阶段国家加大了对环境规制的投资，以 2014 年为例环境污染治理投资为

9 575.5 亿元，比上一年上升 5.96%，见表 3－6。其中，城市环境基础设施建设投资 5 463.9 亿元，比上年增加 4.61%；工业污染源治理投资 997.7 亿元，比上年增加 17.4%；建设项目“三同时”环保投资 3 113.9 亿元，比上年增加 5.04%。在经济转型的新阶段，我国环境污染治理的投入呈现稳步上升的趋势，随着环保投入的增加将进一步促进环保工作的开展。

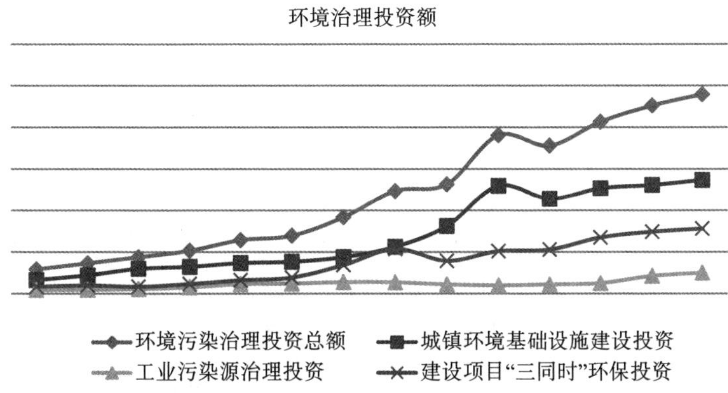

图 3－5　2001—2014 年我国环境规制投资情况变化趋势图

表 3－6　2001—2014 年我国环境规制投资情况表　单位：亿元

年份	环境污染治理投资总额	城镇环境基础设施建设投资	工业污染源治理投资	建设项目“三同时”环保投资
2001	1 166.7	655.8	174.5	336.4
2002	1 456.5	878.4	188.4	389.7
2003	1 750.1	1 194.8	221.8	333.5
2004	2 057.5	1 288.9	308.1	460.5
2005	2 565.2	1 466.9	458.2	640.1
2006	2 779.5	1 528.4	483.9	767.2
2007	3 668.8	1 749.0	552.4	1 367.4
2008	4 937.0	2 247.7	542.6	2 146.7
2009	5 258.4	3 245.1	442.6	1 570.7
2010	7 612.2	5 182.2	397.0	2 033.0
2011	7 114.0	4 557.2	444.4	2 112.4
2012	8 253.5	5 062.7	500.5	2 690.4
2013	9 037.2	5 223	849.7	2 964.5
2014	9 575.5	5 463.9	997.7	3 113.9

资料来源：2015 中国环境统计年鉴；2013—2014 年中国环境统计公报。

3.2 环境规制政策演进各阶段划分

本书将我国环境规制的发展历程与经济转型的阶段相融合，将环境规制政策的演进划分为以下阶段：

3.2.1 经济快速发展阶段的环境规制（1978—1993年末）

1978年十一届三中全会的召开标志着我国经济体制由计划经济向市场经济转变。在这一阶段，尽管改革开放的利好政策使经济发展进入快速增长阶段，但由于建国初期我国实行计划经济体制，物资的调拨由国家统一分配，生产企业的完全封闭和缓慢发展导致资源的低效利用，造成了环境的严重污染，而这一时期国家对环境没有进行有效的治理。这种计划经济、体制对环境的负面影响此前一直未得到重视，直到1978年国家第一次将环境保护列入《宪法》之中，才成为我国环境规制的开端；1979年《中华人民共和国环境保护法（试行）》的颁布，使环境规制工作有法可依；1983年和1989年国家召开了两次环境保护会议，逐步认识到经济发展与环境规制的统一性问题；1992年《联合国气候变化框架公约》的签署标志着我国经济发展战略开始向清洁能源技术和可持续发展方向转变。

3.2.2 经济高速发展阶段的环境规制（1994年初—2012年末）

党的十四届五中全会、十五大提出计划经济体制向社会主义市场经济体制转变，粗放型经济增长向集约型经济增长的两个根本转变，实施可持续发展战略，直至党的十七大的召开，强调全面建设小康社会，深化改革开放，加快转变经济发展方式，逐渐形成由国家规划、产业政策为导向的社会主义市场经济体制。在这一阶段，经济发展方式落后于经济的持续快速增长，推动经济增长的主要动力为能源推动，中高技术推动较低，最终表现为环境污染严重、结构失调。针对发展出现的问题，我国制定了一系列环境规制政策，具体包括：1994 年我国提出《中国 21 世纪议程》，议程中指出环境污染问题的解决是通过法律、经济等综合手段；1996 年和 2002 年国务院分别在召开全国第四次和第五次环境保护会议时制定《关于加强环境保护若干问题的决定》和《国家环境保护“十五”计划》，提出环境保护是实施可持续发展战略的关键，部署“十一五”期间的环境保护工作，明确了环境保护工作的目标、任务和具体措施；2009 年在联合国举行的气候变化峰会上我国领导人做出“减排四措施”的承诺，即加强节能、提高能效、减少二氧化碳排放、发展可再生能源和核能；2010 年国家“十二五”规划的制定提出包括建设现代能源产业，新能源开发，推动能源生产和利用方式的变革，建设稳定、安全、清洁、经济的能源体系等环境治理方面的新要求。

3.2.3　经济增速转换阶段的环境规制（2013 年初至今）

随着我国经济发展进入新常态阶段，经济从高速增长转向中高速增长，经济发展方式从规模速度型粗放增长转向质量效率型集约增长，经济结构从增量扩能为主转向调整存量、做优增量并存的深度调整，经济发展动力从传统增长点转向创新驱动增长。环境规制面临新问题，如果处理不好，就会让危机加重，新问题累积，错失改善环境质量的良好时机。与前几个发展阶段相比较，环境污染问题有所改善，但还存在着经济增长较多的依赖资源过度开发，资源能源高消耗、污染排放高强度、产出和效益低下的等特征。针对这一现状，党的十八届三中、四中全会对生态文明建设做出一系列重大决策部署；2014 年 APEC 会议上习近平主席描绘了环保蓝图；2015 年国家审议通过《关于加快推进生态文明建设的意见》，内容包括：坚持把“绿色发展、循环发展、低碳发展”作为基本途径，经济社会发展必须与生态文明建设相协调。无论是政府、企业还是个人都是生态文明的重要建设者，决不以牺牲环境为代价去换取一时的经济增长。

3.3 演进各阶段环境规制政策

3.3.1 环境规制政策具体内容

1973 年 8 月，我国召开了第一次全国环境保护会议，由此揭开了中国环境保护事业的序幕。自此以后，我国政府逐步加大了对环境的保护力度。国务院在 1983 年底的第二次全国环境保护会议上把环境保护确立为基本国策，并贯彻执行之；进入新世纪后，党的十六大提出以人为本的科学发展观，不仅探索新工业化道路和社会主义新农村建设的创新，而且积极探索构建资源节约型和环境友好型社会，以及创建人与自然、人与人之间协调发展的和谐社会；党的十七大更是把“建设生态文明”作为实现全面建设小康社会奋斗目标的新要求之一，纵观我国的环境规制之路，大体上可以分为三个阶段。第一个阶段是环境规制政策的初步形成阶段（20 世纪 70 年代末到 90 年代初）；第二个阶段是环境规制政策的发展阶段（20 世纪 90 年代初至 21 世纪初）；第三个阶段是环境规制政策的完善阶段（21 世纪初至今）。环境规制之路在每个阶段都有自身的内容和特点，表则给出了新中国成立以来我国环境规制措施在组织机构、相关法律、行政法规和部门规章上的简要历程（张成，2011）。

不可否认，我国的环境规制政策是在不断地发展和完善之中的。概括地来说，环境规制历程可以从两个方面进行总结：首先，从组织机构上来看，环境保护部门的地位和重要性在逐步提升。自 1971 年成立国家计委环境保护办公室以来，环境保护部门逐步发展成环境保护总局乃至于环境保护部，这不仅仅是名称上的改变，而是体现了国家对环境保护部门地位和重要性的认可，体现了党和政府在保护环境上的决心和努力。其次，从法律法规和规章上来看，环境规制内容的覆盖面和可操作性在逐步提升。自 1979 年颁布《中华人民共和国环境保护法》（试行）以来，国家先后颁布了一系列相关的法律法规，逐步覆盖了各个地区、行业和各种污染物指标，使得环境规制的覆盖面大幅度提升；同时，环境规制政策的现实可操作性也有大幅度改进，由最初的统领性工作方针逐步发展到能够指导和规范各行各业的具体制度上，从而提供了较为完备的定量性监管标准，见表 3 - 7。

表 3 - 7　　中国经济转型时期环境规制政策发展历程表

阶段	年份	组织机构	相关法律	行政法规	部门章程	其他
经济快速发展阶段的环境规制	1978					中国第一次将环境保护列入《宪法》之中
	1979		颁布《中华人民共和国环境保护法(试行)》			
	1982	撤销国务院环境保护领导小组办公室，城乡建设环境保护部内设环境保护局				
	1983					第二次全国环境保护会议召开
	1984	1984 年 5 月成立环境保护委员会，办公室设在城乡建设环境保护部，有环境保护局代行其职。1984 年 12 月环境保护局改名为国家环境保护局，但仍归城乡建设环境保护部领导				

续表

阶段	年份	组织机构	相关法律	行政法规	部门章程	其他
经济快速发展阶段的环境规制	1986		颁布《中华人民共和国渔业法》			
	1987			公布《化学危险物品安全管理条例》		
	1988	国家环境保护局成立，从建设部中分离出来				
	1989		颁布《中华人民共和国环境保护法》		公布《饮用水水源保护区污染防治管理规定》	第三次全国环境保护会议召开
	1991		颁布《中华人民共和国水土保持法》		公布《全国机动车尾气排放检测管理制度》（暂行）	
	1993			公布《核电厂核事故应急管理条例》		
	1994			公布《中华人民共和国自然保护区条例》		我国政府在里约热内卢会后制定的环境与发展十大对策的基础上，发表了《中国21世纪议程——中国人口、环境与发展》白皮书
	1995		颁布《中华人民共和国固体废物污染环境防治法》			提出《关于国民经济和社会发展“九五”计划和2010年远景目标建议》

续表

阶段	年份	组织机构	相关法律	行政法规	部门章程	其他
经济高速发展阶段的环境规制	1996		颁布《中华人民共和国环境噪声污染防治法》	公布《中华人民共和国野生植物保护条例》		第四次全国环境保护会议召开
	1997			公布《关于加强农用运输车管理意见的通知》和《电磁辐射环境保护管理办法》		
	1998	国家环境保护局升格为正部级国家环境保护总局	修正《中华人民共和国森林法》	公布《关于酸雨控制区和 SO_2 污染控制区有关问题的批复》和《关于限制停止生产销售使用车用含铅汽油汽油的通知》	公布《国家危险废物名录》	
	1999		颁布《中华人民共和国气象法》；修订《中华人民共和国海洋环境保护法》		公布《近岸海域环境功能区管理办法》《消耗臭氧层物质进出口管理办法》《关于加强社会生活噪声污染管理的通知》《污染源监测管理办法》和《环境保护行政处罚办法》	

续表

阶段	年份	组织机构	相关法律	行政法规	部门章程	其他
经济高速发展阶段的环境规制	2000		颁布《中华人民共和国大气污染防治法》；修正《关于修改〈中华人民共和国渔业法〉的决定》			
	2001		颁布《中华人民共和国防沙治沙法》		公布《关于发布轻型汽车和柴油车限期停产车型名录的通知》《关于划分高污染材料燃料的规定》《关于加强铁路噪声污染防治的通知》和《畜禽养殖污染防治管理办法》	
	2002		修订《中华人民共和国水法》、颁布《中华人民共和国环境影响评价法》和《中华人民共和国清洁生产促进法》	公布《危险化学品安全管理条例》，并废止《化学危险物品安全管理条例》（1987）；公布《排污费征收使用管理条例》	公布《摩托车报废标准暂行规定》	党的十六大召开①

① 2002 年，党的十六大把实施可持续发展战略，实现经济发展和人口、资源、环境相协调写入了党领导人民建设中国特色社会主义必须坚持的基本原则。

续表

阶段	年份	组织机构	相关法律	行政法规	部门章程	其他
经济高速发展阶段的环境规制	2003		颁布《中华人民共和国放射性污染防治法》	公布《医疗废物管理条例》		中共十六届三中全会召开①
	2004		修订《中华人民共和国固体废物污染环境防治法》	公布《危险废物经营许可证管理办法》		
	2005		颁布《中华人民共和国可再生能源法》	公布《放射源分类办法》		发布了《关于落实科学发展观加强环境保护的决定》
	2006			公布《防治海洋工程建设项目污染损害海洋环境管理条例》和《中华人民共和国濒临危险野生动植物进出口管理条例》	公布《关于修改〈放射性同位素与射线装置安全许可管理办法〉的决定》《国家级自然保护区监督检查办法》和《病原微生物实验室生物安全环境管理办法》	
	2007		颁布《中华人民共和国城乡规划法》、修订《中华人民共和国节约能源法》	公布《全国污染源普查条例》	公布《城市放射性废物管理办法》和《环境检测管理办法》	

① 2003 年 10 月，党的十六届三中全会明确提出了“坚持以人为本，树立全面、协调、可持续的发展观，促进经济社会和人的全面发展的科学发展观”。强调“按照统筹城乡发展、统筹区域发展、统筹经济社会发展、统筹人与自然和谐发展、统筹国内发展和对外开放的要求”。

续表

阶段	年份	组织机构	相关法律	行政法规	部门章程	其他
经济高速发展阶段的环境规制	2008	2008年国家环保局升格为环境保护部	颁布《中华人民共和国循环经济促进法》	公布《废弃电器电子产品回收管理条例》	公布《国家危险废物名录（新）》《建设项目环境影响评价分类管理名录》《危险废物出口核准管理办法》《禁止进口固体废物目录》《限制进口类可用作原材料的固体废物目录》和《自动许可进口类可用作原料的固体废物目录》	
	2009			公布《放射性物品运输安全管理条例》	公布《限期治理管理办法（试行）》；修订《新化学物质环境管理办法》和《环境行政处罚办法》	
	2010			公布《消耗臭氧层物质管理条例》	公布《突发环境事件应急预案管理暂行办法》《放射性物质运输安全许可管理办法》和《废弃电器电子产品处理资格许可管理办法》	

续表

阶段	年份	组织机构	相关法律	行政法规	部门章程	其他
经济高速发展阶段的环境规制	2011					发布《国家环境保护“十二五”规划》[①]
	2012			《气象设施和气象探测环境保护条例》		十八大报告将生态文明建设与经济建设、政治建设、文化建设、社会建设并列，把生态文明建设放在突出地位
经济增速转换阶段的环境规制	2013			《城镇排水与污水处理条例》《畜禽规模养殖污染防治条例》		
	2014		《中华人民共和国环境保护法》（第八次修订）			
	2015		《中华人民共和国大气污染防治法》			
	2016		《中华人民共和国环境影响评价法》	新《中华人民共和国节约能源法》（2016 年 7 月修订）；新《中华人民共和国水法》（2016 年 7 月修订）；国家危险废物名录		

数据来源：根据中华人民共和国生态环境部和中国环境标准网（http://www.es.org.cn/cn/）提供的资料整理。

① 规划中提到，保护环境是我国的基本国策。为推进“十二五”期间环境保护事业的科学发展，加快资源节约型、环境友好型社会建设，制定本规划。

3.3.2 环境规制政策工具

关于环境规制政策工具的分类，不同学者有不同的分类。Bemelmans - Videc 认为可以分为经济激励、法律工具和信息工具三种（Bemelmans - Videc 等，1998）；Lundqvist 从组织、法律、物质、经济和信息五个角度对环境规制政策工具进行了分类（Lundqvist，2001）；Word Bank 则把环境规制政策工具分为利用市场、创建市场、直接的环境规制政策和公众的参与四类（Word Bank，1997）；马士国则把环境规制政策工具分为命令——控制型环境规制政策工具、基本类型的市场化环境规制政策工具和衍生型的市场化环境规制政策工具三种（马士国，2009）。我国在经济转型时期各阶段分别使用不同的环境规制政策工具，具体见表 3 - 8。

表 3 - 8　　经济转型时期中国环境规制政策工具

政策类型	政策工具	开始时间
命令与控制型规制政策	“三同时”制度排污申报	1972
	排污许可证制度	1988
	污染物排放标准	20 世纪 80 年代以来
	环境影响评价制度	2002
	限期治理关停并转以新带老	2009
市场化环境规制政策工具	环保投资渠道补贴	1982
	矿产资源税和补偿费	1986
	生态环境补偿费（试点）	1989
	“三同时”保证金	1989
	SO_2 收费试点	1992
	排污许可证交易（试点）	1993
	治理设施运行保证金	1995
	污染费（含超标排污费）	2003
	碳排放权交易（试点）	2012
衍生型的市场化环境规制政策工具	废物回收押金	1984
	信息公开办法	2008
	公众参与暂行办法	2006
	环境标志	1993
	ISO14000	1995

（一）命令——控制型环境规制政策工具

在经济转型的第一阶段主要强调使用命令——控制环境规制政策工具。命令——控制型环境规制政策工具具体分为：排污量规制和强制型技术规制。排污量规制指对污染排放者的污染物排放总量进行限定。排污量规制具有的优点为：具备一定的灵活性。虽然与排污费和污染排放权交易相比，灵活度仍然不足，但已经赋予企业在提高技术进步和降低产量等降低总污染排量方式上进行选择的权利。排污量规制存在的缺点为：不能有效控制全社会的污染总量。虽然该规制工具能限定单个厂商的污染总量，但不能控制企业总量，若单个厂商的污染排放量较低，但企业数量增加，则全社会的污染排放总量仍会较大。规制成本相对强制型技术规制成本而言较高。因为对于污染排放量的监督相对较难，不像监督技术那样容易。未能承担所有污染排放的责任。厂商只是将其污染量降低到标准之内，但未对标准之内的污染排放承担责任。固定化的治污水平，企业总是倾向于将污染排放量降低至规定水平的上限，缺乏继续降低排放量的动机；强制型技术规制指对污染排放者采用特定的清洁技术种类、水平进行限定，或者对污染排放的区域、时段等条件进行限制。强制型技术规制具有的优点为：监督管理成本相对较低。相对于污染排放量的监督来说，对于技术的监督难度相对较低。避免部分长期不可逆转污染现象的发生。对于部分行业来说，规制的目的是零污染，因为一旦发生污染，后果将不堪设想（核电站、化工等行业）。强制型技术规制存在的缺点为：灵活性较差、容易产生低效率。如企业不能通过其他低成本行为达到减排的目的，并且不能通过减排量交易在一个更广泛的空间里实现资源配置优化。更有可能不利于市场竞争。部分排污者更喜欢发证程序，以合法的形式增强了进入壁垒，未能承担所有污染排放的责任。厂商只是将技术水平提高至标准技术水平，但未能对标准技术时产生的污染排放承担责任。固定的治污技术，企业总是倾向于将技术水平提高到符合规定水平的下线，缺乏继续提高的动机。

（二）市场化环境规制政策工具

第二类是市场化环境规制政策方式。包括：可交易排污权许可、排污税、补贴和削减补贴。可交易排放许可是指规制者首先在既定区域既定时间发放一定数量的排污权许可或限额，并且这些许可具备可转让性；排污税指国家为了限制环境污染的范围和程度，对经济主体的排污行为征收的特别的税种。一般来说，经济主体的污染排放量越大，被征收的排污税就越多；补贴和削减补贴指政府通过信贷优惠和税收支出等方式对倾向于使用清洁投入或技术的厂商实施补助，即补贴；相对地，对倾向于使用污染密集型投入或技术的厂商减少补助，即削减补贴。

（三）衍生型的市场化环境规制政策工具

第三类是衍生型的市场化环境规制方式。包括：次优的投入税和产品税、押金——返还机制、税收——补贴机制、排污费——返还机制及相关制约机制。次优的投入税和产品税指监督执行成本相对较低。在发展中国家和经济转型国家，政府较难对每个排污者的污染排放量进行准确度量。而对投入品和产品的度量则相对容易，此时政府根据固定的技术关系就可以推断出厂商的排污量，以此来征收投入税和产品税。举证角色的转变，一般是政府对排污者进行核查，证实其排放量或技术水平是否达标。而在这里，是排污者主动证明其采用了清洁生产技术，以此来实现投入税和产品税的降低乃至豁免；押金——返还机制指自我证明机制的有效利用。政府避免了对商品使用时产生的污染物的不合法处理的监管，消费者为了获取事先缴纳的押金，将会自主收集和退还商品使用后产生的污染物。特别是能有效规制一些危险废弃物的不当处理；税收——补贴机制指通过税收和补贴的结合来鼓励减排行为。政府首先设定一个基准排污量，当厂商的排污量高于该基准时，则需要对多出的排污量纳税，当厂商的污染排放量低于该基准时，则可以获得一定的补贴。排污费——返还机制这是一种主要针对生产者制定的环境规制政策工具。政府事先对产生污染的厂商征收一定的排污费，事后根据某些测量值（如排污量、产量等）部分乃至超额退还事前征收的排污费。高于平均排污水平的厂商支付净支付，低于平均排污水平的厂商获得净收益。

从表 3 -7 可以看出，我国经济转型时期环境规制政策主要应用的是命令与控制型环境规制政策，市场激励型环境规制政策（经济激励政策）。而从我国 2000—2014 年三废污染物排放量开看，环境规制政策工具的使用并没有彻底改变经济转型时期环境污染较重的情况，究其原因主要来自四方面：环境规制政策的制定、环境规制政策工具的选择、环境规制政策的执行、环境规制政策的监督等几方面原因，后面我们将具体分析几方面问题找到环境规制政策实施效果不佳的原因。

3.4 小结

从 2000—2014 年我国对环境污染治理的投资情况和“三废”排放量情况分析我国经济转型时期环境污染及治理情况。具体来说，从环境规制投资的四项指标来看，我国环境规制投资一直呈现稳定上升的趋势，且环境污染治理投资总额上升趋势较为明显，尤其在经济转型时期的新常态阶段国家加大了对环境规制的投资，以 2014 年为例环境污染治理投资为 9 575.5 亿元，比上一年上升 5.96%。其中，城市环境基础设施建设投资 5 463.9 亿元，比上年增加 4.61%；工业污染源治理投资 997.7 亿元，比上年增加 17.4%；建设项目“三同时”环保投资 3 113.9 亿元，比上年增加 5.04%。在经济转型的新阶段，我国环境污染治理的投入呈现稳步上升的趋势。除了加大环保投入力度外，我国在经济转型时期出台了多项环境规制政策，针对经济转型的不同阶段的特点采用了有效的环境规制政策工具。环境规制政策主要应用的是命令与控制型环境规制政策，市场激励型环境规制政策（经济激励政策）。随着环保投入的增加和有效环境规制政策的采用，我国污染物的排放量呈现下降趋势。如 2012 年全国废气排放量为 635 519 亿立方米，比上一年减少 38 990 亿立方米。全国工业 SO_2 排放达标率、全国工业烟尘排放达标率、全国工业烟尘排放达标率从 2010 年起均已超过 90%；2014 年全国废物排放量为 325 620 万吨，比 2013 年减少 6 889 万吨。从近三年全国废物排放量值看，废物排放量一直呈下降趋势。工业废物利用率从 2006 年起已超过 60%；2000—2014 全国废水排放总体值，整体上呈缓慢上升趋势。但从工业废水排放指标看，2013 年全国工业废水排放量为 209.8 亿吨，比上一年减少 5.3%。全国工业废水排放达标率从 2010 年起已超过 95%。可见，通过对 2000—2014 年中国环境统计年鉴所显示的数据分析，在经济转型时期通过有效的环境规制手段使环境污染得到一定的控制。但从现实反映的一些污染情况如：雾霾、饮用水污染等，说明我国的环境污染治理水平还没有达到“美丽中国”的预期目标。这些污染问题是否与经济发展有关，在经济转型的新阶段是否会带来污染新问题，如何通过环境规制政策手段去解决污染新问题，这些都值得我们继续探讨。

第 4 章

经济转型时期中国环境规制政策与经济增长的关系分析

环境规制政策的实施，使污染排放量降低、经济增长速度保持稳定是新常态阶段的必然要求。但经济增速的保持与环境污染治理的双赢不是自发实现的，而是通过经济转型各阶段严格的环境规制政策实施和切实的经济转型来实现。那么经济转型各阶段环境规制政策的实施是否达到了经济增长与环境治理的双赢目标？这需要我们通过科学的方法来验证。这里我们选择 EKC 曲线验证二者之间的关系。以期分析经济转型的三个阶段中，环境规制政策的实施对经济增长存在着促进作用，还是阻碍作用。

4.1　环境库兹涅茨曲线（EKC 曲线）简述

经济转型时期环境规制政策的实施，是有效控制环境污染，实现经济发展与环境治理相协调的关键。分析国内外学者对经济增长与环境治理相关文献，发现国内外学者主要是从四种视角分析二者之间是否存在协调关系。第一种，从投入产出视角，代表性人物有：Leontief（1970）、Pearson（1995）；第二种，一般均衡视角，代表性人物有：Forsund 和 Strom（1988）、王灿等（2005）；第三种，环境库兹涅茨曲线（EKC 曲线）视角，代表性人物有：Grossman 和 Krueger（1991）；第四种，世代交替模型视角，代表性人物有：Overlapping Generation Model（1994）、John 和 Pecchenino（1994）、张晓（1999）。在这四个对环境与经济协调关系分析的视角中，EKC 曲线视角是各国研究较多，较为成型的视角，且对环境与经济的关系分析可以借助计量模型，通过面板数据，对二者之间的关系进行较为深入的分析。EKC 曲线最早由 Grossman 和 Krueger（1991）提出，两位学者通过收集 42 个国家的环境污染和经济增长数据，用于 EKC 曲线分析。通过分析两者存在的关系发现，环境污染物如：固体排放物、SO_2 排放物与经济增长之间呈现出类似于 Kuznets 曲线的倒 U 形状，而该曲线主要是用来研究收入与分配关系问题。而倒 U 形状的数学解释为：在该经济发展阶段，在经济发展水平没有达到倒 U 形极值点之前，经济的增长与环境污染之间存在着正向关系，即随着经济的增长，污染物排放量也随之增大，但经济增长水平一但突破极值点，则出现另外一种结果，即经济增长会促进环境污染情况的改善。Grossman 和 Krueger（1991）提出 EKC 曲线后，得到了国内外学者的广泛关注，许多学者针对这一问题开展相关研究，主要以地区或产业为数据支撑，分析环境污染与经济增长之间存在的倒 U 型关系，以及在倒 U 型关系存在的前提下，地区或产业环境污染与经济增长之间的极值点位置。许多实证研究支持倒“U”型曲线的存在，如 Panayotou et al.（1999）、Dasgupta et al.（2002）等。但也有许多实证研究发现，某些污染物和经济增长之间呈现线性乃至“N”型等多种关系。如，Word Bank（1992）和 Shafik（1994）的研究结果表明，随着人均收入的增加，人均二氧化碳排放量呈线性上升态势；Perman 和 Stern（2003）的研究则认为在硫污染物和 GDP 之间不符合 EKC 曲线关系。为修正这一现象许多学者开始加入其他要素，如：Grossman 和 Krueger（1995）、Torras 和 Boyce，（1998）在模型中加入文化要素、政治要素、城市化情况要素等，验证了环境与经济发展之间存在着许多非 U 型曲线关系。我国学者也对 EKC 曲线进行了验证，如：马树才、李国柱（2006）、刘金全等（2009）对经济增长与环境污染关系进行实证分析，研究二者之间 U 型关系。在直接验证的基础上，我国学者也在模型中加入其他要素，如：于峰、齐建国（2007）等人在模型中加入贸易指标；何静、许建（2007）考虑将 FDI 因素加入；李秀香、潘晓倩（2007）验证中加入外贸和环境要素；李猛（2009）将财政要素加入模型中。国内学者对这一问题的研究主要使用时间序列和截面分析，但分析结果往往不令人满意，样本区间存在着同质性的问题。而与此同时，一些学者通过使用面板数据模型得到了较为满意的结果。因此，面板数据在环境与经济发展关系问题的研究被越来越多的学者所认可。而面板数据得到的结果也证实了 EKC 曲线中所蕴含的经济增长水平决定环境污染排放量的结论。通过大量学者的研究我们可以了解到，对于经济较发达的国家，即已经完成工业化进行的国家，在得到较为满意的物质资料的同时，环境问题也得到了较为明显的改善。相反处于经济发展中和经济较为落后的国家和地区，因在经济增长中为赶超发达国家，在资源的利用上，很少考虑对环境污染的问题，因而在验证中难以实现倒 U 型曲线发展历程。

4.2　经济转型时期环境规制政策与经济增长关系验证过程

我国经济转型时期发展的历程经历了三个阶段，但由于第一阶段数据较难收集，因此本书以第二阶段、第三阶段为主要研究对象，收集了 2000—2014 年我国 31 个省的废水排放量、废物排放量、SO_2 排放量、GDP 值等数据，来验证环境规制政策的实施效果即排污量大小与经济增长之间的关系问题。

4.2.1　模型设置和数据说明

（一）模型设置

对于经济增长与环境污染关系问题的研究，即对环境库兹涅茨曲线的验证上，国内外学者主要采用两种方式：一种是单纯使用简单回归模型，不加入其他因素，来分析经济增长与环境污染的环境库兹涅茨曲线，代表人物有：Panayotou et al.（1999）；Dasgupta et al.（2002）；Word Bank（1992）；Shafik（1994）、Coondoo、Dinda（2002）；Perman、Stern（2003）；张成等（2010）。另一种是在简单回归模型的基础上加入其他变量。如：Grossman 和 Krueger（1995）、Torras 和 Boyce（1998）在模型中加入文化要素、政治要素、城市化情况要素等。两种方式进行比较各有优缺点。第一种方式的优点是通过二维空间直观的考察经济增长与环境污染的关系，可以较为清楚比较不同区域和产业之间经济增长与环境污染问题；缺点是当考虑不同国家和地区之间的控制变量时，缺乏可靠性。针对这一问题，学者们才试图加入相关控制变量以期修正存在的问题。第二种方式，在虽然对简单模型存在的问题进行了修正，但是模型中加入的变量往往是非定量指标，而定性指标存在着赋值的任意性和随意性，数据收集存在不可靠和不可得的问题，有时对经济增长与环境治理关系问题的分析反而不如简单回归模型。本书为了能够在二维空间里比较中国经济转型的第二阶段和第三阶段环境规制政策实施效果即环境污染治理情况和经济增长之间的关系，同时也为了防止低质量的控制变量会降低经济增长与环境污染之间曲线关系的可靠性，本书选择采用简单回归模型分析经济增长与环境污染之间是否存在 EKC 曲线关系。简单回归模型设置如下：

$$Y_{it} = C + \beta_1 X_{it} + \beta_2 X_{it}^2 + \beta_3 X_{it}^3 + V_i + \varepsilon_{it}$$

式中，Y_{it} 表示 31 个省份中某一省份的废水、固体废物、SO_2 的排放量；C 为固定截距；X_{it} 为 31 个省份中第 t 年人均 GDP 水平；V_i 代表个体效应；β 为待估计参数，β 值得多少、正负直接反映出经济增长与环境污染的关系；ε_{it} 为随机误差项。环境污染物排放与经济增长之间的曲线关系，通过表 4－1 表示：

表 4－1　　环境污染物排放与经济增长之间的曲线关系

系数值			曲线
β_1	β_2	β_3	
>0	=0	=0	单调递减
<0	=0	=0	单调递增
>0	>0	=0	正 U 型关系
>0	<0	=0	倒 U 型关系
<0	>0	<0	倒 N 型关系
>0	<0	>0	N 型关系

（二）数据说明

本书选取的数据为 2000—2014 年 31 个省份废水排放量、固体废物排放量、SO_2 的排放量和各省 GDP 值。但考虑到不同污染物及国民生产总值存在着地区差异，因此在模型数据的选取上进行了简单处理，分别使用：人均废水排放量、人均固体废物排放量、人均 SO_2 排放量，在 GDP 值的处理上，考虑到通过膨胀的因素，本书先将 GDP 平减指数平减至 1990 年水平，然后运用 GDP 值计算出人均 GDP 值，得出较为科学的数据。具体来说，人均 GDP 表示 GDP 总量与总人口之比；人均 SO_2 排放量表示 SO_2 排放量与总人口之比；人均固体废弃物排放表示固体废弃物排放量与总人口数之比；人均废水排放量表示废水排放量与总人口之比。

4.2.2　验证结果

本书利用 Eviews 8.0 软件中的 Balanced Panel 模型进行回归，由于各省之间污染物排放及经济发展水平存在较大差异，通过截距项的改变来反应各要素的不同特征，因此本书采用变截距模型，并且在估计之前进行 Hausman 检验，检验结果表明以固定效应模型估计参数与随机效应模型、混合效应模型相比更具有优势。在检验过程中，分别计算人均废水排放量、人均固体废物排放量、人均 SO_2 的排放量作为被解释变量与人均 GDP、人均 GDP 平方项和人均 GDP 立方项的解释变量进行估计，当出现不显著情况是，将不显著因素剔除，再次进行估计，直至得到效果较好的值。回归结果见表 4－2 至表 4－7。

表 4－2　　水污染物与人均 GDP 的估计结果

Dependent Variable：Y1?
Method：Pooled Least Squares
Date：03/26/17　Time：10：56
Sample：2000 2014
Included observations：15
Cross-sections included：31
Total pool（balanced）observations：465

Variable	Coefficient	Std. Error	t-Statistic	Prob.
X?	8.555168	0.861320	9.932627	0.0000
X?^2	−0.901859	0.231088	−3.902659	0.0001
X?^3	0.024368	0.016771	1.452972	0.1470
C	28.35756	0.827076	34.28653	0.0000

Fixed Effects (Cross)	
A1--C	18.13589
A2--C	3.565462
A3--C	-8.997272
A4--C	-9.172811
A5--C	-14.59886
A6--C	5.387919
A7--C	-5.156395
A8--C	-9.044026
A9--C	54.55730
A10--C	19.51523
A11--C	17.77292
A12--C	-8.314220
A13--C	14.13783
A14--C	-5.793335
A15--C	-7.911397
A16--C	-7.331422
A17--C	3.357308
A18--C	-0.778190
A19--C	22.03933
A20--C	13.25576
A21--C	-1.349479
A22--C	6.689993
A23--C	-7.065121
A24--C	-17.51838
A25--C	-15.89310
A26--C	-25.21682
A27--C	-14.10148
A28--C	-17.80497
A29--C	-7.228887
A30--C	12.01758
A31--C	-7.156364

Effects Specification			
Cross - section fixed (dummy variables)			
R - squared	0.944928	Mean dependent var	41.94294
Adjusted R - squared	0.940711	S. D. dependent var	19.92397
S. E. of regression	4.851343	Akaike info criterion	6.066695
Sum squared resid	10143.81	Schwarz criterion	6.369554
Log likelihood	-1376.507	Hannan - Quinn criter.	6.185901
F - statistic	224.0943	Durbin - Watson stat	0.580319
Prob (F - statistic)	0.000000		

表 4-3　水污染物与人均 GDP 的估计结果（剔除不显著值后的结果）

Dependent Variable：Y1?

Method：Pooled Least Squares

Date：03/26/17　Time：10：59

Sample：2000 2014

Included observations：15

Cross-sections included：31

Total pool (balanced) observations：465

Variable	Coefficient	Std. Error	t-Statistic	Prob.
X?	7.423704	0.368523	20.14447	0.0000
X?^2	-0.572218	0.043990	-13.00789	0.0000
C	29.20541	0.586881	49.76377	0.0000
Fixed Effects (Cross)				
A1--C	18.12872			
A2--C	3.808315			
A3--C	-8.897036			
A4--C	-9.108875			
A5--C	-14.78457			
A6--C	5.337879			
A7--C	-5.149613			
A8--C	-8.923254			
A9--C	54.45265			
A10--C	19.41896			
A11--C	17.65725			
A12--C	-8.303940			
A13--C	14.12567			
A14--C	-5.771978			
A15--C	-7.947848			
A16--C	-7.278858			
A17--C	3.386225			
A18--C	-0.754133			
A19--C	21.98527			
A20--C	13.25666			
A21--C	-1.288729			
A22--C	6.681378			
A23--C	-7.047560			
A24--C	-17.65564			
A25--C	-15.90934			
A26--C	-25.19607			
A27--C	-14.13296			
A28--C	-17.83451			

A29--C	-7.206191
A30--C	12.01781
A31--C	-7.065694

Effects Specification

Cross - section fixed (dummy variables)

R - squared	0.944658	Mean dependent var	41.94294
Adjusted R - squared	0.940559	S. D. dependent var	19.92397
S. E. of regression	4.857578	Akaike info criterion	6.067281
Sum squared resid	10193.50	Schwarz criterion	6.361232
Log likelihood	-1377.643	Hannan - Quinn criter.	6.182980
F - statistic	230.4386	Durbin - Watson stat	0.581091
Prob (F - statistic)	0.000000		

表 4-4　固体废物污染与人均 GDP 的估计结果

Dependent Variable: Y2?

Method: Pooled Least Squares

Date: 03/26/17　Time: 11: 06

Sample: 2000 2014

Included observations: 15

Cross - sections included: 31

Total pool (balanced) observations: 465

Variable	Coefficient	Std. Error	t - Statistic	Prob.
X?	1.583784	0.295138	5.366240	0.0000
X?^2	-0.178550	0.079184	-2.254863	0.0246
X?^3	0.005333	0.005747	0.928028	0.3539
C	-0.767504	0.283404	-2.708159	0.0070
Fixed Effects (Cross)				
A1--C	-2.165575			
A2--C	-1.638551			
A3--C	1.570561			
A4--C	3.241832			
A5--C	2.690986			
A6--C	1.487510			
A7--C	-0.560214			
A8--C	-0.523072			
A9--C	-2.081088			
A10--C	-1.506300			
A11--C	-1.947691			

A12--C	0. 013658
A13--C	-0. 805844
A14--C	0. 662815
A15--C	-0. 901260
A16--C	-0. 401970
A17--C	-0. 692726
A18--C	-0. 631472
A19--C	-2. 004825
A20--C	-0. 049148
A21--C	-1. 134698
A22--C	-0. 751172
A23--C	-0. 102046
A24--C	0. 976041
A25--C	0. 940883
A26--C	-0. 658228
A27--C	-0. 031062
A28--C	0. 507962
A29--C	5. 446153
A30--C	1. 063850
A31--C	-0. 015311

Effects Specification

Cross - section fixed (dummy variables)

R - squared	0. 543191	Mean dependent var	1. 675858
Adjusted R - squared	0. 508215	S. D. dependent var	2. 370476
S. E. of regression	1. 662353	Akaike info criterion	3. 924653
Sum squared resid	1191. 033	Schwarz criterion	4. 227511
Log likelihood	-878. 4817	Hannan - Quinn criter.	4. 043858
F - statistic	15. 53034	Durbin - Watson stat	0. 326884
Prob (F - statistic)	0. 000000		

表 4-5　固体废物污染与人均 GDP 的估计结果（剔除不显著值后的结果）

Dependent Variable: Y2?
Method: Pooled Least Squares
Date: 03/26/17　Time: 11: 08
Sample: 2000 2014
Included observations: 15
Cross - sections included: 31
Total pool (balanced) observations: 465

Variable	Coefficient	Std. Error	t - Statistic	Prob.
X?	1.336152	0.126095	10.59638	0.0000
X?^2	-0.106405	0.015052	-7.069246	0.0000
C	-0.581943	0.200809	-2.897991	0.0039
Fixed Effects (Cross)				
A1--C	-2.167144			
A2--C	-1.585400			
A3--C	1.592499			
A4--C	3.255825			
A5--C	2.650341			
A6--C	1.476559			
A7--C	-0.558730			
A8--C	-0.496639			
A9--C	-2.103992			
A10--C	-1.527370			
A11--C	-1.973005			
A12--C	0.015908			
A13--C	-0.808504			
A14--C	0.667490			
A15--C	-0.909238			
A16--C	-0.390466			
A17--C	-0.686397			
A18--C	-0.626207			
A19--C	-2.016656			
A20--C	-0.048950			
A21--C	-1.121402			
A22--C	-0.753057			
A23--C	-0.098203			
A24--C	0.946002			
A25--C	0.937327			
A26--C	-0.653686			
A27--C	-0.037953			
A28--C	0.501496			
A29--C	5.451121			
A30--C	1.063900			
A31--C	0.004533			

Effects Specification

Cross - section fixed (dummy variables)

R - squared	0.542278	Mean dependent var	1.675858
Adjusted R - squared	0.508373	S. D. dependent var	2.370476
S. E. of regression	1.662086	Akaike info criterion	3.922348

Sum squared resid	1193.413	Schwarz criterion	4.216299
Log likelihood	-878.9459	Hannan - Quinn criter.	4.038047
F - statistic	15.99388	Durbin - Watson stat	0.326199
Prob (F - statistic)	0.000000		

表 4-6　SO_2 污染与人均 GDP 的估计结果

Dependent Variable: Y3?

Method: Pooled Least Squares

Date: 03/26/17　Time: 11: 09

Sample: 2000 2014

Included observations: 15

Cross - sections included: 31

Total pool (balanced) observations: 465

Variable	Coefficient	Std. Error	t - Statistic	Prob.
X?	0.004707	0.000715	6.587306	0.0000
X?^2	-0.001011	0.000192	-5.272181	0.0000
X?^3	4.82E-05	1.39E-05	3.466779	0.0006
C	0.014408	0.000686	20.99838	0.0000
Fixed Effects (Cross)				
A1--C	-0.007012			
A2--C	0.004918			
A3--C	-7.34E-05			
A4--C	0.019217			
A5--C	0.032961			
A6--C	0.004786			
A7--C	-0.006377			
A8--C	-0.007972			
A9--C	0.003948			
A10--C	-0.003376			
A11--C	-0.005034			
A12--C	-0.010479			
A13--C	-0.009356			
A14--C	-0.007086			
A15--C	-0.000472			
A16--C	-0.005621			
A17--C	-0.008034			
A18--C	-0.006891			
A19--C	-0.008614			
A20--C	-0.002204			
A21--C	-0.016083			

A22--C	0.006212
A23--C	-0.005285
A24--C	0.016265
A25--C	-0.006904
A26--C	-0.017845
A27--C	0.002972
A28--C	0.001647
A29--C	0.000859
A30--C	0.033902
A31--C	0.007032

Effects Specification

Cross - section fixed (dummy variables)

R - squared	0.904358	Mean dependent var	0.018609
Adjusted R - squared	0.897035	S. D. dependent var	0.012543
S. E. of regression	0.004025	Akaike info criterion	-8.122396
Sum squared resid	0.006982	Schwarz criterion	-7.819538
Log likelihood	1922.457	Hannan - Quinn criter.	-8.003191
F - statistic	123.4971	Durbin - Watson stat	0.365975
Prob (F - statistic)	0.000000		

表 4-7 三种污染物人均排放量与人均 GDP 之间关系的曲线形状及拐点值

污染物	系数值			曲线	极值点
	β_1	β_2	β_3		
水污染物与人均 GDP 的曲线	>0	<0	0	倒 U 型关系	6 500
固体染物与人均 GDP 的曲线	>0	<0	0	倒 U 型关系	6 090
SO_2 污染物与人均 GDP 的曲线	>0	<0	>0	N 型关系	3 000；10 890

4.3 经济转型时期环境规制政策与经济增长关系验证结果分析

经济转型时期的不同阶段，我国制定了不同的环境规制政策，政策的执行效果对污染物排放量的大小有直接影响。通过上述模型分析各阶段人均污染物排放情况与人均 GDP 之间的关系如下：

4.3.1　人均废水排放情况与人均 GDP 的 EKC 检验结果

通过对人均废水污染情况与人均 GDP 的 EKC 检验得出，二者之间存在着倒 U 型关系，极值点为 6 500 元。从全国来看，我国人均 GDP 水平在 U 型曲线上，在极值点左侧，低于 6 500 元时，人均废水排放量与人均 GDP 水平之间呈正向关系，即人均废水排放量随着人均 GDP 的上升而增加，一旦人均 GDP 突破 6 500 元，人均 GDP 的继续上升反而会使人均废水排放量减小；从各省情况看，通过对比全国 31 个省 2014 年人均 GDP 值可以得出以下结论：全国 31 省中，上海、广东、浙江、江苏、北京这 5 个省人均 GDP 超过极值点，在未来的发展中可以实现经济增长与环境治理的“双赢”局面。剩余省份均未达到理论极值点，则这些省份随着人均 GDP 的增加会使废水排放量增大，通过理论极值点后，则情况将有所改善。

对于经济转型各阶段废水排放与经济增长的关系分析，可由图 4－1 得出以下结论：在经济转型的第三阶，即 2014 年开始从全国人均 GDP 水平看，此时人均 GDP 水平还没有突破拐点，人均 GDP 的继续上升会使人均废水排放量增加，此时还没有达到经济增长与环境治理的双赢局面。随着人均 GDP 的增加，当全国人均 GDP 突破极值点时，人均 GDP 的继续上升会使人均废水排放量减少，达到了经济增长与环境治理的协调。因此，如何制定和实施有效的环境规制政策，使经济增长的同时较少污染物的排放，是值得研究的。

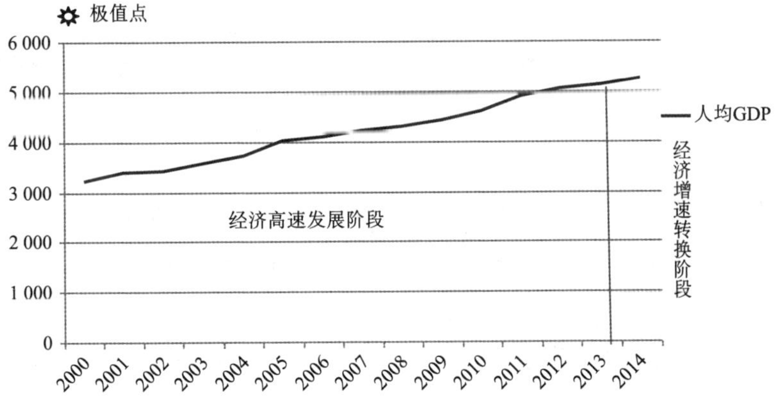

图 4－1　人均废水排放情况与人均 GDP 的 EKC 检验结果图

4.3.2 人均固体废物排放情况与人均 GDP 的 EKC 检验结果

通过对人均固体废物排放情况与人均 GDP 的 EKC 检验得出，二者之间存在着倒 U 型关系，极值点为 6 300 元。从全国来看，我国人均 GDP 水平在 U 型曲线上，在极值点左侧，低于 6 300 元时，人均固体废物排放量与人均 GDP 水平之间呈正向关系，即人均固体废物排放量随着人均 GDP 的上升而增加，一旦人均 GDP 突破 6 300 元，人均 GDP 的继续上升反而会使人均废水排放量减小；从各省情况看，通过对比全国 31 个省 2014 年人均 GDP 值可以得出以下结论：全国 31 省中，上海、广东、浙江、江苏、北京、福建这 6 个省人均 GDP 超过极值点，在未来的发展中可以实现经济增长与环境治理的协调。剩余省份均未达到理论极值点，则这些省份随着人均 GDP 的增加会使废水排放量增大，通过理论极值点后，则情况将有所改善。

对于经济转型各阶段固体废物排放与经济增长的关系分析，可由图 4 -2 得出以下结论：在经济转型的第三阶，即 2014 年时从全国人均 GDP 水平看，此时人均 GDP 水平还没有突破拐点，人均 GDP 的继续上升会使人均固体排放量增加，此时还没有达到了经济增长与环境治理的双赢局面。随着人均 GDP 的增加，当全国人均 GDP 突破极值点时，人均 GDP 的继续上升会使人均固体废物排放量减少，达到了经济增长与环境治理的协调。

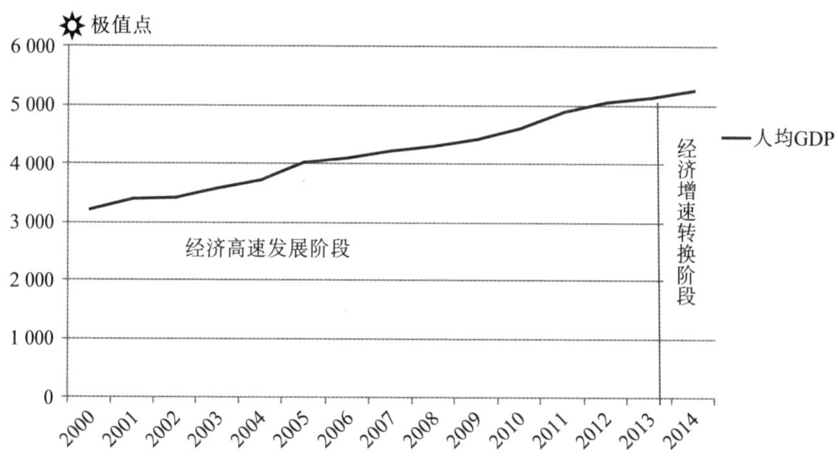

图 4 -2 人均固体废物排放情况与人均 GDP 的 EKC 检验结果图

4.3.3　人均 SO_2 排放情况与人均 GDP 的 EKC 检验结果

通过对人均 SO_2 排放情况与人均 GDP 的 EKC 检验得出，二者之间存在着 N 型关系，极值点分别为 3 000 元和 10 890 元。从全国来看，2014 年我国人均 GDP 水平介于第一极值点和第二极值点之间，而该阶段经济增长与环境污染之间关系的解释为，人均 SO_2 排放量与人均 GDP 水平之间呈反向关系，即人均 SO_2 排放量随着人均 GDP 的上升而减少，但随着人均 GDP 水平的上升，一旦突破第二极值点即人均 GDP 水平超高 10 890 元时，环境污染的治理与经济增长之间出现相对稳定状态，即环境污染情况已经达到了极值点，随着经济的发展也不会给环境造成更大的污染。从各省情况看，通过对比全国 31 个省 2014 年人均 GDP 值可以得出以下结论：全国 31 省中，除甘肃、西藏处于第一极值点左侧，此位置的经济学解释为，在该区域内经济的增长与环境污染存在着正向关系，即随着人均 GDP 值增加，SO_2 的排放量也会增加。其他省份均处于第一极值点与第二极值点之间。而在该位置表示即人均 SO_2 排放量随着人均 GDP 的上升而减少，实现了经济增长与环境保护的双赢目标。

对于经济转型各阶段 SO_2 排放与经济增长的关系分析，可由图 4－3 得出以下结论：在经济转型的三个阶段中，我国人均 GDP 水平在第二阶段（2000 年）时，人均 GDP 水平已经突破第一极值点，但直到第三阶段（2014 年），我国人均 GDP 水平还没有突破第二极值点。可以看出我国从 2000—2014 年这一经济转型阶段我国的经济增长与环境治理相协调已经实现双赢的目标，而且随着经济的增长人均 GDP 水平超过第二极值点时，这种状态将一直保持，处于相对稳定时期。

4.3.4　验证结论

通过简单回归模型对人均废水排放量、人均固体废物排放量和人均 SO_2 排放量与人均 GDP 值之间的关系进行分析，如上图所见，三种污染物人均排放量与人均 GDP 存在着多种形态关系，所呈现的 EKC 曲线的形状也不尽相同。造成这一现象的原因很多，其中主要原因是由于，经济增长

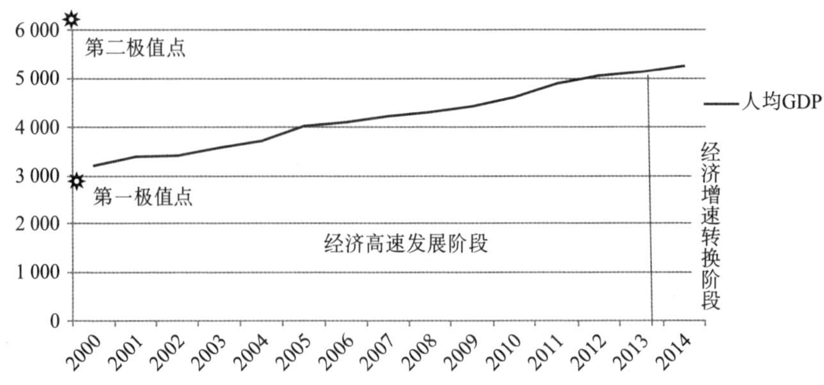

图 4－3 人均 SO_2 排放情况与人均 GDP 的 EKC 检验结果图

所引致的各种效用会间接的影响环境污染的治理，从而影响二者之间的关系。具体来说，由经济增长所引起的规模效应会造成污染物排放量的增加。规模效应的主要表现是，经济规模在扩大过程中所需资源增多，而资源消耗量的增大会引起废物排放量的增加，规模效应与污染物排放量之间存在着正向关系；除了规模效应以外，结构效应也会对污染物排量情况造成影响。随着经济水平的增长，产业结构也随之发生变化，从过去的资源密集型产业转变成技术密集型产业、服务密集型产业，产业结构的转变使资源消耗逐渐减少，从而使污染物排污量下降；技术的发展直接或间接的使污染物排放量减少。三种效应可以同时发挥作用，但是在经济转型时期的不同阶段所表现出的效应强度不同。在经济转型时期的第一阶段，以重工业为主的经济发展所呈现的结构效应明显，从而导致环境污染问题较为严重；经济转型时期的第二阶段，规模效应和技术效应占据主导地位，从而使环境污染问题得到一定的改善；经济转型时期的第三阶段，体现出技术效应和结构效应为主的特点，而在该阶段，环境污染问题随着经济的增加趋于缓和。这也同上文通过模型估计得出的结论相符。

4.4 小结

对于经济转型各阶段“三废”排放量与经济增长的关系分析，可得出以下结论：第一，对于经济转型各阶段废水排放与经济增长的关系分析。

2014 年开始从全国人均 GDP 水平看，此时人均 GDP 水平还没有突破拐点，人均 GDP 的继续上升会使人均废水排放量增加，此时还没有达到经济增长与环境治理的双赢局面。随着人均 GDP 的增加，当全国人均 GDP 突破极值点时，人均 GDP 的继续上升会使人均废水排放量减少，达到了经济增长与环境治理的协调；第二，从 2014 年全国人均 GDP 水平看，此时人均 GDP 水平还没有突破拐点，人均 GDP 的继续上升会使人均固体排放量增加，此时还没有达到了经济增长与环境治理的双赢局面。随着人均 GDP 的增加，当全国人均 GDP 突破极值点时，人均 GDP 的继续上升会使人均固体废物排放量减少，达到了经济增长与环境治理的协调；第三，对于经济转型各阶段 SO_2 排放与经济增长的关系分析。我国人均 GDP 水平在第二阶段（2000 年）时，人均 GDP 水平已经突破第一极值点，但直到第三阶段（2014 年），我国人均 GDP 水平还没有突破第二极值点。可以看出我国从 2000—2014 年这一经济转型阶段我国的经济增长与环境治理相协调已经实现双赢的目标，而且随着经济的增长人均 GDP 水平超过第二极值点时，这种状态将一直保持，处于相对稳定的时期。

从经济增长与三种污染物排放量之间的关系看，我国经济增长与环境治理之间还没有完全实现共赢，而从长期看，环境污染的治理最终对经济增长是有益处的。因此，建立有效的环境规制政策选择机制，最终实现环境污染的治理与经济转型发展的双赢目标。

第 5 章

经济转型时期中国环境规制政策实施效果实证分析——以能源产业为例

5.1 中国能源产业环境规制政策及其实施强度分析

近年来，环境污染问题是中国经济发展中面临的现实问题，在追求GDP增长的同时，环境一直默默承受着经济增长所带来的沉重负担。人类在建立了现代化文明，征服自然的同时，也对自然环境造成了破坏。面对越发严重的环境污染问题，政府通过不断强化环境规制政策来加以解决。为此，政府采取了提高污染物排放标准、关停污染严重的小企业、鼓励企业进行污染治理技术创新等举措。而能源产业在消耗大量能源的同时，也造成了严重的环境污染，成为政府环境规制的重点对象。能源产业作为环境规制的重点对象，也成为环境规制政策影响最深的行业。基于此，本书利用能源产业相关数据对能源产业环境污染现状进行剖析，对能源产业污染程度进行测算。在此基础上，归纳总结能源产业环境规制政策发展历程、特点、类型及作用。针对能源产业的环境规制政策的具体类型及特点，构建能源产业环境规制政策实施强度评价体系，最终测算出能源产业环境规制政策实施的强度。

5.1.1　能源产业污染状况分析

（一）能源产业技术经济特点

按照国家统计局关于印发《三次产业划分规定》的通知（国统字〔2003〕14 号），第一产业是指农、林、牧、渔业；第二产业是指采矿业，制造业，电力、燃气及水的生产和供应业，建筑业；第三产业是指除第一、二产业以外的其他行业。第三产业包括：交通运输、仓储和邮政业、信息传输、计算机服务和软件业、批发和零售业、住宿和餐饮业、金融业、房地产业、租赁和商务服务业、科学研究、技术服务和地质勘查业、水利、环境和公共设施管理业、居民服务和其他服务业、教育、卫生、社会保障和社会福利业、文化、体育和娱乐业、公共管理和社会组织、国际组织。据此划分，能源产业主要是第二产业。能源产业就是指能源资源的勘探、开发、加工、转换、贮存、分配和利用等各个环节有直接联系的企业的群体网络。结合上述理论本书涉及的能源产业包括《国民经济行业分类》中的煤炭开采和洗选业；石油和天然气开采业；石油加工、炼焦及核燃料加工业；电力、热力的生产和供应业；燃气生产和供应业五大类。

能源产业具有产业门类多，技术含量相对较高，带动性强、污染程度较高等特点。能源产业的发展带动一大批相关产业的发展。能源产业可以为各行业提供生产要素，从工农业的生产资料到国防，各行各业都离不开能源产业。但在带动其他产业发展的同时，能源在开发及利用过程中，污染物的排放造成了环境的污染。

（二）能源产业污染现状

由于中国处于工业化快速发展阶段，经济增长结构以工业为主。因此，经济的高速增长必然与工业污染问题相伴随。目前，中国 SO_2 排放量居世界第一位；CO_2 排放量居世界第二位；化学需氧量排放量也居世界前列，而其中工业污染排放占绝大部分。而能源产业污染物排放占整个工业污染物排放的比重较大。

2010 年全国工业废水排放量 2 374 732 万吨，能源产业废水排放量 317 899 万吨，占工业废水排放总量的 13.39%；全国废气二氧化硫（SO_2）

排放量1 708.26万吨，其中工业二氧化硫（SO_2）排放量1 705.45万吨，能源产业二氧化硫（SO_2）排放量984.92万吨，占工业二氧化硫（SO_2）排放总量的57.75%，全国烟尘排放总量551.02万吨，其中工业烟尘排放量549.24万吨，能源产业烟尘排放量235.56万吨，占工业烟尘排放量的42.9%，全国工业粉尘排放量409.27万吨，其中工业粉尘排放量408.94万吨，能源产业工业粉尘排放量35.06万吨，占工业粉尘排放量的8.6%；全国固体废物产生量241 226.6万吨，其中工业固体废物产生量240 944万吨，能源产业固体废物产生量84 931万吨，占工业固体废物产生量的35.25%，全国危险物产生量1 587.17万吨，其中工业危险物产生量1 587万吨，能源产业危险物产生量211.73万吨，占工业危险物产生量的13.34%，全国固体废物排放量498.2万吨，其中工业固体废物排放量498.2万吨，能源产业固体废物排放量235.02万吨，占工业固体废物排放量的47.17%（见表5－1至表5－3）。

如图5－1、图5－2、图5－3和表5－4所示，我国能源产业“三废”排放量占整个工业“三废”排放量的比重较大，能源产业废水排放量的比重超过10%；SO_2排放量的比重超过50%；固体废物排放量的比重超过25%。可以看出，我国能源生产企业污染物的排放对我国生态环境造成较大的负面影响。

表5－1　废水排放情况　单位：万吨

年份＼项目	工业	能源产业
2001	2 030 000	338 367
2002	2 070 000	325 750
2003	2 120 000	122 073
2004	2 210 000	376 846
2005	2 430 000	381 268
2006	2 080 440	355 904
2007	2 466 493	333 787
2008	2 416 511	338 146
2009	2 343 857	307 862
2010	2 374 732	317 899
变化率	16.98%	－6.05%

资料来源：根据2002—2011年《中国统计年鉴》《中国环境统计年鉴》有关资料整理。

表 5-2　　废气中主要污染物排放情况　　单位：万吨

项目 年份	SO_2 排放量			烟尘排放量			工业粉尘排放量		
	全国	工业	能源产业	全国	工业	能源产业	全国	工业	能源产业
2001	1 566.00	1 566.00	783.62	852.00	852.00	362.61	991.00	991.00	19.56
2002	1 570.86	1 562.00	811.76	809.45	804.00	366.37	943.80	941.00	21.53
2003	1 808.60	1 792.00	926.89	964.28	846.00	13 024.53	1 036.46	1 021.00	73.42
2004	1 912.22	1 891.00	1 082.49	896.77	887.00	410.96	915.55	905.00	37.73
2005	2 194.40	2 168.00	1 264.20	954.30	949.00	457.10	923.40	911.00	54.40
2006	2 085.20	2 041.80	1 289.80	786.40	774.90	398.20	725.90	722.20	37.70
2007	2 147.52	2 140.00	1 235.72	776.71	771.10	350.05	700.05	698.70	36.69
2008	1 995.24	1 991.40	1 143.69	673.38	670.70	289.14	596.26	584.90	36.14
2009	1 867.00	1 865.90	1 015.26	605.69	604.40	256.93	529.50	523.60	35.41
2010	1 708.26	1 705.45	984.92	551.02	549.24	235.65	409.27	408.94	35.06
变化率	9.08%	8.90%	42.36%	-35.33%	-35.54%	-35.01%	-58.70%	-58.73%	79.25%

资料来源：根据 2002—2011 年《中国统计年鉴》《中国环境统计年鉴》有关资料整理。

表 5-3　　固体废物产生及排放情况　　单位：万吨

项目 年份	固体废物产生量			危险物产生量			固体废物排放量		
	全国	工业	能源产业	全国	工业	能源产业	全国	工业	能源产业
2001	89 415.00	88 840.00	29 060.00	962.00	952.00	51.00	2 901.00	2 894.00	821.00
2002	94 900.00	94 509.00	32 277.00	1 007.30	1 001.00	56.91	2 640.00	2 635.00	694.00
2003	100 937.00	100 428.00	40 484.00	1 171.33	1 170.00	641.28	1 950.00	1 941.00	716.00
2004	121 095.00	120 030.00	39 909.00	1 002.23	995.00	79.22	1 764.23	1 762.00	598.88
2005	134 850.00	134 449.00	45 995.00	1 182.69	1 162.00	161.75	1 658.00	1 655.00	547.00
2006	153 304.00	151 541.00	50 497.00	1 152.34	1 084.00	140.34	1 311.17	1 302.09	477.28
2007	176 357.40	175 632.00	59 061.40	1 091.32	1 079.00	121.96	1 197.43	1 196.72	487.38
2008	190 673.00	190 127.00	66 037.00	1 359.00	1 357.00	189.00	781.75	781.75	393.00
2009	204 087.50	203 943.40	72 225.30	1 429.94	1 429.90	169.62	710.45	710.45	309.45
2010	241 226.60	240 944.00	84 931.70	1 587.17	1 587.00	211.73	498.20	498.20	235.02
变化率	169.78%	171.21%	192.26%	64.99%	66.70%	315.16%	-82.83%	-82.79%	-71.37%

资料来源：根据 2002—2011 年《中国统计年鉴》《中国环境统计年鉴》有关资料整理。

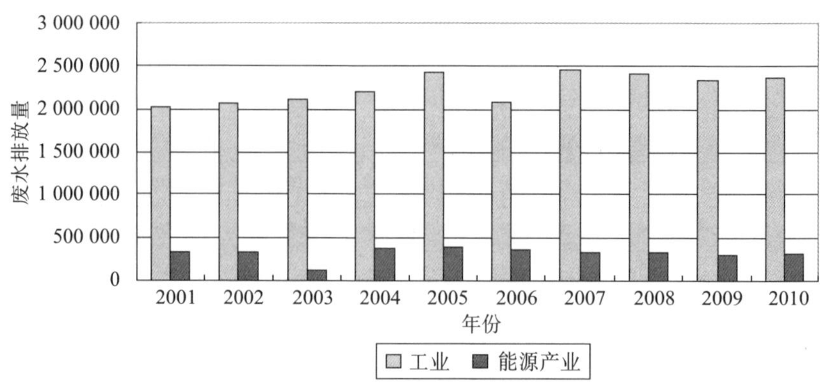

图 5-1　能源产业废水排放量占工业废水排放总量比

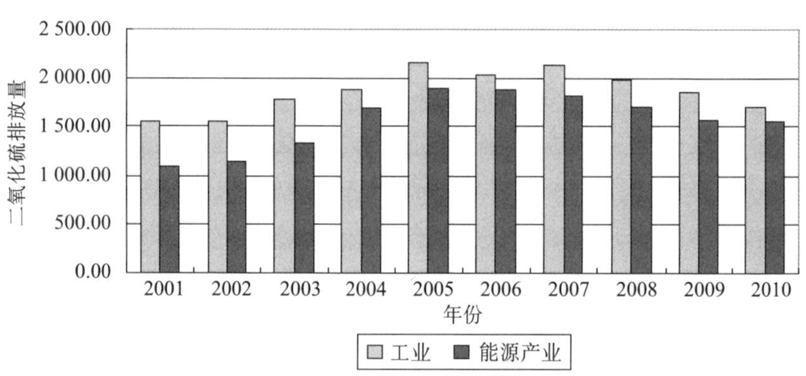

图 5-2　能源产业二氧化硫排放量占工业二氧化硫排放总量比

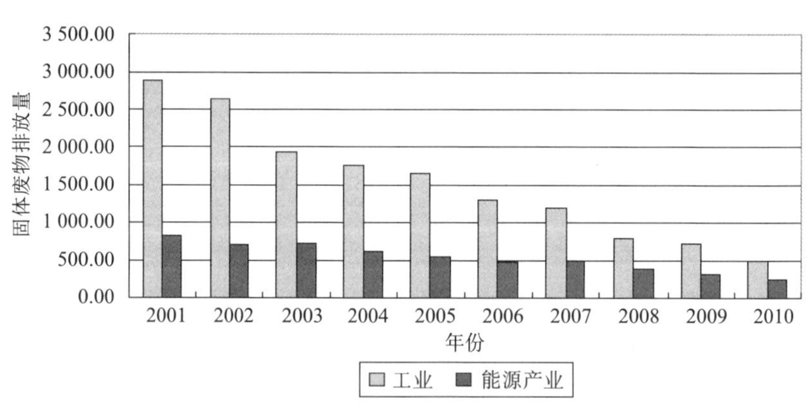

图 5-3　能源产业固体废物排放量占工业固体废物排放总量比

表 5-4 能源产业“三废”排放量占整个工业“三废”排放量的比重情况

年份	废水排放量比重（%）	SO_2 排放量比重（%）	固体废物排放量比重（%）
2001	16.67	50.04	28.40
2002	15.74	51.97	26.45
2003	16.18	51.72	37.09
2004	17.05	57.24	33.99
2005	15.64	58.31	33.06
2006	17.10	63.17	36.65
2007	13.53	57.74	40.73
2008	13.99	57.43	53.22
2009	13.13	54.41	43.56
2010	13.39	57.75	47.17

资料来源：根据 2002—2011 年《中国统计年鉴》《中国环境统计年鉴》有关资料整理。

（三）能源产业污染程度测算①

关于污染程度的测量，国外文献通常使用两种方法：第一种方法是使用减污成本和支出指标来代替；第二种方法是使用各种污染排放物加总后确定产业的污染强度。显然，由于行业差异以及污染物性质不同，污染物相关数据不可叠加。因此，上述两种方法在对能源产业污染强度进行测量时存在一定的问题，同时也不利于对产业内部各行业进行分析。因此，本书采用对各行业污染物排放数据进行线性标准化和等权加权平均的方法，计算能源产业中各行业污染强度。

1. 污染强度指标选取

基于上述研究方法，结合中国能源产业环境规制政策现状，本书选取以下指标来测算能源产业污染强度，具体包括：各行业主要污染物排放量、各行业工业总产值。

2. 污染强度测算方法

为了综合反映中国能源产业污染强度及其变化，依据已有的资料并参

① 赵细康. 环境保护与产业国际竞争力［M］. 北京：中国社会科学出版社，2005：187-221.

考其他相关评价方法，本书采用了一套能源产业污染强度的评价和测量方法，其基本思路和方法如下：

（1）计算出各行业主要污染物单位产值的污染排放值。

$$\overline{U_{ij}} = \frac{\sum_t E_{ij}^t}{\sum_t O_i^t}$$

式中，t 为观察年份（$t=1, 2, \cdots, h$），E_{ij}^t为 t 年能源产业中某行业 i 污染物 j 的排放水平，O_i^t为 t 年能源产业中某行业 i 的产值，$\overline{U_{ij}}$ 为污染物 j 在整个观察期间的平均污染排放水平。

（2）将主要污染物单位产值的污染排放值按 0～1 的取值范围进行线性标准化。其方法为：

$$\overline{UE_{ij}^s} = \frac{\overline{UE_{ij}} - Min(\overline{UE_j})}{Max(\overline{UE_j}) - Min(\overline{UE_j})}$$

式中，$\overline{UE_{ij}}$ 为指标的原始值，$Max(\overline{UE_j})$ 和 $Min(\overline{UE_j})$ 分别为主要污染物 j 指标在所有行业中的最大值和最小值，$\overline{UE_{ij}^s}$ 为 j 指标的标准化值。

（3）将各行业主要污染物的单位产值污染排放得分分别加权和平均，计算出废水、废气和固体废物三大类污染物的平均得分。

$$NUE_{ij} = \frac{1}{n}\sum_{j=1}^{n} UE_{ij}^s$$

（4）将“三废”的单位产值排放平均得分进行汇总，得出产业总的污染排放强度系数 γ_i 。

$$r_i = \sum NUE_{ij}$$

3. 能源产业污染强度测算

根据上述所提到的污染强度的评价方法以及 2001—2010 年《中国统计年鉴》《中国环境统计年鉴》《中国环境统计年报》的相关数据，我们对能源产业各行业的污染排放强度进行核算，表 5－5 为能源产业各行业污染排放强度的测算结果。本书根据总排放强度 r_i 的大小对能源产业污染行业进行了分类，若 $r_i \geq 0.3278$，该行业属于重污染行业；若 $0.2 < r_i < 0.3278$，该行业属于中度污染行业；若 $r_i \leq 0.2$，该行业属于轻污染行业。重污染行业和中度污染行业统称为污染产业或污染密集型产业。

表 5－5　能源产业各行业污染程度值

分类	行业	废水	废气	固体废物	总强度	排序
重污染行业 $r_i \geq 0.3278$	电力、热力的生产和供应业	1	1	0.6845	2.6845	1
	煤炭开采和洗选业	0.8302	0.4309	0.6206	1.8817	2
	石油加工、炼焦及核燃料加工业	0.4034	0.2411	0.1865	0.8310	3
	燃气生产和供应业	0.2481	0.1464	0.0976	0.4921	4
轻度污染行业 $r_i \leq 0.2$	石油和天然气开采业	0	0	0.0000618	0.00006183	5

通过表 5－5 可以得出以下结论：能源产业中污染较重的行业为电力、热力的生产和供应业；煤炭开采和洗选业；石油加工、炼焦及核燃料加工业。经与有关结果进行对比后发现，该结论与能源产业历年“三废”数据总结结果相一致，在能源产业五个行业中，有四个行业属于重污染行业。

从能源产业整体来看，该产业属于污染密集型产业。是对环境污染影响最大的产业之一，可以说，我国环境污染治理水平的高低受能源产业的影响较大。国家进行环境规制政策目标是达到环境效益、“SH”效益及经济效益的目标。要想实现环境效益和“SH”效益的目标，首先要对一些污染严重的产业进行治理，而能源产业首当其冲。因此，国家对能源产业进行有效的环境规制是十分必要的。伴随着国家对能源产业环境规制程度的加强，国家的环境规制政策是否达到了最终的效应目标，是本书继续研究的问题。

5.1.2　能源产业环境规制政策

（一）能源产业环境规制政策发展历程及特点

1. 环境规制政策在能源产业环境规制政策发展历程中的地位作用①

① 张成．基于 S－C－P 范式的中国环境规制问题研究［D］．中国人民大学，2011.

我国环境规制政策发展历程的每一个阶段都涵盖着能源产业环境规制政策的相关问题。因此，要想分析能源产业环境规制政策的发展历程首先要了解环境规制政策发展的历程。回顾近百年来发达国家的环境规制政策体系发展，大致经历了四个阶段，即20世纪中期的针对性较强但比较片面的被动的限制阶段、20世纪50年代末和60世纪初的“三废”治理阶段、20世纪70年代的综合防治阶段和80年代后的规划管理阶段。我国的环境规制政策起步较晚。建国初期的工业化水平较落后，当时的首要任务是快速推进工业化进程、提高综合国力，环境问题并不突出。由于我国推行的重工业化优先发展战略，所以随着经济的不断发展，环境污染和生态退化问题日益影响和威胁到经济发展本身和人们的生活质量并引起人们的普遍关注。环境规制才逐步提上政府的议事日程。

纵观我国的环境规制政策体制发展之路，大致可以分为四个阶段。第一个阶段起步与探索阶段（20世纪70年代末到80年代末）；第二个阶段奠基和发展阶段（20世纪80年代末到90年代中期）；第三个阶段加强和协调阶段（20世纪90年代中期到90年代末）；第四个阶段理论指导实践阶段（20世纪90年代末至今）。

2. 能源产业环境规制政策发展历程

同我国整体环境规制政策相适应，我国能源产业环境规制政策是伴随着我国的环境规制政策发展而发展的。建国初期，我国实行计划经济体制，物资的调拨统一由国家决定，能源产业的生产量和整个社会对能源的消费量都有国家统一计划，能源产业政策由生产量决定消费量，由于有国家政策支持造成无论能源生产企业经营如何都可以维持生存。能源生产企业处于完全封闭状态，发展缓慢，导致最终的结果是能源资源的低效率利用和过度开采。总的来说，该阶段的特点是：政策单一、计划生产、完全封闭、低效利用、过度开采、技术落后、污染严重。因此，在这一阶段中，国家对能源产业没有采取相应的环境规制政策。改革开放后，随着能源产业的不断发展，人们开始关注到能源产业对环境污染的问题。能源产业环境规制政策的制定才逐步提上政府的议事日程。我国的环境规制政策发展大致可以分为四个阶段：

第一阶段：起步阶段（1972年——《中国21世纪议程》发表）

在这段时期，国家把能源产业的发展列入经济社会发展的战略重点。

能源产业从计划经济向市场经济转变，通过市场机制调节需求和供给，如放开对煤价的管制、进行油价改革、对电价进行调整。在管理体制上，能源产业也进行了改革，在借鉴国外先进经验的基础上，构建了具有中国特色的能源产业管理体制，如煤炭企业体制改革、电力企业政企分开、三大石油公司重组、建立股份制公司组织形式等。在能源产业经济和结构进行调整的同时，国家逐渐认识到，在重视能源产业发展的同时，能源产业的环境污染问题也是不容忽视的。因此，国家制定了与经济发展相适应的能源产业环境规制政策具体包括：《中外合作开采海洋石油资源条例》(1982)，该条例颁布的目的在于鼓励能源产业开展对外合作的同时在注重能源发展中的节能问题上，提出“能源开发与节约并重，把节约放在优先位置”的方针，此后几年又先后颁布了《中华人民共和国节约能源法》《中国节能产品认证管理办法》等法律法规。这一阶段的特点是：注重能源产业经济上的规制政策的制定，同时在法规中涉及能源产业节能环保等问题。该阶段可以视为我国能源产业环境规制政策的起步阶段。

第二阶段：发展阶段（从 1994《中国 21 世纪议程》白皮书的发表——2000 年）

1992 年《联合国气候变化框架公约》的签署，世界各国才开始真正地考虑面向清洁能源技术和可持续能源—经济—环境系统（3E system）的战略转移。1992 年 6 月召开联合国环境与发展大会通过了《21 世纪行动议程》，决定通过国际合作，解决一系列重大的全球性问题。这次国际会议的召开使中国认识到，能源与环境之间密不可分的关系，此后制定了一系列与能源产业相关的环境规制政策，具体包括：《中国 21 世纪议程》(1994)，该议程的主要内容为：政府运用综合的法律、经济等手段治理环境污染问题。尤其是能源产业应把减少和有效治理能源开发利用过程中引起的环境破坏、环境污染作为其主要内容。《中国 21 世纪议程——中国人口、环境与发展》(1994) 白皮书发表，标志着我国的能源产业环境规制政策有了根本性的转变。政府更加重视能源产业的发展与经济发展的相适应性，中国能源产业环境规制政策进入发展阶段。

第三阶段：强化及理论指导阶段（2000 年——“十一五”计划执行期间）

随着中国的能源产业发展战略的进一步升级，于此相适应的环境规制政策进入强化及理论指导阶段。此阶段的特点是，能源产业环境规制政策的制定更具有针对性，具体内容包括：《能源中长期发展规划纲要（2004—2020）（草案）》（2004），该草案提出在今后几年发展中，减少能源的需求量、提高能源效率，争取在2020年能源需求量少于30亿吨标准煤；接着，国家相继颁布了《可再生能源法》《节能中长期专项规划》；此后，中国制定了“十一五”能源发展规划（2007），在能源产业发展的重要内容中首次提到了节约能源资源和保护环境等相关内容，制定了能源发展的总体目标，并提出“十一五”期间总体能源政策即“保障能源安全，优化能源结构，提高能源效率，保护生态环境，继续扩大开放，加快西部开发”。中国国家主席胡锦涛在2009年9月举行的联合国气候变化峰会上作出“减排四措施”的承诺。即加强节能、提高能效，争取到2020年单位国内生产总值二氧化碳排放量比2005年有显著下；大力发展可再生能源和核能，争取到2020年非化石能源占一次能源消费比重达到15%左右。目前中国还是一个发展中国家，能作出这样的承诺相当不易。这一时期，国际社会呼吁全球要高度重视能源问题，号召各国采取节能措施，开发、利用新能源，为实现世界经济的可持续发展而共同努力，能源与环境问题已成为世界各国共同关注的话题。由此，中国能源产业环境规制政策进入到全面发展阶段。

第四阶段：理论指导实践阶段（2010年至今）

在这一阶段，国家前所未有的重视能源产业环境规制政策的制定，在政策内容上，强调生态化、环保化问题，具体内容包括：《中共中央关于制定我国国民经济和社会发展第十二个五年规划的建议》（2010）、《关于加快培育和发展战略性新兴产业的决定》（2010），在“十二五”规划中，对能源产业的未来发展，国家提出了明确的要求，包括加快现代能源产业体系化建设与新能源的开发，推动能源生产和利用方式的变革，构建稳定、安全、清洁、经济的能源体系，推进清洁高效利用传统能源，在有效保护生态环境的情况下，积极发展智能电网和水电、加强生态方面的建设、扩大油气战略的储备。2011年1月6日，在全国能源工作会议上，国家能源局进一步明晰了“十二五”时期我国能源发展的总体思路：要以转变能源发展方式为主线，有效控制能源消费的总量，使能源结构得到大力调整。积极开展国际能源合作，加强建设科技创新能力，推动能源生产和利用方式的变革，构建经济、稳定、安全、清洁的现代能源产业体系，为全面建设小康社会提供坚实的能源保障。能源作为国民经济和社会发展的重要基础产业，被列入《中华人民共和国国民经济和社会发展第十二个五年规划纲要》（简称“十二五”规划纲要）里，这显示出国家对能源产业环境污染问题的重视，强调了能源产业未来发展是朝着安全、稳定、经济、清洁的方向发展。在 2011 年的德班气候会议上，我国政府提出要在 2015 年之前，建立可行的自愿减排交易长效机制，制定相关的管理办法，确立完整的基本管理框架与交易流程和相关的监管办法。同时，要建立完善的交易等级注册系统和信息发布制度。要切实开展有关碳的排放权交易试点工作，并根据形势发展的要求，建立和完善碳排放总量控制制度，研究制定碳排放权的科学分配方案，最终形成区域碳排放交易体系。2012 年 1 月 13 日，国务院发布的《“十二五”控制温室气体排放工作方案》（以下简称《方案》）中明确了“十二五”期间减排目标。同时，确立了北京市、天津市、上海市、重庆市、湖北省、广东省及深圳市成为我国开展碳排放权交易试点的城市。这是根据国家相关部门关于应对气候变化工作的总体部署和逐步建立国内碳排放交易市场的要求，推动运用市场机制，在成本较低的情况下，实现我国 2020 年控制温室气体排放行动的总体目标，加快我国经济发展方式的转变和产业结构的升级。《方案》还指出，要大力度开展节能降耗，优化能源产业结构，努力增加碳汇，加快形成以低碳为特征的产业体系和生活方式。

3. 能源产业环境规制政策发展历程特点

我国在哥本哈根气候大会上签订了《哥本哈根气候协议》（2009），该协议的主要内容为：我国预计到 2020 年单位 GDP 二氧化碳排放要比 2005 年下降 40% ~45%，非化石能源占一次能源消费总量的比重达到 15% 左右。《哥本哈根气候协议》（2009）的签订，必将促进我国能源产业环境保护工作，我国政府更加重视能源产业环境规制政策的制定工作。从我国能源产业环境规制政策发展历程的四个阶段可以看出，其发展历程呈现出范围更全面、手段更加多样化、政策实施力度持续加强等特点，具体总结出以下几个特点：

第一，能源产业环境规制政策中所涉及的范围更全面。自 1989 年我国制定的《环境保护法（试行）》开始，能源产业环境规制政策所涉及的范围从最初的重视最终排放物的严格限制到事前生产环保设备的要求，再扩大到现在的项目审批时的环境污染要求到生产过程中污染情况的检测及最终排放物的回收利用。可以看出，能源产业环境规制政策所涉及的内容越来越全面，即从最初的事后控制，到现在的事前、事中、事后、反馈等过程。

第二，能源产业环境规制政策手段更加多样化。能源产业环境规制政策发展历程的起初阶段主要是“命令与控制”型环境规制政策手段，如污染物排放标准等法律、行政手段。起步阶段、发展阶段能源产业环境规制政策手段主要体现的是政府对污染行为的强制性管制，但随着经济的发展，污染问题日益凸显，单纯在通过强制手段解决环境问题已经不再适应市场的变化。因而，在强化阶段及理论指导阶段中，政府的环境规制政策手段除了原有的“命令和控制”型手段外，加入了适应变化能力较强的经济手段的内容，如：针对能源产业的排污收费（含超标排污费）制度、SO_2收费试点、资源税制度等。

第三，能源产业环境规制政策实施力度持续加强。在环境规制政策发展历程的起步阶段，政府的制度体系已经基本建立起来，但这一阶段还没有建立专门的能源产业环境保护机构，与能源产业相关的环境保护工作主要由有关的部委兼管。因此，这一阶段相关机构执行和监督力度不强，不能发挥其应有的作用。在发展阶段及强化及理论指导阶段，随着国家对环境规制政策的重视，省、地、县环境保护监督管理机构也做出了相应的调整。这一时期与能源产业相关的环境规制政策机构分为三种类型：第一种类型是国家环境保护局，省、直辖市、自治区环境保护局，地、市等地区性、综合性环境保护机构；第二种类型是部门性、行业性的环境保护机构；第三种类型是水利资源等部门的环境规制保护机构。这一时期，环境保护机构的设置更具有专业性，国家环境规制政策实施力度增强。在理论指导实践阶段，我国环境规制政策体制实行了一种统一监管与分级分部门规制相结合的体制。这一时期，各部门依照职权，制定和颁布了更加详细的与能源产业相关的法规制度，从而使各部门能够充分发挥其效力，治理环境污染的力度也逐渐加强。

（二）能源产业环境规制政策类型及作用

1. 能源产业环境规制政策类型

环境规制的基本问题涉及政府努力引导污染者从社会的角度采取适合

的行动。从表面上看这不并符合污染者的最佳利益，政府不能总是对污染者的污染行为施加有效的控制，因此，面对消费者和生产者的双重压力，政府应采取何种手段来调节能源企业的生产经济活动，以达到环境保护、健康安全及经济效益提高的目标，是其面对的一个复杂问题。而有效的环境规制政策工具是解决这一问题的关键。现阶段，我国能源产业环境规制政策工具主要包括三种类型："命令与控制"型环境规制政策、"基于市场"型环境规制政策、"信息披露与参与机制"型环境规制政策。

（1）"命令与控制"型环境规制政策。

"命令和控制"型环境规制政策的基本概念是制定出单个污染者解决污染问题所必须采取的步骤。"命令和控制"的本质是，环境规制政策主体收集必要的信息来确定控制污染的实体行动，然后环境规制政策主体命令环境规制政策客体采取具体的实体步骤来控制污染。一般来说，环境规制政策主体相当明确必须采取什么步骤。对能源产业来说，具体政策包括：技术标准和绩效标准。

①技术标准。技术标准是环境规制政策制定机构根据能源产业现阶段的技术水平强制企业达到的污染治理标准和生产技术标准。污染治理技术标准的确定一般是环境规制政策制定机构通过调研确定能源企业应该达到了最低污染排量水平，然后按照可实现污染控制的最优技术标准要求企业执行。最优技术标准在理论上是存在的，但由于各个能源企业之间存在着差异，在技术的推广上和可操作性上存在着问题，因而企业具体实施的标准是各企业的可行标准而不是理论上的最优标准。

同时，在技术标准制定的过程中，由于能源企业的规模不同，采取相同的技术也会产生不同的污染治理成本，而政府的污染治理技术是要求能源企业强制执行，即使企业有更适合自身的低成本的污染治理技术也不能使用，这就不利于能源企业技术进步和进一步降低污染水平。不仅如此，当能源企业按照国家具体要求购进污染治理设备及进行污染治理技术创新后，就形成了固定的污染治理技术模式，除非国家制定的新标准是在原有标准上进行的改进，否则对企业来说，新标准的执行会造成额外的成本负担。国家制定的技术标准大多数是基于末端治理技术设计的，而忽视了清洁生产方式的应用。虽然技术标准存在以上的问题，但由于该方法的可控性强，它在我国能源产业环境规制政策实施中得到了广泛应用。如 2006 年正式实施的《煤炭工业污染物排放标准》中有关于污染物排放前治理技术的要求。

②绩效标准。政府执行的绩效标准不要求能源企业必须采取政府制定的污染治理技术标准，而是对企业的污染物的排放量进行限制。该标准的执行，为企业提供了选择空间，能源企业为达到政府的污染治理目标，既可以通过直接减少生产量也可以增加污染治理投资来降低污染排放量。在绩效标准具体实施的过程中，由于减少产量而造成的损失要低于污染治理投资增加的成本，因此，大多数能源企业宁愿减少产量也不选择通过污染技术创新来达到降低污染物排放的目的。这就要求环境规制政策制定机构，对各个能源企业的污染排放情况详细了解制定出合理的绩效标准。合理的绩效标准应该是行业内企业可以接受，同时对新进入企业不构成过高的进入壁垒。在现阶段，环境规制政策制定机构和能源企业都比较偏好通过绩效标准来达到控制污染的目的。对能源企业来说，绩效标准是按照能源产业的平均水平制定的，行业内企业可以较为容易的达到标准，同时达到标准的方法可以是多样的。对环境规制政策制定机构来说，由于绩效标准制定的关于污染物排放量上给出了很大的确定性，政府相关部门更容易控制企业的污染治理情况。因此，该方法得到了广泛的应用。如2012年中国钢铁节节能减排论坛上，环保部已审议通过《炼焦化学工业污染物排放标准》等八个标准，新标准总体上大幅收紧了颗粒物和SO_2的排放限值，增设了氮氧化物等污染物的排放限值；针对环境敏感地区规定了更严格的水和大气污染物特别排放限值。

（2）“基于市场”型的环境规制政策。

“基于市场”型的环境规制政策它是指对环境规制政策客体提供奖励，以使它们做出对公共利益有促进作用的行为。“基于市场”型的环境规制政策主要包括三种具体的政策工具：环境税费、补贴和可交易许可证。环境税费涉及能源企业以每单位污染物为单位向政府支付税收；补贴是对能源污染企业减污成本的偿还或者是对每单位排污减少的固定支付。可交易许可证，它可以在能源污染企业间进行交易。“基于市场”型的环境规制政策的优点在于把污染控制在决策权力赋予那些对污染控制选择最熟悉的人手中。因而，经济激励能够使成本保持低水平，也能够刺激创新。具体包括：环境税费、补贴和可交易排污许可证。

①环境税费。根据课税对象的不同，我国能源产业环境税可以包括：排污税类、使用者税类、产品税类。排污税的课税对象是造成污染的能源企业。污染税的征收是按照污染的边际损失等于污染控制的边际成本制定的，即使企业在成本最小化的条件下，污染物排放量达到最低水平。使用者税费是对使用公共污染治理设备的企业和个人征收的一种税。产品税类的课税对象是，使用污染产品的单位和个人，这里所提到的污染产品，包括生产过程作为原材料投入的污染产品和最后生产出的危害环境的消费品。虽然环境税对于同一个课税对象的同一种污染物按统一税率征税，但每个污染者由于治理污染所造成的负担却不相等。负担污染治理成本的企业，会选择安排排污量，缴纳税费来节约成本。污染治理效率高的企业会选择多投入资金，用于污染治理技术创新的研究，减少环境税的支出。因此，对于大部分能源企业来说，当缴纳污染税的税费大于企业污染治理技术创新成本投入值，企业会选择污染治理技术创新；当缴纳污染税的税费小于企业污染治理技术创新成本投入值，企业会选择缴纳污染税。产品税费对污染物的生产结构和消费结构产生了影响，由于针对污染物的产品税的征收使污染物的生产和消费呈下降趋势，长期来看，达到了环境保护的目的。

从实践来看，我国还没有实行完全意义上的环境税，但已有税制体系中的某些税种是与环境税有关。其中某些税种的税目设置是针对能源产业的。具体来看包括：资源税，现行资源税于 1994 年 1 月开始实施，资源税征收的目的是为了更好地保护、开发和使用资源，资源税的征税对象应当包括一切开发和利用的国有资源，包括：我国境内开采的原油、天然气、煤炭等矿产品。而这些矿产品都是能源开采产业所开采的能源产品。资源税的征收限制了这些能源的开采，从而使供给量减少，消费量降低，最终达到减少污的目的；消费税是属于产品税类中的一种税，该税种是 1994 年开始实施，其中对能源产业中的高能耗、不可再生资源以及不利于环境保护的消费品如汽油、柴油等商品征税；增值税，对能源企业当中生产以及开采的煤矸石、石煤、粉煤灰等产品征税。

②补贴。政府给予积极治理环境污染企业一定的补贴在性质上与税收有形似之处。补贴多少的设置与投资治理污染的成本、污染减少给社会带来的收益大小有关。补贴政策的执行对促进环境技术创新方面有着不可替代的作用。由于政府采取的补贴政策使能源企业不用负担所有的污染治理

成本，因而在一定程度上能够激发企业进行污染治理投资的动力。与正常补贴相对应的是削减补贴。但如果由于政府的补贴降低了污染含量高的生产资料的成本，就会使企业过度消耗这些低成本的生产资料，反而加重了环境污染。例如对煤炭、石油等能源的补贴。要提高资源的利用率就必须削减这种扭曲了价格的补贴。

③可交易排污许可证。可交易排污许可证是以科斯定理为理论依据，最早由 Dales 提出。许可证最主要的分配方式包括：拍卖方式、无偿分配方式。拍卖方式是指政府根据现阶段产业污染情况确定拍卖许可证的数量，并对每个企业可得许可证数量进行限制，按照一定的价格进行竞拍。许可证的无偿分配方式是由哈恩和诺尔（Hahn and Noll，1982）提出的。思路很简单，在许可证拍卖之前，拍卖程序决定拍卖收入的那部分将自然增加到每个已存在的污染者手中。基于目前的排放、历史的排放或者支付的能力水平决定，然后许可证被拍卖。但是收入以一种协商的方式被分配到已存在的污染者手中。这种制度可以用以保证新进入企业有充分的机会来获得许可证。任何人都可以为许可证竞价。但对新企业来说，要取得许可证必须付出一定的成本，在一定程度上阻碍了新企业的进入。

可交易的排污许可证与环境税相同，都能按照企业污染治理成本的高低进行调节，从而使企业以最小的成本达到最优的效用目标。可交易许可证是通过市场讨价还价方式形成的价格，不需要政府设定固定的价格。从激励企业进行污染治理的角度看，环境税是通过减少污染物排放导致应纳税额的减少方式实现。可交易许可证对企业的激励则来自于出售剩余许可证获得的经济收益。对能源产业来说，已采用的可交易许可证在控制空气污染方面取得了良好的效果，但在控制水污染、固体污染物、噪音污染和有毒有害物质排放方面可交易许可证的效果较差。

（3）“信息披露和参与机制”型的环境规制政策。

“信息披露和参与机制”型的环境规制政策试图利用环境规制政策制定中的规制主体与客体之间的关系，通过提高规制的效率到达治理环境污染的目的。

①信息披露。信息披露机制是指环境规制政策相关机构向投资者、消费者以及社会大众等公开相关企业和产品的信息，而投资者、消费者以及社会大众通过了解企业的污染信息，通过市场、执法部门、环保组织来约

束企业行为达到治理环境污染的目的。对于投资者来说，通过企业环境的信息披露了解其污染治理水平，在政府采取较严格的环境规制政策条件下，污染治理水平较好的企业面临较低的污染治理成本的投入，从而对企业利润产生较小的影响，因而投资者愿意继续对该企业进行投资，购买该企业股票。对于消费者来说，通过信息披露消费者了解其所购产品污染物含量或该产品的消费对社会造成的污染程度，因而信息的披露将影响消费者的购买行为，消费者更倾向于购买污染物含量低，对社会危害小的商品。此外，通过环境污染信息披露使公众对企业污染水平有了直观的认识，污染小的企业更容易得到社会和公众的认可。这意味着企业未来有着较好的发展前景，资本资源和劳动力资源向发展较好的领域流动。因此企业会获得更多的劳动力资源，有利于企业降低劳动力成本。

在信息披露制度下，提高企业污染治理效率的关键因素是披露信息的数量、质量和采取的披露方式。信息披露的太少，使投资者、消费者以及社会大众对企业环境信息缺乏了解，影响相关利益集团作出决策。信息披露太多太复杂，增加相关利益集团的筛选成本，造成额外费用的增加。在实践中，信息披露的具体工具分为三种：环境标签、信息公开和环境认证。环境标签是指某行业相关环保部门设定的标准，企业可以自愿申请对产品进行认证。信息公开化是指政府和污染企业通过媒体、互联网等方式披露自己的环境污染信息。如中国能源信息网对能源产业的污染情况进行了披露。环境认证是环境管理工具的标准化产物，按照统一的标准对企业的管理结构和运营状况进行认证，以促进企业环境绩效的改进。我国能源产业信息披露机制处于试行阶段，在此过程中存在一些问题：首先，该机制对最终消费品和可见污染物影响较大，对生产的初期和中间环节影响较小；其次，该机制主要对教育程度较高较发达的地区作用显著；最后，要使其发挥良好的作用，需以规制标准合理为前提，否则由该机制带来的高费用会导致高社会成本。

②参与机制。参与机制是政府通过制定一系列法律法规来保障公民拥有参与环境保护的权利，提高环境规制政策实施效率。参与机制实现的前提是政府或企业相关污染信息的披露，只有公众获取的信息足够多时，才能参与其中，使参与机制发挥应有的作用。虽然参与机制能够调动污染企业和其他各方的积极性，提高了环境规制效率，但当污染企业所生产的产

品为生活必需品时，国家所制定的标准较低，即使在信息披露和参与制度下，也可能出现寻租等问题，不能使环境规制的效率达到最优。如能源产业中的煤炭开采业，由于我国能源消费结构中，煤炭的使用占50%以上，国家为保证煤炭产品的供应量，而制定的环境污染标准较低，因而即使国家对煤炭企业污染情况进行披露，允许公众对煤炭企业污染情况进行监督，也达不到最优环境污染治理效果。

从1989年我国颁布了《中华人民共和国环境保护法》以来，随着环境污染问题越来越严重，国际社会对该问题重视程度的增加，20多年以来，我国制定了几十部国家级法律，三十多部环境保护法规。这些法律法规大部分都适用于能源产业环境规制问题。针对能源产业污染特点，政府制定了符合其发展需要的环境规制政策。具体政策工具见表5－6。

表5－6　　能源产业环境规制政策工具

政策类型	政策工具	开始时间
命令与控制型规制政策	“三同时”制度排污申报	1972
	排污许可证制度	1988
	污染物排放标准	20世纪80年代以来
	环境影响评价制度	2002
	限期治理关停并转以新带老	2009
基于市场的环境规制政策	环保投资渠道补贴	1982
	废物回收押金	1984
	矿产资源税和补偿费	1986
	生态环境补偿费（试点）	1989
	“三同时”保证金	1989
	SO_2收费试点	1992
	排污许可证交易（试点）	1993
	治理设施运行保证金	1995
	污染费（含超标排污费）	2003
	碳排放权交易（试点）	2012
信息披露和参与机制	信息公开办法	2008
	公众参与暂行办法	2006
	环境标志	1993
	ISO14000	1995

从表 5 - 6 可以看出，目前我国能源产业的环境规制政策主要应用的是“命令与控制”环境规制政策为主，“基于市场”型的环境规制政策为辅的政策模式。“信息披露和参与机制”型环境规制政策虽然也有涉及，但大多数处于试点阶段。能源产业公布的多个环境标准已经成为环境规制的重要参考标准，政府实施的企业关停并转、设备更新改造等措施也具有较强的强制性。来自于排污权交易等制度则由于市场规模较小，还处于起步阶段，不过未来将得到广泛的应用。我国能源产业的“信息披露和参与机制”型环境规制政策涉及的政策工具较少，公众缺乏对环境权制度和公益诉讼制度的认识，使得社会舆论机制和公众监督机制没有发挥其应有的作用。政府实施的清洁生产方式仍处于试点阶段，只有环境标志和 ISO 14000 认证初步发挥出作用。

2. 能源产业环境规制政策作用

对整个社会来说，随着能源产业环境规制政策实施强度的增加，环境污染问题得到了一定的控制。在此过程中，各种能源产业环境规制政策发挥了不同的作用。

(1)“命令与控制”型环境规制政策发挥主导作用。

结合能源产业发展的实际情况，“命令与控制”型环境规制政策仍是我国能源产业目前环境规制的主要政策。由于能源产业中的一些小型污染企业污染治理的自觉性较差，政府部门必须采取强制力量去迫使这些小企业进行污染治理或迫使其退出市场。而“命令与控制”型环境规制政策具有强制性特点，因而成为能源产业环境规制政策实施过程中，主要采取的政策工具。但我国“命令与控制”型环境规制政策也存在着惩罚力度不足、标准制定过低等问题。“命令与控制”型环境规制政策实施依据是污染物的排放量。但在我国经济长期发展过程中，已经形成了重视经济发展轻视环境污染的现象，因而，导致我国的排放标准及惩罚力度从总体上看设定偏低。低水平的污染物排放标准及惩罚力度使得“命令与控制”型环境规制政策的实施没有达到环境保护的目的。如目前省级环保局对能源企业违法排放的处罚最高不超过 10 万元，市级环保局的处罚最高不超过 5 万元，而能源产业中高污染企业每天偷排的净收益往往能高达几十万元，从而形成了能源企业宁可接受处罚也违法排污的现象。因此，从长远看国家对于能源产业中污染较高的行业应制定较高的违法排放惩罚标准。

(2)“基于市场”型环境规制政策起辅助作用。

在“基于市场”型环境规制政策工具中，押金制度仅限于能源产业中的几个行业，碳排放权交易处于试点阶段，其主要作用的政策工具是排污收费和补贴政策。在排污费问题上，政府制定的排污费征收水平较低，能源产业中的污染企业运转和维护，处理污染设施的经费高于政府的征收排污费，最终造成企业宁愿缴纳排污费，也不愿意安装处理污染设施，从而违背了政府征收排污费的初衷，对企业产生了“逆向激励”。对于政府实行的补贴政策，其实施效果较好，企业的污染起到了有效的治理作用。对于排污费制度来说，各级政府的征收工作存在的较大的随意性，容易产生政府人员的“规制俘虏”问题。因此，“基于市场”型环境规制政策虽然在一定范围内对企业污染投资和技术进步有一定促进作用，但不能从根本上取代“命令与控制”型环境规制政策的作用。从现阶段看，“基于市场”型环境规制政策仅是“命令与控制”型环境规制政策的有力补充，但从长期看，由于“基于市场”型环境规制政策具有把污染控制在决策权力赋予那些对污染控制选择最熟悉的人手中，即环境规制政策客体，因而，经济激励能够使成本保持低水平，也能够刺激创新。随着我国经济发展和技术水平要求的提高，“基于市场”型环境规制政策工具必将成为污染治理体系中的重要力量。

(3)“信息披露与参与机制”型环境规制政策的作用有限。

“信息披露与参与机制”型环境规制政策工具实施时间较短，且多是出于试行阶段。因此，“信息披露与参与机制”型环境规制政策工具在我国能源产业环境规制中应用范围有限。究其原因，由于我国在经济发展中，许多能源企业存在着重经济发展轻环境治理的观念，大多企业缺乏环保意识和社会责任感，各级环保机构的宣传力度较弱，无法调动公众参与和监督环境保护的积极性，因此“信息披露与参与机制”型环境规制政策工具所发挥的作用极其有限。

从现阶段看，我国能源产业环境规制政策采取的是以“命令与控制”型环境规制政策为主，“基于市场”型环境规制政策为辅，“信息披露与参与机制”型环境规制政策为补充的政策类型。但从长期看，随着我国经济的发展，人们环保意识的增强，环境执行机构及监督机构体制的完善，“基于市场”型环境规制政策以及基于“信息披露与参与机制”型环境规制政策必将会发挥更大的作用。

5.1.3　能源产业环境规制政策实施强度分析

环境规制强度的测量是对能源产业环境规制政策进行定量化分析的基础，是评价环境规制政策效应的重要解释变量。在现阶段实施的环境规制政策中，能源产业没有形成固定的政府干预模式，采用多种环境规制政策工具，给能源产业环境规制强度的测算带来很大的困难。因此本书环境规制强度的测算是综合考虑能源产业环境规制工具的具体特点即：以“命令控制”型环境规制政策为主。“基于市场”型环境规制政策为辅的特点，来构造能源产业环境规制强度综合评价体系，进而计算出能源产业各行业环境规制强度值。

（一）环境规制强度测算的研究现状

应当说，环境规制强度的测量难度较大。一方面是由于环境规制政策的制定依赖于一个国家或地区法律完善和制定程度。另一方面，它依赖于这些国家（地区）实施有关法律的意愿程度以及其产业结构能否与其相适应。同时，由于不同产业之间环境保护数据的统计标准不同、统计口径和统计时间存在着较大的差异，因此可比性不高。此外，由于某些数据收集整理较为困难，估计值可信度不高，使得最终的研究结果失去意义。因此，为得到有效的结论，国内外学者采用各种方法，对现有数据进行筛选、鉴别，希望通过相关数据描述出个研究对象对环境保护工作所作出的努力。综合已有的文献，目前环境规制强度研究主要集中在以下几个方面，见表 5－7。

表 5－7　　环境规制强度研究内容

分类	内　　容
研究范围	国家、地区和产业三个层次的环境规制强度比较研究
测量方法	直接测量、间接测量、直接与间接手段相结合等测量手段
比较维度	纵向比较与横向比较之分
评价体系	单目标评价与多目标的综合评价之分
研究的内容	应用环境规制强度进行环境与社会、环境与经济、环境与贸易、环境与竞争力等相互关系的研究

（二）影响环境规制强度的因素分析

环境规制强度的大小受环境规制强度各因素的影响。来自于系统内外的两股环境成本压力对环境规制的对象产生影响。如图5－4所示：

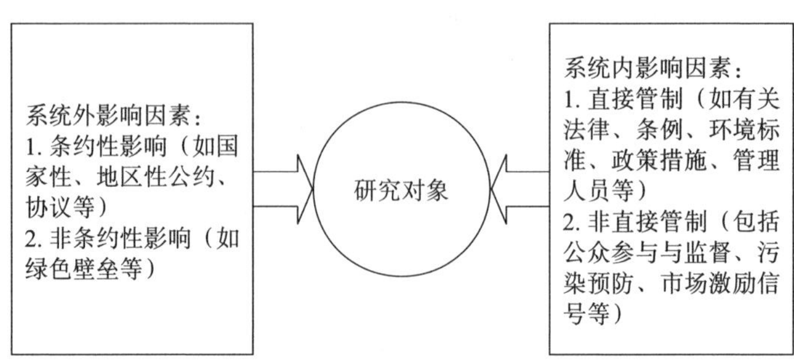

图5－4　影响环境规制实施强度的因素分析

对环境规制强度的影响最要来自于系统外影响因素和系统内影响因素。系统外影响因素包括：条约性影响，如国家性、地区性公约、协议等；非条约性影响，如绿色壁垒等。条约性影响主要指为保护环境而制定的国家性、地区性公约和协议。如《京都议定书》；非条约性影响主要指为保护环境而采取的管理体系标准，如ISO 14000环境质量管理体系、环境标签、生态标签、环保产品、绿色产品等。系统内影响因素包括：直接管制，如有关法律、条例、环境标准、政策措施、管理人员等；非直接管制，如公众参与监督、污染预防、市场激励信号等。系统内因素与系统外因素不是固定不变的，有些系统外因素可以转化成系统内因素，如系统外因素国际性公约的执行，需要借助系统内因素使相关环境规制政策的具体措施得以推广。

（三）产业环境规制强度测算方法

在对某一产业环境规制强度的测算中，国内外学者一般采用单一目标评价方法。运用与环境污染有关的某一要素来衡量产业环境规制强度，如能源消耗、污染物排放、治理污染设备的投入等指标值作为环境规制强度的衡量标准。运用该方法的优点是：对核心问题的反映比较直接，如环境规制政策的实行与污染减少之间的关系。但该方法也有很多不足之处，首先，如果针对的是企业的环境规制强度的测算，则大部分数据需要通过对企业的调查得出，而某些数据需要通过会计核算得出结果，程序十分复杂。其次，单一要素只是对产业环境规制强度产生影响的因素之一，如污染处理率、污染排放率、企业规模的变化等，也可以比较好地反映出其环境污染治理情况。而环境规制强度的测算是一项复杂的系统工程，仅通过单一要素表示缺乏科学性。因此要全面考虑相关要素，建立评价系统，得出综合结果。

本书研究的是能源产业环境规制政策实施强度问题，但对于能源产业来说，其统计数据内容十分有限。在《中国统计年鉴》《中国环境统计年鉴》《中国能源统计年鉴》《中国环境统计年报》中，有关于能源产业环境统计的内容始于 1996 年。在此之前，虽然有部分数据，但由于统计口径的变化数据可得性差，虽然相关部门也进行了能源产业环境保护的调查，但同样存在缺乏连续性和可比性问题。鉴于上述情况，本书研究将主要以相关年鉴公布的 1996—2010 年能源产业中煤炭开采和洗选业、石油和天然气开采业、石油加工、炼焦及核燃料加工业、电力、热力的生产和供应业、燃气生产和供应业 5 个行业的环境保护数据为基础进行分析，同时参考其他的一些相关数据。

在应用这些数据之前，首先对各数据进行处理，处理方法采用指标标准化法。指标的标准化也称为指标的归一化或无量纲化，是为了消除指标间不可度量性和指标之间的矛盾性而进行的数字变换。指标标准化的另外一个作用就是对指标进行单目标评价，获取对事物的个性认识，这是得到总体认识的基础和前提。如果指标处理不当，则无论后续工作如何有效，都不可能得到正确的结论，严重时还可能导致决策失误。

本书在构建能源产业环境规制强度综合评价指标体系时，针对能源产业指标的属性，经反复权衡与比较，参考赵细康（2003）相关研究方法，最终选取以下的线性和非线性标准化两种方法。

1. 线性标准化

第一种方法：线性标准化（正指标）。针对效益、强度型属性指标，如污染物处理率。使用以下方法进行标准化：$Y_{ij}=\dfrac{X_{ij}}{\beta_j}$设第 i（$i=1$，2，…，p）中子目标的第 j（$j=1$，2，…，q）中指标原始值为 X_{ij}，标准化值为

Y_{ij}，β_j为指标 j 在观察期间的平均值。

第二种方法：对成本型属性指标（逆指标，如单位产值污染排放）。使用下列方法进行标准化：$Y_{ij}=1+\frac{\beta_j-X_{ij}}{\beta_j}=2-\frac{X_{ij}}{\beta_j}$

2. 非线性标准化

正指标：$Y_{ij}=\left(\frac{X_{ij}}{\beta_j}\right)^2$；逆指标：$Y_{ij}=\left(2-\frac{X_{ij}}{\beta_j}\right)^2$

许多学者在确定指标标准化值时，往往将该值定义在（0，1）区间或（1，100）区间，将标准化值定义在（0，1）区间虽然可以将各指标值进行排序，但综合评价值往往与实际情况的变化不符。由于我们研究对象为1996—2010年间的能源产业环境规制政策实施强度，如果按0—1区间进行标准化，则基年与末年之间的综合指数相差太大，这明显与实际情况不符，并且也影响到本书后面对能源产业环境规制效应的分析。

（四）能源产业环境规制强度测算

鉴于上文对能源产业环境规制政策现状的分析，本书对能源产业环境规制强度的测算主要考虑系统内因素即能源产业环境规制政策具体工具。通过上文分析，能源产业环境规制采用的政策工具为："命令与控制"型环境规制政策及"基于市场"型环境规制政策。因此能源产业环境规制强度在指标选取上主要考虑这两种政策工具的特性进行设定。

1. 指标选取

能源产业环境规制强度测算所需要指标的选取工作，采用定性分析和定量分析相结合的方法。定量分析主要是针对能源产业总体数据分析为基础，对废水、废气和废渣三大主要污染类型的各类指标分别进行聚类分析。定性分析则是以定量分析为基础，根据能源产业环境规制政策效应评价的目标、各指标的代表性、数据收集的可行性等原则，在所有环境规制强度的评价指标中筛选针对能源产业环境规制强度的指标。本书结合能源产业环境规制政策工具情况选取指标。我国能源产业环境规制政策类型采取的是以"命令与控制"型环境规制政策为主，"基于市场"型环境规制政策为辅的政策类型。因而，本书利用"三废"达标率作为"命令控制"型环境规制政策的评价指标；单位产值"三废"排放量作为"基于市场"型环境规制政策的评价指标。

2. 评价指标层的确定

本书在确立评价指标层（二级目标）时，根据能源产业的特征，尽量保证对能源产业环境规制强度进行定量分析的原则，将二级评价指标层分为：废水指标、废气指标和固体废物指标三大类。在确定三级指标层时，结合具体指标选取的原则，用废水排放达标率、SO_2排放达标率、固体废物综合利用率作为“命令控制”型环境规制政策的评价指标；单位产值废水排放量、单位产值SO_2排放量、单位产值固体废物产生量作为“基于市场”型环境规制政策的评价指标。将两种类型的分析指标综合评价，测算出我国能源产业环境规制强度值。

3. 能源产业环境规制强度综合评价体系

通过上述分析，根据研究目的，参考各指标性质及数据的收集情况，构建出能源产业环境规制强度综合评价指标体系。如图 5 – 5 所示：该体系有一个目标层、三个评价指标层和六个单项指标层构成。其评价计分方法依据下式进行：

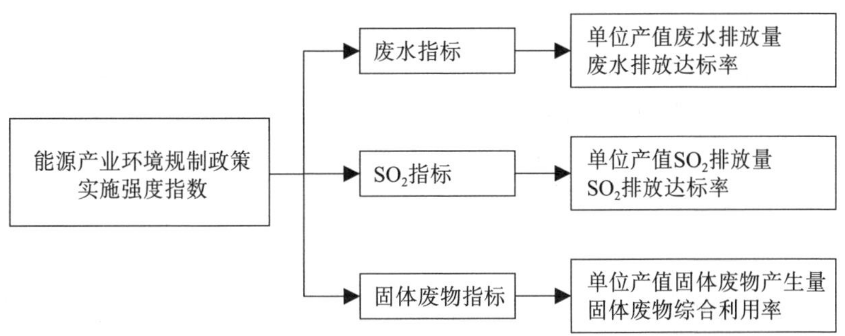

图 5 – 5　能源产业环境规制强度综合评价指标体系

$$S_i = \frac{1}{q}\sum_{j=1}^{q} W_j Y_{ij} \tag{5.1}$$

$$ER = \sum_{i=1}^{p} S_i \tag{5.2}$$

式（5.1）和式（5.2）中，Y_{ij}为第 i（$i=1, 2, \cdots, p$）个评价对象的第 j（$j=1, 2, \cdots, q$）项指标值（标准化），W_j为评价指标的调整系数，S_i为第 i 个被评价对象的综合评价值，ER 为能源产业的环境规制强度指数。调整系数类似于权重，其取值方法为：

$$W_j = \frac{\frac{E_j}{\sum E_j}}{\frac{O_i}{\sum O_i}} = \frac{UE_{ij}}{\overline{UE_j}} \tag{5.3}$$

式（5.3）中，为能源产业 i 行业（$i=1$，2，…，m）污染物 j（$j=1$，2，…，n）的排放占全国同类污染排放总量的比重与能源产业 i 行业的总产值占全部工业总产值的比重之比。经转换变为能源产业 i 行业某污染物 j 单位产值排放与某污染物 j 单位产值排放全国平均水平之比。比如 2010 年能源产业中煤炭开采和洗选业废水单位产值排放为 4.7385 万吨/亿元，全国废水单位产值平均排放水平为 3.399 万吨/亿元，则计算时该产业单位产值废水排放的 W_j 取值为 1.394。

4. 能源产业环境规制政策实施强度测算结果及分析

根据《中国统计年鉴》《中国环境统计年鉴》《中国能源统计年鉴》《中国环境统计年报》所提供的能源产业废水排放达标率、SO_2 排放达标率、固体废物综合利用率、单位产值废水排放量、单位产值 SO_2 排放量、单位产值固体废物产生量数据，参照所构建能源产业环境规制强度综合评价指标体系，本书对中国能源产业 15 年的环境规制政策实施强度进行测量，该测算结果作为本书实证分析的重要解释变量。表 5 - 8 显示了能源产业五个行业 1996—2010 年环境规制政策实施强度的测算结果。总体看来，污染强度较大的行业，政府对其实施的环境规制强度较强。如在污染强度测算中，重污染行业中的电力、热力的生产和供应业、煤炭开采和洗选业，其环境规制政策实施强度也是最高。为了直观的了解能源产业各行业环境规制政策实施强度的整体情况，我们利用 1996—2010 年能源产业各行业的环境规制政策实施强度数据绘制成图 5 - 6。从图 5 - 6 中可以看出，1996—2010 年能源产业中重度污染行业的环境规制政策实施强度远远高于轻度污染行业的环境规制政策实施强度，这说明国家对染密集型产业污染问题的治理一直较为重视。重度污染行业中的电力、热力的生产和供应业、煤炭开采和洗选业环境规制政策实施强度整体呈上升趋势，但在 2002 年、2003 年和 2004 年出现了波动，造成这一现象的主要原因可能是由于 20 世纪 90 年代中期的国家对国有企业改革和产业重组所造成的环境规制政策效应暂时减退。

表 5－8 1996—2010 年能源产业环境规制强度变化趋势

年份	煤炭开采和洗选业	石油和天然气开采业	石油加工、炼焦及核燃料加工业	电力、热力的生产和供应业	燃气生产和供应业
1996	9.772882	0.311201	0.706348	1.502926	1.330854
1997	9.044888	0.482281	0.422159	1.432699	1.392668
1998	10.91958	0.202331	0.579717	1.463563	1.21776
1999	10.27226	0.36924	0.555083	2.871552	1.483851
2000	8.832809	0.441543	0.824663	3.864691	1.942272
2001	8.918342	0.481597	1.24671	4.821404	1.744163
2002	12.05072	0.382008	1.271007	6.391581	2.163763
2003	21.05042	0.531333	1.802947	7.603763	1.739671
2004	21.66763	0.56518	2.229286	16.32705	2.050726
2005	25.49626	0.544458	2.788372	12.15862	2.312057
2006	29.97953	0.413456	3.729584	16.75544	2.353961
2007	33.4646	0.566942	5.194575	25.00769	2.335774
2008	30.18066	0.616444	6.811714	40.83181	2.284105
2009	35.20021	0.861554	5.10513	61.75797	2.510722
2010	35.32788	0.989351	5.529552	66.99929	2.924692
平均	20.14524	0.517261	2.586456	17.986	1.985803
排名	1	5	3	2	4

资料来源：根据 1997—2011 年《中国环境统计年鉴》《中国统计年鉴》有关资料整理。

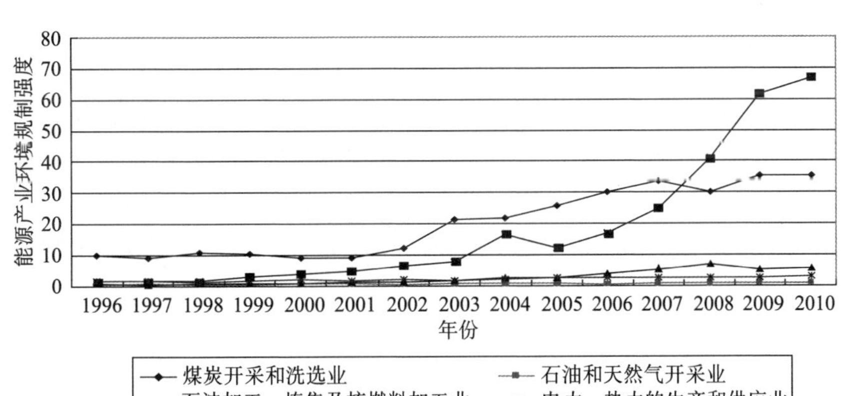

图 5－6 能源产业各行业环境规制强度变化趋势

从能源产业五个行业环境规制政策实施强度变化趋势我们可以得出以下结论：第一，能源产业中的重度污染行业石油加工、炼焦及核燃料加工业及燃气生产和供应业相对于其他重度污染产业来说，在1996—2010年间的环境规制政策实施强度较为薄弱，而且两大类行业15年间的环境规制强度均保持在一个稳定的低水平状态，波动起伏极小。第二，根据污染强度的计算结果，重度污染行业的污染强度明显高于轻度污染行业，但是，除煤炭开采和洗选业一直保持较高的环境规制强度外，在2000年之前其他重度污染产业的环境规制强度却与轻度污染产业基本持平，石油加工、炼焦及核燃料加工业与石油和天然气开采业在个别年份甚至出现了重合。这说明，在2000年之前，能源产业中石油加工、炼焦及核燃料加工业，这样的重度污染行业虽然给环境造成了很大的影响，但却没有得到相应的规制，大量污染物以未经处理的方式排出。第三，能源产业中重污染行业分别是电力、热力的生产、供应业；煤炭开采和洗选业；石油加工、炼焦及核燃料加工业；燃气生产和供应业。从图中可以看出，煤炭开采和洗选业的环境规制强度一直保持在较高的水平上，但电力、热力的生产和供应业的环境规制强度在1999年以前处于较低的水平，1999年以后环境规制强度逐渐加强，2008年以后甚至超过了煤炭开采和洗选业。但石油加工、炼焦及核燃料加工业；燃气生产和供应业的环境规制强度处于低水平位置。这与我国长期重视污染较重的行业如煤炭开采业、电力生产业的环境治理，却忽视了同样给环境带来重大污染的石油加工、炼焦及核燃料加工业及燃气生产和供应业的环境治理政策密切相关。20世纪90年代中后期开始的国有企业改革关闭了大量技术落后、污染严重的煤矿开采企业、煤炭发电企业促进了污染密集型产业为主要标志的重度污染产业效率提高，促进了节能减排目标的实现。但与此同时，其他重度污染产业的污染排放没有得到应有的治理。因此，今后加强对以石油加工、炼焦及核燃料加工业；燃气生产和供应业为主体的重度污染产业的环境规制将成为节能减排工作的又一主攻方向。

5.2 基于 SCP 框架的中国能源产业环境规制政策效应作用机理分析

环境规制政策效应的作用机理是指环境规制政策的实施，对环境绩效、“SH”绩效和经济绩效产生影响的过程。当政府对能源产业实施环境规制政策时，不仅会对整个社会的环境绩效、“SH”绩效产生直接的影响，而且还会对产业的经济绩效产生间接的影响。本书根据产业组织理论的 SCP 分析范式，研究能源产业环境规制政策对市场结构和市场行为的影响，进而分析其变化对环境绩效、“SH”绩效和经济绩效产生的影响，验证能源产业环境规制政策是否达到了其最终效应目标。

5.2.1 环境规制政策影响的传导机制

哈佛学派的贝恩（Bain，1958）在吸收和继承马歇尔的完全竞争理论、张伯伦的垄断竞争理论和克拉克的有效竞争理论的基础上，提出了 SCP 分析框架。该框架以实证研究为依据，把产业分解成了特定的市场，并按照市场结构（Structure）、市场行为（Conduct）、市场绩效（Performance）三个方面的内容对产业进行分析，这三方面相互独立，同时又有着相互影响的系统逻辑关系。

图 5 - 7 描述了 SCP 框架中三个因素之间的关系，其中，粗线箭头代表决定关系，细线箭头代表反作用关系。SCP 框架认为市场结构决定市场行为，而市场行为进一步决定市场绩效，这也正是哈佛学派的主要观点。但是在产业中，市场结构、市场行为和市场绩效这三个因素的关系并不是单向的线性关系，而是存在一种双向关系。即市场行为会反作用于市场结构，而市场绩效同时反作用于市场结构和市场行为。这就意味着，在特定产业中，一定的市场结构决定了该产业内部企业之间的关系，也决定了这些企业在市场中的相互关系和各自采取的行动，同时，企业每一次的决策和行为都会影响到最终企业的绩效，而根据每一阶段的绩效评估，企业可

以总结在过去一个阶段的得失，同时改变方针策略，影响着市场结构也发生变化。因此，从长期来看，市场结构、市场行为和市场绩效之间是双向因果关系。

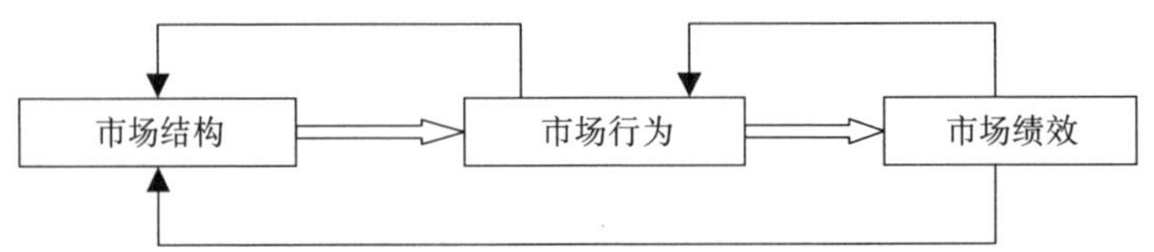

图 5-7　SCP 框架中市场结构、市场行为、市场绩效之间关系

环境规制政策作为政府政策的一种，是通过图 5-8 所示的作用机制对传统产业组织产生影响的。政府制定的环境规制政策对市场行为和市场结构产生影响。根据 SCP 理论观点，市场结构作用于市场行为，而市场行为最终对市场绩效产生影响。

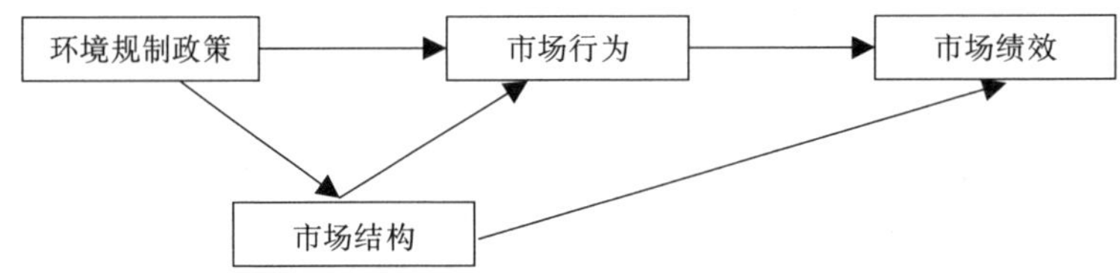

图 5-8　环境规制政策作用下 SCP 框架中市场结构、市场行为、市场绩效之间关系

产业组织理论认为，市场绩效反映了在特定的市场结构和市场行为条件下市场运行的实际效果。但是，从另外一个角度看，市场绩效也表示最终实现政策目标的程度。因此，在环境规制政策的作用下，市场绩效不再是传统意义上的经济绩效，还应包括环境绩效和“SH”绩效，如：环境质量、健康、安全等。

5.2.2　能源产业环境规制政策对市场结构作用机理分析

在产业组织理论中，市场结构是指市场的组织特性，即市场的各构成要素及其组织方式或结合方式。具体来说，就是对竞争的性质和市场定价具有战略性影响的市场那些组织特征，如卖方集中度、买方集中度、产品差异化和市场的进入退出条件等（杜朝辉，2010）在这些因素中，每一个因素并不是独立存在的，而是处在互相影响的动态环境之中，其中一个因素发生变化时，将会引起其他因素也发生相应变化，从而改变整个市场的最终结构形态。由于能源产业的市场结构问题主要涉及市场集中度、进入和退出壁垒，因此，本书将基于市场集中度、进入和退出壁垒等影响因素，分析环境规制政策如何作用于这些影响因素而对市场绩效产生相应的影响。

对能源产业来说，政府环境规制政策体系中的行政法规包括两方面内容：一是提高环境污染治理标准；二是强制命令重污染企业退出市场。根据产业组织理论，前一种规制相当于提高了进入壁垒，后一种规制相当于降低甚至取消了退出壁垒。这就使现存的高污染、低竞争力的能源企业被迫退出市场，新企业又因门槛过高而不能进入，这样就限制了行业内企业数量的增加，在能源产业中维持了数量适中、经营相对稳定的企业群体，也在能源产业中保持了较高的市场集中度。因此，环境规制政策通过提高进入壁垒和降低退出壁垒，来影响能源产业市场集中度。而市场集中度的提高对环境绩效、“SH”绩效和经济绩效会产生一定的影响，具体来说：

（一）对环境绩效的影响

从提高进入壁垒来看，当政府执行较高的环境污染治理标准时，对于新企业来说，必须达到相关标准企业才能进入市场，而这些执行严格标准的新企业进入市场后必然会对环境污染的治理起到积极的作用。从降低退出壁垒来看，能源产业中企业的退出行为更多的呈现出政府采取强制措施，要求不符合规定的污染企业退出市场。我国对能源产业中的污染企业实行的“关停并转”政策就是一个明显的例子。为了减少资源浪费，提高安全生产、降低环境污染，国家不断出台规定对产品长期无销路的；原材料、能源无来源的；工艺技术落后、产品质量差、经营不善而长期亏损的；严重污染环境，无法治理或拒不治理能源企业进行“关闭、停办、合并、转产”。2007—2009 年，国家连续三次发布工业和产品目录，淘汰生产能力落后、资源浪费、污染严重的企业 3 万多家，其中包括能源产业中的部分企业。同时，对环境污染严重的钢铁、水泥、铁合金、电石、炼焦、皂素、铬盐等污染行业进行集中整顿，停建、缓建项目 1 900 多个。

2010 年政府关停污染严重企业 2 600 多家，包括能源产业中的部分炼焦企业。通过政府的环境规制政策的实施，淘汰了一批技术落后，污染严重的企业，使能源企业的退出壁垒降低，能源企业中某些行业的市场集中度得到了很大的提高，而留在行业中的大企业也更容易遵从国家的环境规制政策。企业对国家能源产业环境规制政策的认真实施，使能源生产企业“三废”排放量明显减少。由于企业进入壁垒的提高和退出壁垒的降低造成的能源产业市场集中度的提高进而对环境绩效有正影响。如图 5－9 所示。

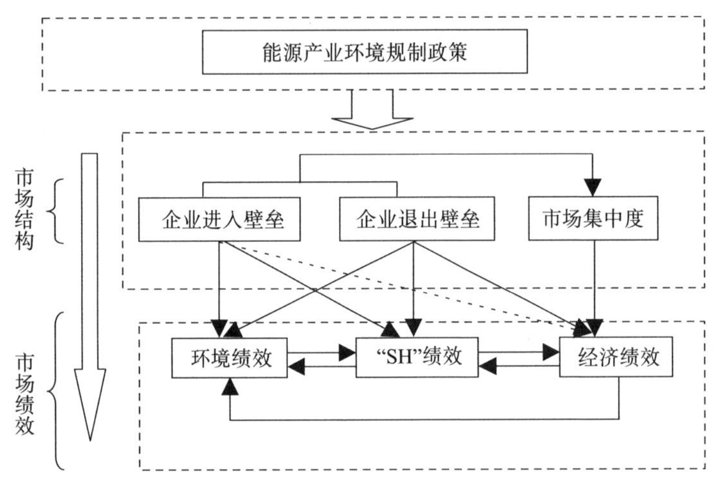

注：实线表示促进作用，虚线表示阻碍作用

图 5－9　能源产业环境规制政策对市场结构作用机理分析

（二）对“SH”绩效的影响

“SH”绩效主要从人的健康和安全角度去衡量。环境污染对人体健康的影响可分由于为大气污染、水污染、土壤污染所造成的从业人员的健康安全问题及整个社会人民群众的健康安全问题等。世界卫生组织 2010 年 6 月发布的一份研究报告显示，全球接近 1/4 的疾病由环境因素引起。每年超过 1 300 万的超额死亡归因于可预防的环境因素。在最不发达地区，接近 1/3 的死亡和疾病归因于环境问题。中国科学院提交的一项关于我国环境与健康的研究报告显示，75% 的慢性病与生产和生活过程中产生的废弃物污染有关。我国政府对能源产业采取强制性环境规制政策，对新进入企业来说，新企业所执行的污染物排放标准较为严格，有利于大气污染、水污染、土壤污染的治理。对于老企业来说，使不符合环境标准的能源产业退出市场，促进整个社会的大气污染、水污染及土壤污染的治理，进而保护了人们的健康和安全。如图 5－9 所示。

（三）对经济绩效的影响

1. 环境规制政策提高进入壁垒

第一，政府实施环境规制政策可能导致能源企业必要资本量增加。由于环境规制政策的实施，能源企业在最初进入市场时需要投入巨额的环保设备投资，这必然导致能源企业初始投资的增加和必要资本量的提高，而这些都成为阻碍新企业进入的壁垒，使得潜在的竞争者进入市场的行为受到限制。能源产业的不同行业，由于产品、技术的特性差异，也会导致必要资本量存在较大的差异。随着必要资本量投入的增加，资金筹措难度增大，对能源企业进入形成的障碍变大。

第二，政府对能源产业的环境规制政策通常对新进入企业实施更为严格的标准。这样使新进入的能源企业处于竞争的劣势，构成了一种进入壁垒。针对新企业的进入，政府会实施更为严格的环境规制政策。比如，在采用污染治理技术标准时，对现有企业和新企业规定不同的污染治理技术标准，新企业面临比现有企业更为严格的污染治理技术标准，这种差异被解释为在保证现有企业生存能力的同时，消除环境损害。但是，它们实际上成为新企业进入的一种壁垒。

2. 环境规制政策降低退出壁垒

污染治理技术标准在提高进入壁垒，减少能源产业内企业数量的同时，也会降低企业的退出壁垒。污染治理技术标准的实施，对任何产出水平而言都会减少能源企业生产的污染。因此，一个较高的污染治理技术标准会使得现存的高污染、低竞争力的能源企业被迫退出，从而能够减少能源企业的均衡数量，降低产业的竞争程度，且两者呈正相关的关系。

政府实施的环境规制政策能够通过影响能源企业的进入壁垒、退出壁垒、产品差异化程度等来提高被规制的能源产业市场集中度水平。这种集中度的提高不单纯是能源产业内企业数量的减少，而是以环境保护型企业的进一步壮大、污染密集型企业逐渐减少为特点的集中度的提高。而随着行业内集中度的提高，促进产业利润率的提高，经济绩效得到提升。如图

5-9所示。

5.2.3 能源产业环境规制政策对市场行为作用机理分析

市场行为是指企业为了实现其目标，如：利润最大化、更高的市场占有率等，根据外部环境及其变化而采取的战略性行为。这里的内部环境主要包括企业内部的产权关系、所有权与控制权关系以及委托代理关系等。而外部环境则主要包括环境政策，如政府通过法律手段、经济政策手段和行政手段对市场经济进行干预和调节；市场环境，如市场供求关系、与其他企业之间的关系、消费者偏好、竞争对手的状况等（杜朝辉，2010）。企业的市场行为主要内容包括以下三个方面：一是以控制和影响价格为基本特征的定价行为，包括阻止进入定价行为、驱逐对手定价行为、价格歧视行为等；二是以研究开发、形成产品差异、促销为基本内容的非价格行为，如技术创新行为、广告宣传行为等；三是以产权关系和企业规模变动为基本特征的企业组织调整行为，如企业兼并行为、一体化行为、多元化行为、跨国经营行为等。由于政府对能源产业实施环境规制政策主要对企业的技术创新行为产生影响。因此，本书主要分析能源产业环境规制政策对企业技术创新行为进而对环境绩效、“SH”绩效及经济绩效产生的影响。

政府制定的环境规制政策主要从两个方面进行排污控制。一是排污技术上的强制规定；二是排污量进行限制。当政府对能源企业的排污技术设置严格规定时，部分无法满足规定的企业会做出以下两种选择：第一种选择被迫退出现在市场；第二种选择留在市场（被兼并或形成战略联盟）。当企业选择留在市场中时，该企业就必须加大治污治理创新行为的力度，进而满足政府在排污技术上的严格规定。而企业的创新行为除了污染治理技术的创新外还包括生产技术创新。企业的创新行为会对环境绩效、“SH”绩效、经济绩效产生影响，具体内容包括：

（一）对环境绩效的影响

当能源企业迫于政府环境规制政策的压力，采用治理的污染技术创新时，从经济效益看会造成成本的增加，而从环境效益看，由于企业采用技术含量较高的治理污染的创新技术，使得能源生产企业在生产过程中污染物的排量减少，进而使整个社会的生态环境得到改善，环境绩效得到提高。如 2005 年投产的电力企业装机容量大多配套建设了脱硫设施。2005 年以后电力企业 SO_2 排放量从 1 167.17 万吨下降到 2010 年的 899.79 万吨。因此，污染治理技术的应用有利于能源产业环境绩效的提高。如图 5 - 10 所示。

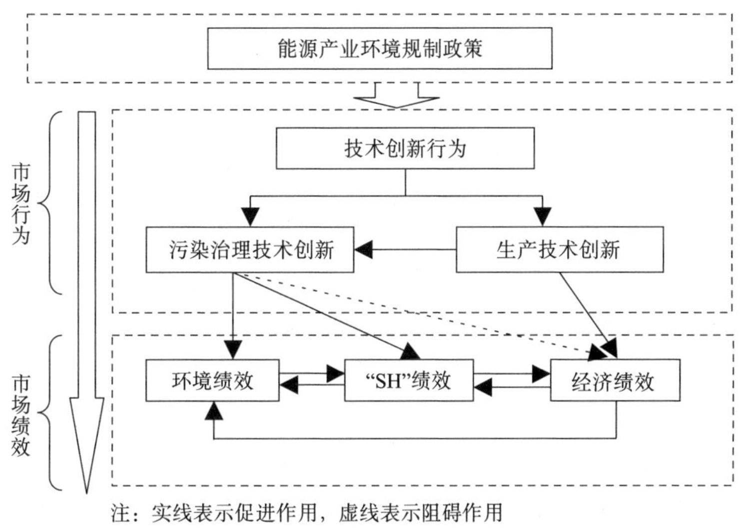

图 5 - 10　能源产业环境规制政策对市场行为作用机理分析

（二）对"SH"绩效的影响

政府对能源产业环境规制政策的实施，使能源生产企业在生产时，采用污染治理的技术，在改善整个社会环境的同时，也使生产工人的健康水平得到了提高，由于污染治理技术的应用，能源产业在能源产品生产时的污染程度下降。如天然气生产企业，在没有进行污染治理技术改造前，生产过程中存在硫化氢等有毒物质，均可引起严重职业病危害。如果吸入硫化氢浓度为 1 000mg/m³时，可在数秒内突然昏迷，呼吸、心脏骤停，发生闪电型死亡。当政府强制执行环境规制政策时，迫使能源企业进行污染治理技术的创新，进而使生产工人健康、安全得到改善，"SH"绩效得到提高。如图 5 - 10 所示。

（三）对经济绩效的影响

污染治理技术创新，主要包括：产品创新、过程创新。其目的是降低生产过程中的污染物排放量。污染治理技术创新与生产技术创新之间是矛盾统一的关系。治污治理技术创新对生产技术创新既有促进作用，又有阻碍作用。一方面，当能源企业污染治理技术的应用有利于促进企业生产时，企业的污染治理技术创新在降低污染排放的同时，使生产效率和产品质量得到提高。因此，由环境规制政策引致的污染治理技术创新，不但使污染水平降低，同时还节约环境资源使用费用，提高生产效率和利润效率，实现污染治理技术创新和生产技术创新的统一。另一方面，污染治理技术创新也会阻碍生产技术创新。能源企业要想加大污染治理技术创新投资，需要从其他环节抽调资金，这部分资金可能会来源于企业的利润、生产技术创新投入等。用于生产技术创新投入资金的减少会降低未来生产技术进步率，最终影响其利润和市场竞争力。从长期看，随着政府对环境规制强度的增强，企业要想保持较好的利润率及市场竞争力，就必须在重视生产技术创新的同时，加大对污染治理创新研发的资金投入力度，以此满足政府在排污技术上设置的严格规定。因此，政府在排污技术上的规定，会让企业在生产技术创新和污染治理技术创新之间进行均衡选择，企业最优组合方式会实现经济增长和污染减少的最优目标。

政府对能源企业排污量进行限制时，企业也会对政府的环境规制政策做出反应。与第一种情况相类似，当企业无法满足政府的环境规制政策时，企业会选择退出市场、被优势企业兼并、与满足环境规制政策要求的企业成立集团或战略联盟。而选择留在市场中的企业为了满足政府环境规制政策的要求就必须实行末端处理，降低在生产中作为副产品的废水、废气和有害物质等。如果企业采取直接治理污染物的方式，在企业污染治理水平既定的情况下，随着政府环境规制政策要求不断提高，企业需要支付更多资金来治理污染物排放问题。不断上升的污染治理费用给企业带来越来越重的负担。因此，从长期来看，要想从根本上解决这一问题，企业需要通过污染治理技术创新的方式来解决，通过行末端处理技术从根本上解决污染物排放过量的问题。但是，在污染治理创新初期，创新成果不显著，无法以经济形式满足日趋严格的环境规制政策要求，此时，企业需要加大对生产技术创新投入，通过提高生产技术来增加产出和利润。随着利润的增加企业用于污染治理技术创新的投资也会有所增加，随着污染治理技术创新的深入，企业逐渐满足政府的环境规制政策要求。企业的这种治理方式明显有利于实现污染治理和经济绩效提高的“双赢”目标。如图 5 - 10 所示。

环境绩效、“SH”绩效与经济绩效之间也存在着相互影响相互制约的关系。环境绩效的提高，污染情况得到治理，会促进人们健康安全水平的提高，从而使“SH”绩效得到提高，人们健康安全水平的提高，使人们有更多的精力投入于经济生产之中，从而促进经济绩效的提高。而经济绩效的提高也会促进“SH”绩效及环境绩效的提高。如图 5 - 10 所示。

5.2.4　能源产业环境规制政策对环境绩效、“SH”绩效和经济绩效综合作用机理分析

下面我们综合前文分析的内容，考察能源产业环境规制政策对环境绩效、“SH”绩效、经济绩效的综合影响。通过分析发现，能源产业环境规制政策对环境绩效、“SH”绩效、经济绩效的影响主要是通过以下路径实现的。如图 5 - 11 所示：

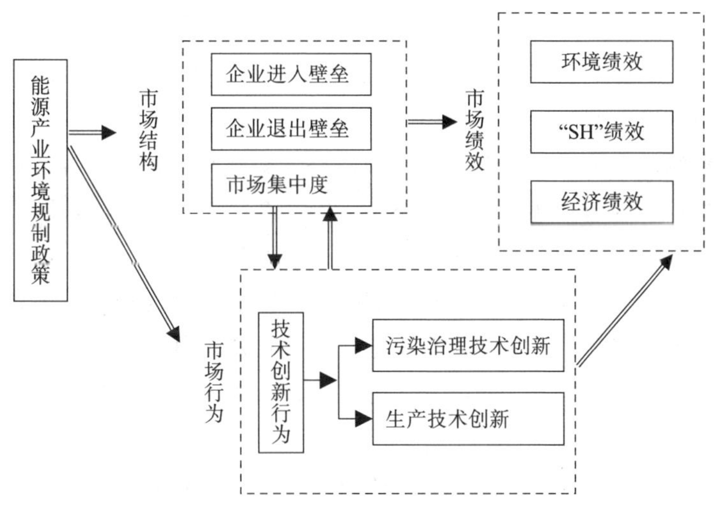

图 5 - 11　能源产业环境规制政策对环境绩效、“SH”绩效、经济绩效综合作用机理

第一，能源产业环境规制政策从本质上讲，就是通过对污染企业的行为进行规范，限制对资源的过度使用，以降低对环境造成的污染和损害。在能源产业环境规制政策作用下，从环境绩效及“SH”绩效角度分析，被规制企业采取环保措施降低“三废”排放量，由于环境污染得到治理，人们的健康水平得到提高。从经济绩效角度分析，由于政府要求新进入市场的能源企业需要投入巨额的环境设备投资，因此生产成本上升，并且污染治理设备的投资还可能对其他生产性投资产生挤出效应，从而导致产业生产率和利润率的下降。

第二，能源产业环境规制政策对市场结构进而对市场绩效产生影响。一方面通过提高企业必要资本量和对新企业施加严格的标准，会成为潜在进入企业的进入壁垒；另一方面通过相关技术标准的实施使得现存的高污染、低竞争力的企业被迫退出。环境规制政策的实施使市场集中度提高。因而，市场结构发生变化。市场结构的变化对市场绩效会产生影响。从环境绩效和“SH”绩效角度分析，通过淘汰了一批技术落后，污染严重的企业，使留在行业内的企业为更容易遵从国家的环境规制政策的大企业。留在市场中的企业对国家能源产业环境规制政策的认真实施，使能源生产企业“三废”排放量明显减少。对人们的身体健康产生正影响。从经济绩效角度分析减少行业内企业数量，降低企业的竞争程度，从而提高经济绩效。

第三，能源产业环境规制政策对市场行为进而对市场绩效产生影响。政府实施环境规制政策在一定程度上会刺激企业的创新行为，而企业的创新行为会对环境绩效、“SH”绩效及经济绩效产生影响。能源产业进行的污染治理技术创新有利于环境、“SH”绩效的提高，而对于经济绩效来说，一方面随着生产技术创新的加强，促使企业利润得提高，利润的提高又为企业进行污染治理创新提供了资金的保障，随着污染治理技术的增强，污染治理技术达到某一水平时，在满足政府严格环境规制政策的同时，控制排污量，节约了污染治理的成本。另一方面，随着污染物排放的减少，环境得到改善。

第四，环境规制政策使能源产业市场结构及市场行为相互作用，共同影响市场绩效。政府采取的较为严格的环境规制政策措施使进入壁垒提高，退出壁垒降低，能源产业市场集中度提高，能源产业结构发生变化。

而留在市场中的大企业为迎合市场的需要，达到国家环境规制政策标准，自觉采取技术创新行为，因而影响了能源产业的市场行为。同样，能源产业中的某些企业通过技术创新，增强自身的市场竞争力，将竞争力较弱的，污染严重的小企业排除在行业之外，从而使市场结构发生变化。而市场结构及市场行为的变化对市场绩效会产生影响。

因此，只有全面考察能源产业环境规制对环境绩效、“SH”绩效、经济绩效影响的传导机制，综合考察环境规制政策对市场结构和市场行为等各种因素的影响，才能够对环境绩效、“SH”绩效、经济绩效的最终影响结果做出全面准确的解释。

在实际生活中，能源产业不同的环境规制政策工具对市场结构和市场行为的影响也存在一定的差异性，从而对环境绩效、“SH”绩效、经济绩效也会产生不同的作用。但事实上，技术进步带来的收益将不可小觑，综合而言，从长期看，能源产业环境规制政策对环境绩效、“SH”绩效、经济绩效的理论预期是比较乐观的。能源产业环境规制政策对环境绩效、“SH”绩效、经济绩效的现实影响则需要进行具体的实证分析才能得到相关结论。而接下来的这一章我们将试着对这一问题进行具体的实证分析。

5.3　中国能源产业环境规制政策效应的实证检验

本章实证分析的目的是考察基于 SCP 框架下的能源产业环境规制政策效应。根据上一章的分析，能源产业环境规制政策对市场结构、市场行为进而对环境绩效、“SH”绩效和经济绩效的影响，是各种直接和间接效应综合作用的结果，是通过对市场集中度、技术创新行为等影响的传导机制而产生的，只有全面考察能源产业环境规制政策对这些因素的影响，才能够准确评价能源产业环境规制政策的环境绩效、“SH”绩效和经济绩效的最终结果。

能源产业环境规制政策的实施对企业进入和技术创新的影响比较复杂，从前文分析看，能源产业环境规制政策实施可能成为在位企业阻止新企业进入的壁垒，从而降低产业内竞争程度，提高产业的市场集中度，使能源产业的环境绩效、“SH”绩效、经济绩效得到提高，达到最终的效应目标。同时，能源产业环境规制政策实施对技术创新会产生一定的促进作用，由于“创新补偿”机制的作用，最终会对环境绩效、“SH”绩效、经济绩效的提高产生正的影响。因此，在前文分析的基础上，本书采用固定效应数据模型，建立计量模型并选取指标来考察能源产业环境规制政策对能源产业的企业进入、技术创新的作用程度，最终对环境绩效、“SH”绩效、经济绩效产生的影响，根据实证结果对能源产业环境规制政策效应作出评价。

5.3.1 能源产业环境规制政策的环境效益分析

国内外学者在研究环境规制政策的实施效应时，主要是采用理论方法或成本收益法进行分析（McGartland（1988）、Tietenberg（1990）、Stavins（1996）、Nordberg（1999）、Fullerton（2006）、Pedro Simoes、Kristof De Witte&Rui Cunha Marques（2010）、席涛（2002）、古月（2004）、宋英杰（2006）、孙鳌（2009）、姜林（2011）等）。鲜有人建立动态面板数据模型对环境规制政策的实施效应进行研究。因此，本书拟在Dasgupta等人构建的模型基础上建立动态面板数据模型，使用广义最小二乘法（GLS）进行回归估计。验证我国能源产业环境规制政策实施的效应目标的实现程度。

（一）变量选择和模型设定

1. 变量选择

（1）被解释变量的选择。

从环境效益提高角度考察能源产业环境规制政策效应时，效益指标要反映环境规制政策实施的效应目标。一般来说，政府实施环境规制政策的环境效应目标主要有四个：一是水环境的改善；二是大气环境的改善；三是土壤环境的改善；四是其他环境的改善如噪声污染的治理。而我国政府制定的能源产业环境规制政策主要是针对水环境的改善、大气环境的改善及土壤环境的改善。因此，根据前文所设计的环境规制政策效应评价指标体系中，环境效益指标的内容结合能源产业的特点，被解释变量选取废水排放量指标、SO_2排放量指标、固体废物排放量指标。以“三废”排放量的减少作为衡量水环境、大气环境、土壤环境改善的指标。

（2）解释变量。

①能源产业环境规制强度。环境规制强度是反映环境规制政策实施情况的指标，使环境规制政策这个定性分析的问题通过测算，用定量分析的指标表示出来。能源产业环境规制强度的测算主要考虑能源产业环境规制政策具体工具。通过上文分析，能源产业环境规制采取的政策工具为："命令与控制”型环境规制政策及“基于市场”型环境规制政策。因此能源产业环境规制强度在指标选取上主要考虑这两种政策工具的特性进行设定。

②反映市场结构的指标。被解释变量主要是从 SCP 框架中选取对环境效益产生影响的指标。通过上文分析，在 SCP 框架中对能源环境效益产生影响的主要要素有：市场集中度。

③反映市场行为的指标。通过上文分析，在 SCP 框架中对能源环境效益产生影响的主要要素有：专利技术申请数。

2. 模型设定

我们采用固定效应的面板数据模型（Panel data model with fixed effect）考察政府实施能源产业环境规制政策的环境效应问题。面板数据是指多个个体对象被观察多期得到的数据，是时间序列数据和截面数据的综合。由于面板数据利用了相同样本的多期数据，因此采用面板数据模型进行回归，可以考察不同样本的异质性，还可以部分解决样本数据的不可观察效应与单纯的时间或截面数据模型相比，面板数据模型有很多优点（靳庭良，2004）。

根据参数的性质不同，面板数据模型分为固定效应模型和随机效应模型。当横截面的单位是总体单位时，即个体样本之间的差异可以被看作是回归的参数变动时，通常采用固定效应模型，反之则采用随机效应模型。我们研究的目的是仅以样本自身效应为条件进行推论，而非推断更广范围的总体效应，所以宜采用固定效应的面板数据模型（易丹辉，2002）。在固定效应模型中，假定各截面的个体影响可以由常数项的不同来说明，它反映了模型中忽略的反映个体差异的变量的影响。我们设定模型的目的是考察能源产业环境规制政策的实施对环境效益提高的影响。我们将“三废”排放的水平看作是衡量环境效益提高或降低的标准，包括环境规制强度作为对环境效益影响的重要因素，因此被解释变量是“三废”排放量，解释变量是环境规制强度。此外，还有许多其他因素可能影响环境效益。根据上文对SCP框架理论的分析，市场集中度、专利技术申请数在能源产业环境规制政策执行过程中都会对环境效益产生影响。所以，为控制这些可能影响环境效益因素，我们将市场集中度、专利技术申请数作为控制变量，包含在模型当中。为了便于比较，所有变量均采用对数形式。基本计量方程为：

$$\ln Y_{it} = c + a_1 \ln Y_{i,t-1} + a_2 \ln ER_{i,t-1} + a_3 \ln HF_{it} + \mu_{it} \tag{5.4}$$

$$\ln Y_{it} = c + a_1 \ln Y_{i,t-1} + a_2 \ln ER_{i,t-1} + a_3 \ln PA_{it} + \mu_{it} \tag{5.5}$$

在式（5.4）和式（5.5）中，Y_{it}代表能源产业中i行业t年的环境质量，ER_{it}代表能源产业中i行业t年的环境规制的强度；μ_{it}为误差项，它包括η_{it}和ν_{it}（随机扰动项，假设与解释变量无关）。与此同时，为获取长期的动态影响，将被解释变量的一阶滞后量也作为解释变量。由于环境规制政策存在着滞后性，因此本书考虑在滞后一期的情况下考察环境规制强度对环境质量的影响。并且在式（5.4）中加入了市场集中度（HF）代表市场结构的指标，在式（5.5）中加入了专利技术申请数（PA）代表市场行为的指标。

（二）样本、数据来源及处理

本书选择中国能源产业中的煤炭开采和洗选业；石油和天然气开采业；石油加工、炼焦及核燃料加工业；电力、热力的生产和供应业；燃气生产和供应业五个行业作为样本。本书选择的时间样本是1996—2000年中国能源产业行业统计数据，是根据我国《国民经济行业分类与代码》（GB/T 4754－1994）中行业分类基础和标准，选择了采掘业；石油加工、炼焦及核燃料加工业；电力燃气及水的生产和供应业。其中，采掘业包括了煤炭开采和洗选业、石油和天然气开采业、黑色金属矿采选业、有色金属矿采选业、非金属矿采选业、其他采矿业；电力燃气及水的生产和供应业包括电力、热力的生产和供应业、燃气生产和供应业、水的生产和供应业（见表5－9）。为了得到煤炭开采和洗选业；石油和天然气开采业；电力、热力的生产和供应业；燃气生产和供应业1996—2000年的样本数据，本书对采用以下办法进行估算。通过计算 2001—2010 年煤炭开采和洗选业、石油和天然气开采业“三废”排放量占全部采掘业“三废”排放量的比重的平均值（见表 5 - 10）及电力、热力的生产和供应业、燃气生产和供应业“三废”排放量占电力燃气及水的生产和供应业“三废”排放量比重的平均值（见表 5 - 11）来估算 1996—2000 年样本数据值。从 2001 年起，《中国环境统计年鉴》公布的各工业行业废水、废气和固体废物排放（产生）及处理情况，行业分类由原来的 18 个大类改为 41 个大类。2002 年我国对《国民经济行业分类与代码》（GB/T4754 - 1994）进行了修订，形成了《国民经济行业分类》（GB/T4754 - 2002），从 2003 年起发布的各行业污染物排放及处理情况数据，又根据新的行业分类标准，对原来的行业分类进行了一些调整一直延续至今。因此，本书所涉及的 2001—2010 年样本数据根据新分类标准确定。模型中所用数据都来自于《中国统计年鉴》《中国环境统计年鉴》《中国环境统计年报》的相关数据。Y 表示环境质量，本书以废水排放量（WW）衡量水环境质量；以二氧化硫排放量（SO_2）衡量空气环境质量；以固体废物排放量（WR）衡量土壤环境质量。

表 5 - 9　　样本产业代码、名称及对应关系

产业代码		产业序号	2001 年前《中国环境年鉴》中产业分类	2001 年后《中国环境年鉴》中产业分类
门类	大类			
B 采矿业	06	1	采掘业	煤炭开采和洗选业
	07			石油和天然气开采业
	08			黑色金属矿采选业
	09			有色金属矿采选业
	10			非金属矿采选业
	11			其他采矿业
C 制造业	25	7	石油加工、炼焦及核燃料加工业	石油加工、炼焦及核燃料加工业
D 电力燃气及水的生产和供应业	44	18	电力煤气及水的生产和供应业	电力、热力的生产和供应业
	45			燃气生产和供应业
	46			水的生产和供应业

资料来源：根据 1997—2011 年《中国环境统计年鉴》有关资料整理。

表 5-10　　煤炭开采和洗选业、石油和天然气开采业占采掘业“三废”排放量的比重

行业 年份	煤炭开采和洗选业工业废水排放量比重值（%）	石油和天然气开采业废水排放量比重值（%）	煤炭开采和洗选业 SO_2 排放量比总值（%）	石油和天然气开采业 SO_2 排放量比重值（%）	煤炭开采和洗选业固体废物排放量比重值（%）	石油和天然气开采业固体废物排放量比重值（%）
2001	40.35	14.96	49.49	8.97	51.58	0.17
2002	44.88	8.52	49.76	8.87	53.99	0.19
2003	48.75	9.76	50.07	7.59	54.95	0.22
2004	44.55	9.24	45.55	7.46	54.05	0.25
2005	39.96	9.64	51.09	7.79	53.23	0.12
2006	40.43	8.36	37.66	7.79	49.73	1.43
2007	47.92	6.55	34.35	5.96	50.21	0.01
2008	47.11	7.31	32.89	6.94	64.13	0.01
2009	52.93	6.73	36.65	8.63	62.89	0.01
2010	58.66	6.47	39.83	8.84	64.03	0.01
均值	46.55	8.76	42.73	7.88	55.88	0.24

资料来源：根据 2000—2011 年《中国环境统计年鉴》《中国统计年鉴》有关资料整理。

表 5-11　电力、热力的生产和供应业、燃气生产和供应业占电力燃气及水的生产和供应业“三废”排放量比重

行业 年份	电力、热力的生产和供应业工业废水排放量比重值（%）	燃气生产和供应业工业废水排放量比重值（%）	电力、热力的生产和供应业 SO_2 排放量比重值（%）	燃气生产和供应业 SO_2 排放量放量比重值（%）	电力、热力的生产和供应业固体废物排放量比重值（%）	燃气生产和供应业固体废物排放量比重值（%）
2001	93.86	1.77	99.60	0.37	93.75	4.17
2002	94.07	1.79	99.63	0.33	94.12	3.36
2003	92.72	1.44	99.64	0.33	97.33	1.33
2004	93.98	1.31	99.74	0.19	99.27	0.28
2005	91.64	1.50	99.79	0.16	99.03	0.28
2006	90.41	1.36	99.78	0.17	98.97	0.23
2007	90.30	1.47	99.77	0.23	99.01	0.72
2008	85.78	1.23	99.73	0.26	99.68	0.28
2009	85.67	1.16	99.75	0.25	99.91	0.02
2010	79.65	1.19	99.75	0.22	99.87	0.07
均值	89.81	1.42	99.72	0.25	98.09	1.07

资料来源：根据 2000—2011 年《中国环境统计年鉴》《中国统计年鉴》有关资料整理。

1. 被解释变量数据

（1）废水排放量。

从描述数据统计表 5 – 12、图 5 – 12 中所示，在能源产业的五个行业中，电力、热力的生产和供应业废水排放量最大，其次是煤炭开采和洗选业、石油加工、炼焦及核燃料加工业。其中，电力、热力的生产和供应业 15 年间废水排放量的均值为 198 960.7 万吨，远远高于其他几个行业废水排放量的均值。从能源产业废水排放量变化趋势图看，电力、热力的生产和供应业废水排放量波动幅度较大，总体呈下降趋势，但总量值较高；煤炭开采和洗选业废水排放量略有上升，其他几个行业保持平稳状态。

表 5 – 12　　能源产业废水排放量　　单位：万吨

年份＼行业	煤炭开采和洗选业工业	石油和天然气开采业工业	石油加工、炼焦及核燃料加工业	电力、热力的生产和供应业	燃气生产和供应业工业
1996	57 240.67	10 771.82	49 027.00	220 543.67	3 486.90
1997	61 850.05	11 639.24	60 009.00	199 173.32	3 149.02
1998	59 116.64	11 124.85	63 275.00	193 916.51	3 065.91
1999	56 978.60	10 722.50	62 664.00	186 772.70	2 952.96
2000	59 561.66	11 208.60	48 500.00	167 587.54	2 649.63
2001	50 644.00	18 778.00	41 741.00	222 997.00	4 207.00
2002	48 571.00	9 226.00	54 869.00	209 107.00	3 977.00
2003	53 168.00	10 644.00	53 762.00	229 401.00	3 895.00
2004	49 983.00	10 372.00	61 423.00	251 565.00	3 503.00
2005	46 650.00	11 252.00	68 122.00	251 145.00	4 099.00
2006	54 023.00	11 177.00	70 281.00	217 145.00	3 278.00
2007	73 040.00	9 988.00	73 126.00	174 796.00	2 837.00
2008	72 209.00	11 209.00	70 496.00	181 627.00	2 605.00
2009	80 236.00	10 197.00	66 406.00	149 010.00	2 013.00
2010	104 765.00	11 555.00	70 024.00	129 624.00	1 931.00
均值	61 869.108	11 324.33	60 915.00	198 960.70	3 176.63

资料来源：根据 1997—2011 年《中国环境统计年鉴》《中国统计年鉴》有关资料整理。

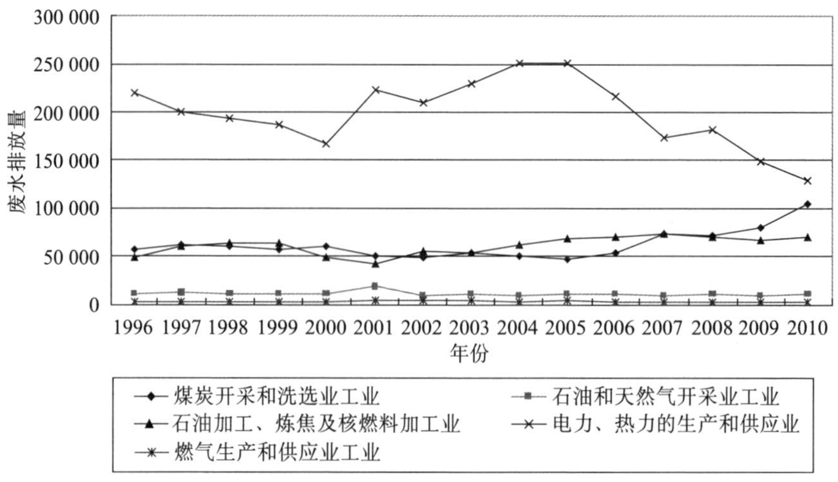

图 5－12　能源产业废水排放量变化趋势

（2）SO_2排放量。

从描述数据统计表 5－13、图 5－13 中所示，在能源产业的五个行业中，电力、热力的生产和供应业 SO_2排放量最大，其次是煤炭开采和洗选业、石油加工、炼焦及核燃料加工业。其中，电力、热力的生产和供应业 15 年间 SO_2排放量的均值为 886.41 万吨；煤炭开采和洗选业 15 年间 SO_2排放量的均值为 16.49 万吨；石油加工、炼焦及核燃料加工业 15 年间 SO_2排放量的均值为 46.99 万吨；石油和天然气开采业 SO_2排放量的均值为 3.06 万吨；燃气生产和供应业 SO_2排放量的均值为 2.17 万吨。电力、热力的生产和供应业 SO_2排放量的均值是燃气生产和供应业 SO_2排放量的均值的 53.75 倍，远远高于其他行业 SO_2排放量。从总趋势上看，电力、热力的生产和供应业 SO_2排放量波动幅度较大。其他行业基本保持稳定。

表 5－13　　能源产业 SO_2排放量　　单位：万吨

行业／年份	煤炭开采和洗选业	石油和天然气开采业	石油加工、炼焦及核燃料加工业	电力、热力的生产和供应业	燃气生产和供应业
1996	18.30	3.38	13.83	729.52	1.83
1997	17.22	3.17	18.90	787.26	1.97
1998	17.50	3.23	28.13	694.85	1.74

续表

年份 \ 行业	煤炭开采和洗选业	石油和天然气开采业	石油加工、炼焦及核燃料加工业	电力、热力的生产和供应业	燃气生产和供应业
1999	14.15	2.61	32.21	635.65	1.59
2000	14.13	2.61	37.50	705.25	1.77
2001	17.77	3.22	34.43	725.54	2.66
2002	18.60	3.31	37.30	750.09	2.46
2003	15.52	2.35	44.21	861.95	2.86
2004	15.21	2.49	67.99	994.86	1.94
2005	21.00	3.20	70.90	1 167.20	1.90
2006	14.50	3.00	66.10	1 204.10	2.10
2007	17.53	3.04	65.44	1 147.12	2.59
2008	14.87	3.14	62.92	1 059.94	2.82
2009	14.99	3.53	61.42	932.99	2.33
2010	16.03	3.56	63.53	899.79	2.01
均值	16.49	3.06	46.99	886.41	2.17

资料来源：根据 1997—2011 年《中国环境统计年鉴》《中国统计年鉴》有关资料整理。

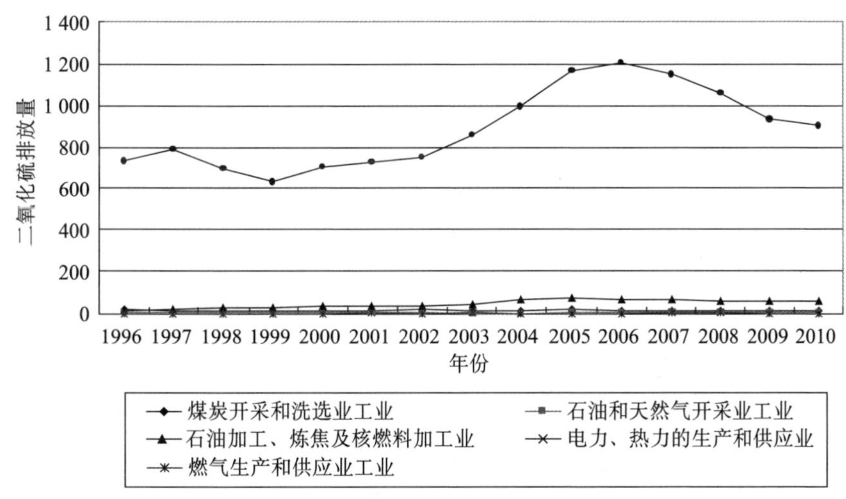

图 5－13　能源产业 SO_2 排放量变化趋势

（3）固体废物排放量。

从描述数据统计表 5－14、图 5－14 中所示，在能源产业的五个行业中，煤炭开采和洗选业固体废物排放量最大，其次是电力、热力的生产和供应业、石油加工、炼焦及核燃料加工业。其中，煤炭开采和洗选业 15 年间固体废物排放量的均值为 796.82 万吨；电力、热力的生产和供应业固体废物排放量的均值为 62.93 万吨，远远高于其他行业固体废物排放量。从总趋势上看，煤炭开采和洗选业固体废物排放量呈明显的下降趋势，其他行业基本保持稳定。

表 5－14　　　　能源产业固体废物排放量　　　　单位：万吨

年份＼行业	煤炭开采和洗选业	石油和天然气开采业	石油加工、炼焦及核燃料加工业	电力、热力的生产和供应业	燃气生产和供应业
1996	443.13	1.90	13.00	102.01	1.11
1997	997.46	4.28	66.00	66.70	0.73
1998	3 331.57	14.31	20.00	55.91	0.61
1999	1 701.55	7.31	17.00	39.24	0.43
2000	1 428.29	6.13	20.00	47.08	0.51
2001	619.00	3.00	108.00	90.00	4.00
2002	562.00	2.00	74.00	56.00	1.00
2003	532.00	1.90	111.00	73.00	0.20
2004	461.39	2.13	81.71	53.49	0.15
2005	444.00	1.00	53.00	49.00	0.14
2006	374.15	10.74	37.48	54.78	0.13
2007	361.75	0.08	53.37	71.66	0.52
2008	247.00	0.05	51.00	95.00	0.05
2009	261.35	0.03	2.89	45.17	0.01
2010	187.73	0.04	2.36	44.86	0.03
均值	796.82	3.66	47.39	62.93	0.64

资料来源：根据 1997—2011 年《中国环境统计年鉴》《中国统计年鉴》有关资料整理。

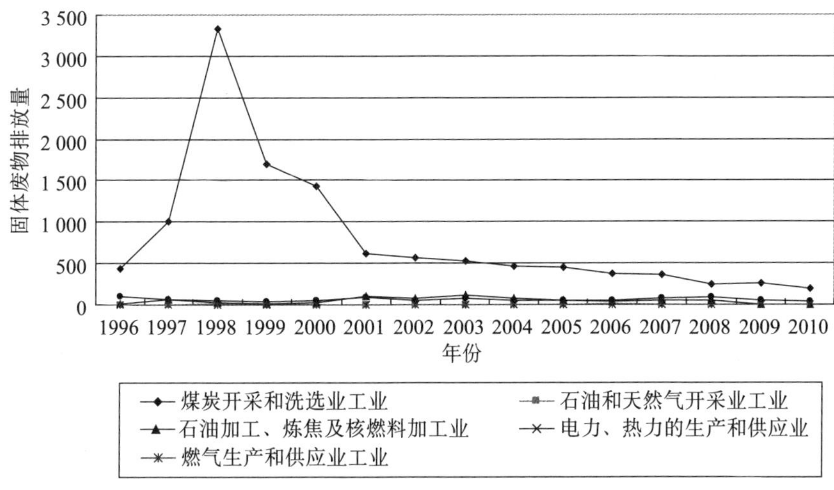

图 5－14　能源产业固体废物排放量变化趋势

2. 解释变量数据

（1）能源产业环境规制强度：该指标值已经在上文进行了测算，具体数值见表 5－8。

（2）市场集中度指标（HF）：本书借用涂正革（2006）①计算过的规模以上工业企业有关数据，计算了 1996—2002 年能源产业中石油和天然气开采业；石油加工、炼焦及核燃料加工业；电力、热力的生产和供应业；燃气生产和供应业五个行业赫芬达尔指数，计算公式为：

$$HF = \sum (share_{jti})^2$$

这里，$share_{jti}$表示行业 j 中，在年度 j、前 i 为（i = top1 － top10）企业的市场份额，由于只有 1996—2002 年的能源产业集中度的计算数据，2003—2010 年的数据则根据之前的数据估算出，具体数据见表 5－15：

（3）专利申请数量（patnum）：2004 年以前《中国科技统计年鉴》只有大中型企业的专利申请数相关数据，由于大中型企业与规模以上工业企业之间存在较大的相关性。根据 2004 年能源产业分行业规模以上企业和大中型企业的专利技术申请数数值计算，二者之间的相关性都在 0.99 以上，见表 5－16。因此 1996—2003 年的相关数据以 2004 年大中型企业和规模以

① 涂正革．中国大中型企业生产效率与技术效率的随机前沿模型分析［D］．华中科技大学博士论文，2006.

表 5－15　　样本产业市场集中度　　单位：%

行业 年份	煤炭开采和洗选业	石油和天然气开采业	石油加工、炼焦及核燃料加工业	电力、热力的生产和供应业	燃气生产和供应业
1996	0.0073	0.1715	0.0388	0.0011	0.0517
1997	0.0063	0.1725	0.0348	0.0021	0.0574
1998	0.0054	0.1211	0.0197	0.0019	0.0545
1999	0.0057	0.1273	0.0195	0.0025	0.0199
2000	0.0067	0.1246	0.0171	0.002	0.0125
2001	0.0078	0.1141	0.0137	0.0034	0.0294
2002	0.0069	0.103	0.0135	0.0023	0.0141
2003	0.0068	0.105	0.0133	0.0023	0.0132
2004	0.0059	0.1032	0.0134	0.0022	0.0295
2005	0.0067	0.1033	0.0132	0.0021	0.0292
2006	0.0069	0.1042	0.0131	0.0021	0.0296
2007	0.0068	0.105	0.0128	0.0018	0.0293
2008	0.007	0.1032	0.013	0.002	0.0297
2009	0.0072	0.1035	0.0131	0.0017	0.0299
2010	0.0073	0.1036	0.0133	0.0016	0.0298

资料来源：根据涂正革计算的有关数据计算整理。

表 5－16　　2004 年样本产业规模以上企业与大中型企业专利技术申请数的相关性

行业 类别	煤炭开采和洗选业	石油和天然气开采业	石油加工、炼焦及核燃料加工业	电力、热力的生产和供应业	燃气生产和供应业	相似性
大中型企业	555 207	474 379	338 583	398 848	31 184	0.99
规模以上企业	561 247	484 904	358 700	463 369	31 605	

资料来源：根据 2004 年《中国科技统计年鉴》有关数据计算整理。

上企业的数据比例值作为依据，利用《中国科技统计年鉴》中的大中型工业企业的专利申请数量数据，计算出 1996—2003 年的规模以上企业的专利申请数量。1996—2010 年的专利申请数则采用规模以上工业企业的实际数据，具体数值见表 5 - 17。

表 5 - 17　　样本产业专利技术申请数　　单位：项

年份＼行业	煤炭开采和洗选业	石油和天然气开采业工业	石油加工、炼焦及核燃料加工业	电力、热力的生产和供应业	燃气生产和供应业
1996	12 206	133	2 612	12 644	407
1997	11 526	83	2 356	12 164	361
1998	3 202	76	1 052	4 994	291
1999	2 795	75	988	4 941	295
2000	2 666	82	993	4 825	300
2001	2 603	90	1 027	4 873	320
2002	2 812	84	1 144	4 946	329
2003	3 139	112	1 323	4 998	352
2004	3 624	125	1 536	4 971	382
2005	5 787	174	1 990	5 527	484
2006	6 797	175	2 160	5 731	526
2007	7 537	184	2 149	5 565	591
2008	9 212	299	2 416	6 242	856
2009	8 798	323	2 337	6 332	909
2010	9 016	310	2 324	6 558	970

资料来源：根据 1997—2011 年《中国科技统计年鉴》有关数据计算整理。

3. 数据描述性统计（见表 5 - 18）

表 5 - 18　　描述统计表

统计量	WW	SO_2	WR	ER	HF	PA
Mean	67 249. 16	118. 9529	182. 2882	8. 644154	0. 034872	440. 6933
Maximum	251 565	787. 2555	3 331. 566	66. 99929	0. 1725	3 058
Minimum	1 931	1. 53	0. 01	0. 202331	0. 0011	2
Std. Dev.	72 744. 88	234. 4493	474. 7383	13. 63349	0. 044631	583. 6404

观察表 5 - 18 可以得出以下结论：

能源产业各行业市场集中度的统计变量，其相差最小，最高为 0. 1725，最低为 0. 0011，而能源产业该指标的平均水平为 0. 0349。各行业环境污染水平存在较大差异，废水排放量最高值为 251 565，最小值为 1 931；SO_2排放量的最高值为 787.2555，最小值为 1.53，均值为 118.9529；固体废物排放量的平均水平为 182.2882，其排放量从 0.01 到 3 331.566 不等。环境规制政策实施强度的统计变量，最高为 66.9993，最低为 0.2023；专利技术申请数的统计变量，最高为 3 058，最低为 2，相差较大。

（三）实证分析结果

考虑到能源产业各行业“三废”排放对环境规制强度的反映存在一定的滞后性，因此本书在滞后一期[①]的情况下考察环境规制强度对能源产业各行业“三废”排放的影响。同时，本书希望截距项能够反映一定的个体特征，截距项和各解释变量之间存在一定的相关性，从定性的角度来说，选择固定效应更适合本书模型的估计。本书使用 Eviews 6.0 对变截距面板数据进行加权的 GLS 估计，进行 Hausman 检验，检验结果表明固定效应模型优于随机效应模型，回归结果见表 5－19、表 5－20。

表 5－19　　环境效应模型 1 实证检验结果

		C	lnY（－1）	lnER（－1）	lnHF	A－R^2	F 值	D. W. 值
WW	系数	4.56***	0.59***	0.017*	0.08*	0.997	4230.23	1.8
	t 值	4.29	5.53	1.9	1.99		0.0000	
SO_2	系数	0.714**	0.71***	－0.03*	0.01	0.998	6654.91	2.05
	t 值	2.25	6.49	－1.83	0.11		0.0000	
WR	系数	2.57*	0.63***	－0.14**	0.38	0.95	156.5	1.907
	t 值	1.78	5.75	－2.08	1.04		0.0000	

注：图表中***表示在 1% 水平上显著，**表示在 5% 水平上显著，* 表示在 10% 水平上显著。无 * 表示未通过检验。有滞后变量时，DW 检验无效，没有通过 DW 值判断自相关。

表 5－20　　环境效应模型 2 实证检验结果

		C	lnY（－1）	lnER（－1）	lnPA	A－R^2	F 值	D. W. 值
WW	系数	5.6***	0.47***	0.05***	－0.04***	0.997	4 413.86	1.67
	t 值	5.05	4.5	3.06	－2.73		0.0000	

① 通过计算发现，在即期情况下回归结果与滞后 1 期回归结果相比，并没有实质上的变化。同时，基于自由度的考虑，本书未进行滞后 2 期及以上的情况。

续表

		C	lnY（-1）	lnER（-1）	lnPA	A-R^2	F 值	D.W. 值
SO_2	系数	1.52***	0.59***	0.052**	-0.13***	0.998	5 127.85	1.9
	t 值	5.04	6.05	2.1	-4.86		0.0000	
WR	系数	2.97***	0.48***	0.02	-0.34***	0.95	180.08	1.79
	t 值	4.13	4.58	0.14	-2.69		0.0000	

注：图表中***表示在1%水平上显著，**表示在5%水平上显著，*表示在10%水平上显著。无*表示未通过检验。有滞后变量时，DW 检验无效，没有通过 DW 值判断自相关。

根据上述估计结果，可以得出以下结论：

（1）显著性检验。

从表 5-19 可以看出，环境效应模型 1 中的三个解释变量的系数除了市场集中度对 SO_2 排放量和固体废物排量的影响没有通过显著性检验外，其他解释变量都通过了显著性检验。

从表 5-20 可以看出，环境效应模型 2 中的三个解释变量的系数除环境规制强度对固体废物排量的影响没有通过显著性检验外，其他解释变量都通过了显著性检验。

（2）拟合度检验。

模型整体拟合度较高，模型 1 和模型 2 的 R^2 都在 0.95 以上，说明模型整体解释能力较强。由于本书采用了固定效应的面板数据模型进行估计，一些没有包含在模型中可能对环境效应有影响的因素，通过固定效应截距反映。因此，模型的整体拟合度较高。

（3）环境质量的一阶滞后项对环境效应的影响。

从表 5-19 和表 5-20 可以看出，环境质量的一阶滞后项系数分别为 0.59、0.71、0.63 和 0.47、0.59、0.48 且在 1% 的水平上显著。这说明环境污染确实存在一定的持续性，前期排放量会影响当期的污染排放量，上一期环境污染与下一期的污染排放量显著正相关，环境质量存在路径依赖现象，进一步这也证明了考虑变量的动态调整是合理的。

（4）环境规制政策实施强度对环境效应的影响。

从表 5-19 可以看出，环境规制强度对废水排放量影响估计系数为正，对 SO_2 排放量和固体废物排量的影响估计系数为负，这证明政府的环境规制政策能够在一定程度上抑制了 SO_2 和固体废物的排量。表明我国能源产业的环境规制政策即“命令与控制”型环境规制政策工具和“基于市场”型环境规制政策工具对环境质量的改善均起到积极作用。另外，从表 5 - 19 可知，环境规制强度在对 SO_2 和固体废物的排量影响时，lnER（-1）的估计系数分别为：-0.03 和 -0.14 且分别在 1% 和 5% 的水平上显著，即能源产业环境规制政策实施强度每提高 1%，SO_2 和固体废物的排量下降 0.03% 和 0.14%。说明我国能源产业环境规制政策对改善环境质量的作用正逐渐凸显。虽然我国环境规制政策在一定程度上抑制了 SO_2 和固体废物的排量，但我们也应注意到我国能源产业环境规制政策效应远远不如美国、加拿大等发达国家（在美国和加拿大环境规制政策对污染物的减少程度分别达到 28% 和 20%）。

从表 5 - 20 可以看出，环境规制强度对废水排放量、SO_2 排放量影响为正，对固体废物排量的影响不显著，说明加入专利技术申请数指标后，环境规制强度对环境效应的影响减弱，因此，在考察环境规制强度对环境效应的影响时，应从市场结构角度进行分析。

（5）环境规制政策作用下的市场集中度对环境效应的影响。

从表 5 - 19 可以看出，市场集中度对废水排量的影响的估计系数为正，对 SO_2 和固体废物排放量的影响不显著。说明随着能源产业环境规制政策的加强，行业市场集中度增加，留在市场中的大企业虽能自觉地遵守政府的政策要求，采取相应的环境保护措施，但最终的效果没有达到治理污染的目的。造成这一现象的主要原因是，虽然我国对污染严重的煤炭、炼焦、火力发电等产业实行了较为严格的环境规制标准和准入政策，但从能源产业整体来看，国家制定的环境规制标准的严格性不足以对污染物排放量起到降低作用。

（6）环境规制政策作用下的专利技术申请数对环境效应的影响。

从表 5 - 20 可以看出，企业专利技术申请数对废水、SO_2 和固体废物排放量的影响的估计系数为负，即企业技术创新对环境效益的提高有正影响。这验证了本书在能源产业环境规制政策效应作用机理中的分析。随着政府对能源产业环境规制政策的加强，环境规制政策对企业进行污染治理技术创新具有一定的促进作用，具体表现为专利技术申请数目增多，当这些专利技术中污染治理技术投入应用时会对环境的改善有正效应。

5.3.2　能源产业环境规制政策的“SH”效益分析

目前，国内外学者对环境规制政策效应进行分析时，主要从环境效益提高及经济效益提高两个角度进行，鲜有学者从“SH”效益提高角度对环境规制政策效应进行分析。因此，本书对已有的计量模型进行修正，结合上文我国能源产业环境规制政策的作用机理，利用 2001—2010 年数据进行实证研究，分析我国能源产业环境规制政策的实施是否达到了环境规制政策的“SH”效益目标。

（一）变量选择和模型设定

1. 变量选择

（1）被解释变量的选择。

选取职业病数。

（2）解释变量。

能源产业环境规制强度指标、反映市场结构的指标（市场集中度）、反映市场行为的指标（专利技术申请数）。

2. 模型设定

本书采用固定效应的面板数据模型（Panel data model with fixed effect）考察政府实施能源产业环境规制政策的“SH”效益问题。将职业病数量看作是衡量“SH”效益提高或降低的标准，包括环境规制强度作为对环境效益影响的重要因素，因此被解释变量是职业病数量，解释变量是环境规制强度。此外，还有许多其他因素可能影响环境效益的提高。根据上文对 SCP 框架理论的分析，市场集中度、专利技术申请数在能源产业环境规制政策执行过程中都会对“SH”效益产生影响。所以，为控制这些可能影响“SH”效益因素，我们将市场集中度、专利技术申请数作为控制变量，包含在模型当中。为了便于比较，所有变量均采用对数形式。基本计量方程为：

$$\ln SH_{it} = c + a_1 \ln ER_{it} + a_2 \ln ER_{i,t-1} + a_3 \ln HF_{it} + a_4 \ln PA_{it} + \mu_{it} \tag{5.6}$$

在式（5.6）中，SH_{it}代表能源产业中 i 行业 t 年的健康安全质量，ER_{it}代表能源产业中 i 行业 t 年的环境规制的强度；μ_{it}为误差项，它包括 η_{it}和

ν_{it}（随机扰动项，假设与解释变量无关）。由于环境规制政策存在着滞后性，因此本书考虑在滞后一期的情况下考察环境规制强度对环境质量的影响。并且在方程（5.6）中加入了市场集中度（HF）代表市场结构的指标，加入了专利技术申请数（PA）代表市场行为的指标。

（二）样本、数据来源及处理

本书研究的对象是能源产业中的煤炭开采和洗选业；石油和天然气开采业；石油加工、炼焦及核燃料加工业；电力、热力的生产和供应业；燃气生产和供应业五个行业。但在收集健康安全相关数据时，所参考的《中国卫生统计年鉴》的统计口径与《国民经济行业分类与代码》（GB/T4754－2002）中的统计口径不完全一致，《中国卫生统计年鉴》中的行业分类包括能源产业中的煤炭行业、石油和天然气行业、石化工业、核工业、电力行业。在对这五个行业具体分析的基础上，将其整合成煤炭行业、石油和天然气行业、石化和核工业、电力行业这四个行业对应《国民经济行业分类与代码》（GB/T4754－2002）中石油和天然气开采业；石油加工、炼焦及核燃料加工业；电力、热力的生产和供应业。因此，在对能源产业“SH”效应进行分析时，所涉及的样本为煤炭行业、石油和天然气行业、石化和核工业、电力行业。选择的时间样本是从2001—2010年。模型中所用数据都来自于《中国卫生统计年鉴》《全国卫生统计年报》的相关数据。“SH”表示健康安全质量，本书以职业病数量衡量健康安全质量。解释变量包括环境规制的强度、市场集中度、专利申请数，具体估算结果如下：

1. 被解释变量数据

本书被解释变量采取《中国卫生统计年鉴》《全国卫生统计年报》中所涉及的职业病数量数据。在2007年以前统计年鉴中有明确职业病数量指标，2007年以后该指标改为疑似职业病数量，本书将该指标作为职业病数量的替代指标。从表5－21中可以看出，煤炭行业职业病数量人数最多，年均患病人数为11 295人，说明该行业对人体危害较大。其次是石化和核工业，年均患病人数为319人。从图5－15中可以观察到，煤炭行业职业病患病人数呈波动上升趋势；石油和天然气行业及石化和核工业患病人数从2006年后也有所上升，电力行业患病人数变化不大。

表 5 - 21　2001—2010 年样本产业职业病数量　单位：人

年份＼行业	煤炭行业	石油和天然气行业	石化和核工业	电力行业
2001	8 122	20	28	5
2002	8 320	18	32	8
2003	9 832	15	30	6
2004	11 932	14	27	7
2005	12 070	10	26	10
2006	14 714	32	160	3
2007	13 082	108	570	25
2008	11 498	209	959	32
2009	13 093	582	529	29
2010	10 289	340	830	5
均值	11 295	135	319	13

资料来源：根据 2002—2011 年《中国卫生统计年鉴》《全国卫生统计年报》有关资料整理。

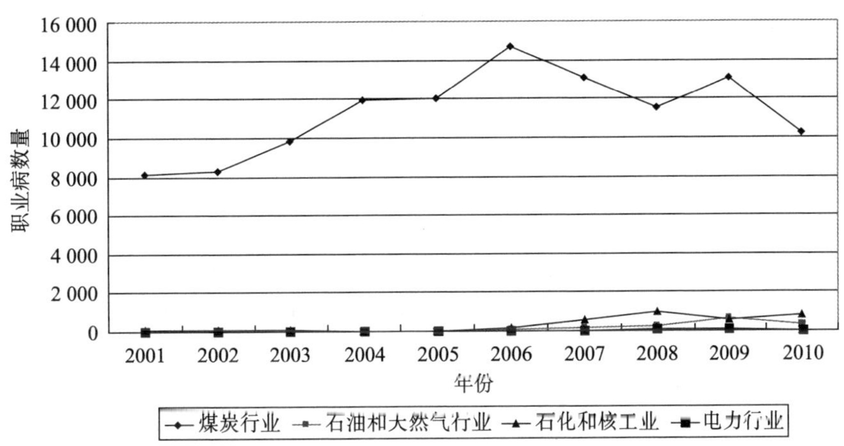

图 5 - 15　2001—2010 年样本产业职业病数量变化趋势

2. 解释变量数据

(1) 能源产业环境规制强度：该指标值已经在上文进行了测算，具体数值参见表 5 - 8，煤炭开采和洗选业、石油和天然气开采业工业、石油加工、炼焦及核燃料加工业、电力、热力的生产和供应业，2001—2010 年相关数据。

（2）市场集中度指标（HF）：该指标的计算方法见上文。具体数据见表5－15，煤炭开采和洗选业、石油和天然气开采业工业、石油加工、炼焦及核燃料加工业、电力、热力的生产和供应业，2001—2010年相关数据。

（3）专利申请数量（patnum）：该指标的计算方法见上文。具体数值见表5－17，煤炭开采和洗选业、石油和天然气开采业工业、石油加工、炼焦及核燃料加工业、电力、热力的生产和供应业，2001—2010年相关数据。

3. 数据描述性统计

表5－22　　描述统计表

统计量	SH	ER	HF	PA
Mean	2 940.525	13.5438	0.031783	702.475
Maximum	14 714	66.99929	0.1141	3 058
Minimum	3	0.381597	0.0016	137
Std. Dev.	4 997.281	17.03703	0.042917	688.6316

观察表5－22可以得出以下结论：

能源产业各行业市场集中度的统计变量，其相差最小，最高为0.1141，最低为0.0016，而能源产业平均水平为0.0318。各行业职业病数量存在较大差异，最高值为14 714，最小值为3。环境规制政策实施强度的统计变量的平均水平为13.5438，其指标值从0.3816到66.9993不等。专利技术申请数的统计变量，最高为3 058，最低为137，相差较大。

（三）实证分析结果

考虑到能源产业各行业职业病数量对环境规制政策实施强度的反映存在一定的滞后性，因此本书在滞后一期的情况下考察环境规制实施强度对能源产业各行业职业病数量的影响。同时，本书希望截距项能够放映一定的个体特征，截距项和各解释变量之间存在一定的相关性，从定性的角度来说，当横截面的单位是总体单位时，即个体样本之间的差异可以被看作是回归的参数变动时，通常采用固定效应模型，反之则采用随机效应模型。我们研究的目的是仅以样本自身效应为条件进行推论，而非推断更广范围的总体效应，所以宜采用固定效应的面板数据模型。本书使用 Eviews 6.0 软件中的 Balanced Panel 模型进行回归，在估计之前进行 Hausman 检验，检验结果表明应以固定效应模型估计参数，回归结果见表 5 - 23。

表 5 - 23　　“SH”效应模型实证检验结果

		C	lnER	lnER（-1）	lnHF	lnPA	A - R^2	F 值	D. W. 值
SH	系数	-16.14***	1.13***	-0.98**	-3.74***	0.68***	0.96	102.67	1.61
	t 值	-2.92	2.82	-2.49	-3.32	3.8		0.0000	

注：图表中***表示在 1% 水平上显著，**表示在 5% 水平上显著，* 表示在 10% 水平上显著。无 * 表示未通过检验。

根据上述估计结果，可以得出以下结论：

（1）显著性检验。

从表 5 - 23 可以看出，“SH”效应模型中的四个解释变量的系数都有通过显著性检验，并且 F 检验也通过了 1% 的显著性检验，说明所选择自变量对因变量的解释力度较好。模型中 D. W. 通过显著性检验，说明模型中不存在自相关问题。

（2）环境规制政策实施强度对“SH”效应的影响。

从表 5 - 23 可以看出，lnER 估计系数显著为正，lnER（-1）估计系数显著为负，表明在短期我国能源产业的环境规制政策即“命令与控制”型环境规制政策工具和“基于市场”型环境规制政策工具对健康安全质量的改善没有起到积极作用，而从长期看，随着环境规制政策实施强度的增加行业健康安全质量将得到改善。因此，从长期看环境规制政策实施强度对“SH”效益的提高有正影响，即产生正效应。

（3）环境规制政策作用下的市场集中度对“SH”效应的影响。

从表 5 - 23 可以看出，市场集中度对职业病数量影响为负，即随着能源企业市场集中的加强，行业内从业人员职业病人数将降低，这与我们在 SCP 框架中分析的结果一致。主要原因是，随着政府环境规制政策的加强，污染严重的小企业被迫退出市场，市场集中度加强，而留在市场中的大企业能自觉地遵守政府的政策要求，采取相应的环境保护措施，工作环境得到改善，因此，从业人员患病人数会随着环境污染的治理而减少。

（4）环境规制政策作用下的专利技术申请数对“SH”效应的影响。

从表5-23可以看出，专利技术申请数系数显著为正。这主要是由于现阶段政府的环境规制政策加强对产业技术创新有一定的促进作用，但企业所采取的技术创新主要是生产技术创新，生产技术创新的提高主要目的是提高产出和利润。因此，在过分强调产出和利润时，往往会对从业人员的健康和安全产生负面影响。但当政府的环境规制政策实施强度的增强，企业更多的采取污染治理技术创新时，必然会对从业人员的健康安全产生正的影响。

5.3.3 能源产业环境规制政策的经济效益分析

通过上一章分析，“创新补偿”效应的大小是实现环境规制政策经济效应目标的关键。能否实现环境规制政策的经济效应目标主要取决于环境规制政策的实施是否促进企业的生产技术进步的提高。国内外学者对环境规制政策与经济增长关系问题进行了研究。现有文献主要集中于验证环境规制政策对企业生产率和成本的影响（Jaffe et al. & Dean et al.，2000；Shadbegian et al.，2005；王兵等，2008；Fleishman et al.，2009；张成等，2010）；环境规制政策对生产技术创新和污染治理技术创新的影响（Lanjouw & Mondy，1996；Jaffe & Palmer，1997；Brunnermeier & Cohen，2003；Hamamoto，2006；Arimura Toshi & Sugino，2007；赵红，2007；李强、聂锐，2009；张成，2011；张中元、赵国庆 2012）。在国内外各学者对该问题的研究中，由于指标选取的不同，所获得的最终结果也不同，但绝大多数学者认为环境规制政策会给技术创新带来正的影响。这种正的影响是通过短期和长期对比的结果，从短期看，环境规制政策的“创新补偿”效应需要一定时间来实现，该效应往往滞后于“遵循成本”产生的负面影响。因此，从长期看环境规制政策对企业的技术创新会有促进作用。本书根据前文所设计的环境规制政策效应评价指标体系中经济效益指标的内容，结合能源产业的特点，选取全要素生产率、技术进步、技术效率指标作为评价能源产业经济效益的指标。

（一）变量选择和模型设定

1. 变量选择

（1）被解释变量的选择。

全要素生产率（TFP）是产出增长扣除各种生产要素投入增长后的余值，即索洛余值。全要素生产率（TFP）可以分解为：技术进步指数（TEC）、纯技术效率指数（PECH）、规模效率指数（SECH）和技术规模指数（EFFCH）。而纯技术效率指数和规模效率指数通过加总可以合并为技术效率指数（PS）。

因此，本书分别以能源产业全要素生产率指数（TFP）、技术进步指数（TEC）、技术效率指数（PS）为被解释变量，以前文所估算环境规制强度为解释变量，建立面板数据模型对环境规制政策效应和能源产业全要素生产率及其分解项的关系进行检验，以此验证波特假说的存在并考察环境规制政策对技术进步的影响。

（2）解释变量。

①能源产业环境规制政策实施强度指标。该指标在前文已经进行了解释。

②反映市场结构的指标。被解释变量主要是从 SCP 框架中选取对“SH”效益产生影响的指标。通过上文分析，在 SCP 框架中对能源产业经济效益产生影响的主要要素有：市场集中度。

③反映市场行为的指标。通过上文分析，在 SCP 框架中对能源产业经济效益产生影响的主要要素有：专利技术申请数。

2. 模型设定

在借鉴环境库兹涅茨曲线的分析方法即环境污染和经济增长时采用的二次曲线分析方法，并在考虑相关控制变量的基础上，设定以下三个面板数据模型：

$$TFP_{it} = a_0 + a_1 ER_{it-1} + a_2 ER_{it-1}^2 + a_3 HF_{it} + a_4 PA_{it} + \varepsilon_{it} \tag{5.7}$$

$$TEC_{it} = a_0 + a_1 ER_{it-1} + a_2 ER_{it-1}^2 + a_3 HF_{it} + a_4 PA_{it} + \varepsilon_{it} \tag{5.8}$$

$$PS_{it} = a_0 + a_1 ER_{it-1} + a_2 ER_{it-1}^2 + a_3 HF_{it} + a_4 PA_{it} + \varepsilon_{it} \tag{5.9}$$

其中 $i=1, 2, \cdots, 5$ 表示 5 个分行业，t 表示年份，ε_{it} 为随机扰动项。由于环境规制政策存在着滞后性，因此本书考虑在滞后一期的情况下考察环境规制强度对全要素生产率（*TFP*）、技术进步指数（*TEC*）、技术效率指数（*PS*）的影响。与此同时，在方程中加入了市场集中度（*HF*）代表市场结构的指标，加入了专利技术申请数（*PA*）代表市场行为的指标。

（二）样本、数据来源及处理

样本数据来源于1997—2011年的《中国统计年鉴》《中国环境统计年鉴》《中国环境统计年报》《中国工业经济统计年鉴》《中国经济普查年鉴》。其中，2005《中国统计年鉴》和2009《中国统计年鉴》中缺少工业增加值，因此本书采用线性插值方法补齐。本书以全要素生产率（TFP）、技术进步指数（TEC）、技术效率指数（PS）衡量经济效益。解释变量包括环境规制的强度、市场集中度、专利申请数，具体估算结果如下：

1. 被解释变量数据

（1）测算方法。

本书采用数据包络分析（Data Envelopment Analysis，DEA）的曼奎斯特（Malmquist）生产率指数方法测算出我国能源产业5个行业的全要素生产率、技术进步指数和技术效率指数。DEA—Malmquist 指数是由瑞典经济学家和统计学家 Malmquist 于1953年提出来的，用来分析不同时期的消费变化。但直到1994年，RolfFare 等将其用于考察全要素生产率，进而应用 Shephard 距离函数（Distance Function）将全要素生产率分解为技术变动（Technical Change，TC）与效率变化（Technical Efficiency Change，TE），才让这一指数得以广泛应用，目前这种方法已成为现代生产率问题研究中一个重要方法。随着 Malmquist 指数的不断完善，其原理可以用下面的公式说明：

在假定每个行业为一个决策单位的前提下，用（x^t，y^t）和（x^{t+1}，y^{t+1}）分别表示某一行业在 t 时期和 $t+1$ 时期的投入产出量，借鉴 Fare et al.（1994）的方法，基于投入的全要素生产率可以用曼奎斯特生产率指数表示为：

$$M_I^t = D_i^t(x^t, y^t) / D_i^t(x^{t+1}, y^{t+1})$$

$$M_I^{t+1} = D_i^{t+1}(x^t, y^t) / D_i^t(x^{t+1}, y^{t+1})$$

这两个指数分别测度了在 t 时期和 $t+1$ 时期的技术条件下，从 t 期到 $t+1$ 期的全要素生产率的变化程度。这里的 D_i^t（x^t，y^t）是混合距离函数，它是技术效率的倒数。为了避免因时期选择不同而造成的影响，可以使用两个曼奎斯特生产率指数的几何平均值来表示。因此，全要素生产率从 t 期和 $t+1$ 期的变化程度可以用曼奎斯特生产率指数表示为：

$$M_I^{t+1}(x^t, y^t, x^{t+1}, y^{t+1}) = \left\{\frac{D_i^{t+1}(x^{t+1}, y^{t+1})}{D_i^t(x^{t+1}, y^{t+1})} \times \frac{D_i^{t+1}(x^t, y^t)}{D_i^t(x^t, y^t)}\right\}^{\frac{1}{2}}$$

曼奎斯特生产率指数可以分解为技术效率的变化（EFFCH）和技术进步的变化（TECH），其定义如下：

$$M_I^{t+1}(x^{t+1}, y^{t+1}, x^t, y^t) = \text{TECH}(x^t, y^t, x^{t+1}, y^{t+1}) \times \text{EFFCH}(x^t, y^t, x^{t+1}, y^{t+1})$$

$$\text{EFFCH}_i^{t+1}(x^t, y^t, x^{t+1}, y^{t+1}) = \frac{D_i^t(x^t, y^t/VRS)}{D_i^{t+1}(x^{t+1}, y^{t+1}/VRS)}$$

$$\text{SECH}_i^{t+1}(x^t, y^t, x^{t+1}, y^{t+1}) = \frac{D_i^{t+1}(x^{t+1}, y^{t+1}/VRS)}{D_i^{t+1}(x^{t+1}, y^{t+1}/CRS)} \times \frac{D_i^t(x^t, y^t/CRS)}{D_i^t(x^t, y^t/VRS)}$$

因此，曼奎斯特生产率指数，也就是全要素生产率就可以分解成为技术进步的变化（TECH）、纯技术效率的变化（PECH）和规模效率的变动（SECH）三个部分，即：

$$\text{TEPCH} = \text{TECH}(x^t, y^t, x^{t+1}, y^{t+1}) \times \text{EFFCH}(x^t, y^t, x^{t+1}, y^{t+1}) \times \text{SECH}(x^t, y^t, x^{t+1}, y^{t+1})$$

其中，TEPCH、TECH、PECH 和 SECH 的值大于 1，分别表示从 t 期到 $t+1$ 期，全要素生产率增长、技术进步、纯技术效率改善和规模经济，反之则反是。

（2）数据说明。

本书采用中国能源产业中煤炭开采和洗选业；石油和天然气开采业；石油加工、炼焦及核燃料加工业；电力、热力的生产和供应业；燃气生产和供应业各行业 1996—2010 年的面板数据为实证研究样本，采用的数据是根据 1997—2011 年的《中国统计年鉴》《中国环境统计年鉴》《中国环境统计年报》《中国工业经济统计年鉴》《中国经济普查年鉴》整理和计算而得。在通过曼奎斯特（Malmquist）生产率指数计算出我国能源产业中煤炭开采和洗选业；石油和天然气开采业；石油加工、炼焦及核燃料加工业；电力、热力的生产和供应业；燃气生产和供应业各行业 1996—2010 年的生产技术进步率的具体数值。在运用 DEAP 2.1 软件进行计算时，要对能源产业各行业投入和产出数据行进处理。具体核算如下：

①工业总产值。由于本书研究能源要素作为中间产品的投入，因此本书产出指标选取的是工业总产值指标。根据 1997—2011 年《中国统计年

鉴》分行业规模以上工业总产值数据，找出能源产业中煤炭开采和洗选业；石油和天然气开采业；石油加工、炼焦及核燃料加工业；电力、热力的生产和供应业；燃气生产和供应业各行业总产值数据，但从 2004 年开始，《中国统计年鉴》不再提供不变价的工业总产值，直接给出工业总产值（当年价）数据。为了得出工业总产值真实值，需要排除各年变动因素。因此为得到 1990 年不变价的工业总产值，本书利用《2011 年中国城市（镇）生活与价格年鉴》提供的 1990—2010 年分行业工业品出厂价格指数（上年 =100），对各年能源产业各行业工业总产值进行缩减，最终得出工业总产值为 1990 年不变价工业总产值。

②资本存量。曼奎斯特（Malmquist）生产率指数计算中另一个重要的投入要素是资本存量，但资本存量的计算由于各种统计年鉴中没有给出具体数据，因而需要进行估算。有的学者利用固定资产原值和固定资产净值来代替资本存量的方法。但这种做法不科学，因为两者是由不同年份不同当年价水平的投资品价值加总而来。本书借鉴，国内学者邹至庄（1993），黄勇峰、任若恩、刘晓生（2002），张军、章元（2003），单豪杰（2008），陈诗一（2009）等使用的永续盘存法，对能源产业各行业 15 年的资本存量进行估算，其基本公式为：

$$K_t = I_t + (1 - \delta_t) K_{t-1}$$

其中 K 代表资本存量，I 为可比价新增固定资产投资，δ 为折旧率，t 和 $t-1$ 分别代表当期和前期。从上述公式可以看出，资本存量的计算依赖于四个问题：基年资本存量的确定、当年的投资、固定资产投资价格指数、折旧率。

③劳动投入。在考虑劳动投入数据时，应考虑劳动者劳动时间、劳动者劳动效率的统计指标。但由于统计年鉴中没有给出这两个指标的具体数据，因而本书将 1997—2011 年《中国统计年鉴》中各工业行业职工平均人数作为各个行业的劳动投入数据。

（3）测算结果。

在选择好相关指标和数据的基础上，本书结合前文的 Malmquist 生产率指数的计算规则，拟从投入和产出角度出发，运用 DEAP 2.1 软件进行测算，投入指标为人力资本与资本存量数据，产出指标为能源产业行业 GDP 的全要素生产率。其中 1996—2010 年行业全要素生产率平均值及其分解情况详见表 5－24。同时由于篇幅所限，本书在此未列出各行业全要素生产率的数值及其对应的分解数值。

表 5－24　1996—2010 年能源产业行业全要素生产率平均情况及其分解

行　业	effch	techch	pech	sech	tfpch
煤炭开采和洗选业	1. 004	0. 905	1. 000	1. 004	0. 909
石油和天然气开采业	0. 998	0. 960	1. 000	0. 998	0. 959
石油加工、炼焦及核燃料加工业	0. 995	0. 999	1. 000	0. 995	0. 995
电力、热力的生产和供应业	0. 993	1. 015	0. 999	0. 994	1. 008
燃气生产和供应业	0. 993	1. 063	1. 000	0. 993	1. 055
均　值	0. 997	0. 987	1. 000	0. 997	0. 984

资料来源：根据 1997—2011 年《中国统计年鉴》有关数据计算整理。

由表 5－24 中可知，中国能源产业各行业 1996—2010 年平均全要素生产率不但没有呈现出随时间而增加的趋势，相反却呈现出下降态势。由全要素生产率构成看，产生这种结果是由于多个指标相互作用的结果。具体地，从全要素生产率的分解来看，综合效率（effch）和技术进步率（techch）的共同作用导致多数行业平均全要素生产率的下降，在综合效率中，纯技术效率（pech）和规模效率（sech）的共同作用影响着综合效率的变化。

同样，由表 5－25 可知，1996—2010 年各行业全要素生产率的均值大多数都小于 1，这说明多数行业全要素生产率的均值是下降的，但下降的趋势并不明显。从全要素生产率的影响因素来看，各行业各指标的综合作用及其趋势变化导致全要素生产率的变化。

表 5－25　1996—2010 年各年全要素生产率平均情况及其分解

year	effch	techch	pech	sech	tfpch
1996—1997	1. 104	1. 247	0. 978	1. 128	1. 377
1997—1998	0. 971	1. 765	1. 019	0. 953	1. 714
1998—1999	0. 983	1. 641	1. 000	0. 982	1. 612
1999—2000	1. 021	1. 223	1. 004	1. 016	1. 248
2000—2001	0. 985	1. 285	0. 930	1. 059	1. 265
2001—2002	1. 009	0. 739	1. 028	0. 982	0. 745

续表

year	effch	techch	pech	sech	tfpch
2002—2003	0. 992	1. 326	1. 043	0. 952	1. 315
2003—2004	0. 493	1. 107	0. 630	0. 783	0. 546
2004—2005	2. 192	0. 159	1. 592	1. 377	0. 348
2005—2006	0. 998	0. 868	0. 998	1. 000	0. 866
2006—2007	0. 996	0. 934	1. 003	0. 993	0. 930
2007—2008	1. 004	0. 796	1. 000	1. 004	0. 800
2008—2009	1. 000	1. 103	0. 999	1. 001	1. 102
2009—2010	0. 947	0. 966	0. 997	0. 950	0. 915
均值	0. 997	0. 987	1. 000	0. 997	0. 984

资料来源：根据 1997—2011 年《中国统计年鉴》有关数据计算整理。

2. 解释变量数据

（1）能源产业环境规制强度：该指标值已经在上文进行了测算，具体数值见表 5 - 8。

（2）市场集中度指标（HF）：该指标值已经在上文进行了测算，具体数值见表 5 - 15。

（3）专利申请数量（patnum）：该指标值已经在上文进行了测算，具体数值见表 5 - 17。

3. 数据描述性统计

表 5 - 26　　描述统计表

	TFP	TEC	PS	ER	HF	PA
Mean	1. 096173	1. 097413	1. 663387	8. 644154	0. 034872	440. 6933
Maximum	2. 056	1. 912	2. 244	66. 99929	0. 1725	3 058
Minimum	0. 152	0. 152	0. 153	0. 202331	0. 0011	2
Std. Dev.	0. 40612	0. 39689	0. 503506	13. 63349	0. 044631	583. 6404

观察表 5 - 26 可以得出以下结论：

能源产业各行业市场集中度的统计变量，其相差最小，最高为 0. 1725，最低为 0. 0011，而能源产业该指标的平均水平为 0. 0349。衡量经济效益的各指标值差距不大，最大最小值分别为：全要素生产率指数，最大值为 2. 056，最小值为 0. 152；技术进步指数，最大值为 1. 912，最小值为 0. 152；技术效率指数，最大值为 2. 244，最小值为 0. 153。环境规制政策实施强度的统计变量，最高为 66. 9993，最低为 0. 2023；专利技术申请数的统计变量，最高为 3 058，最低为 2，相差较大。

（三）实证结果分析

本书利用 Eviews 6. 0 软件中的 Balanced Panel 模型进行回归，在估计之前进行 Hausman 检验，检验结果表明应以固定效应模型估计参数，回归结果见表 5 - 27：

表 5 - 27　　经济效应模型实证检验结果

		TFP	TPT	PS
C	系数	0. 95 ***	0. 98 ***	1. 69 ***
	t 值	4. 9	5. 2	54. 87
ER（-1）	系数	-0. 046 **	-0. 06 ***	-0. 018 ***
	t 值	-2. 6	-3. 84	-4. 06
ER（-1)^2	系数	0. 0006 **	0. 0008 ***	0. 0003 ***
	t 值	2. 09	3. 05	3. 82
HF	系数	10. 24 **	10. 11 **	2. 13 ***
	t 值	2. 07	2. 1	3. 98
PA	系数	0. 00006	0. 0002	-0. 00003
	t 值	0. 37	1. 14	-1. 4
A - R^2		0. 698	0. 94	0. 79
F		5. 29	33. 8	28. 33
D. W.		2. 19	2. 1	2. 45
拐点		38. 3	37. 5	30

注：图表中***表示在 1% 水平上显著，**表示在 5% 水平上显著，* 表示在 10% 水平上显著。

（1）显著性检验。

从表 5 - 27 可以看出，经济效应模型中的四个解释变量的系数除专利技术申请数系数没有通过显著性检验，其他解释变量系数都有通过显著性检验，并且模型中 D. W. 通过显著性检验，说明模型中不存在自相关问题。

（2）环境规制政策实施强度对经济效应的影响。

环境规制强度对全要素生产率（TFP）、技术进步指数（TEC）、技术效率指数（PS）回归的一次项系数均为负，二次项系数均为正，呈“U”型特征，拐点分别为：38.3、37.5、30。除煤炭开采和洗选业突破所有“U”型拐点，电力、热力的生产和供应业突破技术效率指数“U”型拐点外，其他行业都处于拐点的左边。这一回归结果说明，从现阶段看，在1996—2010年间政府的环境规制政策的实施并没有给能源产业各行业的全要素生产率（TFP）、技术进步指数（TEC）、技术效率指数（PS）带来促进作用。具体来说，随着能源产业环境规制强度由弱变强，全要素生产率（TFP）、技术进步指数（TEC）、技术效率指数（PS）会呈现先下降后提高的“U”型特征，即能源产业环境规制政策对石油和天然气开采业；石油加工、炼焦及核燃料加工业；燃气生产和供应业各行业的经济绩效产生负的效应。

本书认为，造成这一结果的可能原因是政府采取的能源产业的环境规制政策实施强度较弱，进而引发能源企业在污染治理中的投入较少，污染治理成本在企业总成本中所占比重较小，对企业污染治理技术创新及管理技术创新没有足够的驱动力。但随着政府对能源产业环境规制政策实施强度的加大，排污成本在企业总成本中所占比重逐渐增加，企业不得不考虑通过技术创新和管理制度创新来达到节能减排的目的。从回归结果可以看出，以能源产业环境规制强度对全要素生产率、技术进步指数和技术效率指数关系呈“U”型，拐点分别在38.3、37.5、30。这说明相对于全要素生产率和技术进步指数来说，技术效率的提高能够更早的突破“U”型拐点，造成这一现象的主要原因可能是由于能源产业的技术基础比较薄弱、技术创新能力低下，企业对于环境规制强度的加强首要反映是通过管理制度创新而不是技术创新来达到节能减排的目的。

（3）环境规制政策作用下的市场集中度对经济效应的影响。

从表5-27可以看出，随着政府环境规制政策的加强，行业市场集中度得到提高，市场集中度对全要素生产率（TFP）、技术进步指数（TEC）、技术效率指数（PS）有正影响。即随着市场集中度的提高，全要素生产率（TFP）、技术进步指数（TEC）、技术效率指数（PS）会相应提高，这部分验证了有关学者（白文杨、李雨，1994；戚聿东，1998；魏后凯，

2003；赵红，2011）认为市场集中度对产业技术进步效率有一定正效应的观点。

（4）环境规制政策作用下的专利技术申请数对经济效应的影响。

从表5-27可以看出，随着政府的环境规制政策加强对产业技术创新有一定的促进作用，但增加的专利技术申请数对全要素生产率（TFP）、技术进步指数（TEC）、技术效率指数（PS）的影响不显著。主要是因为短期内专利技术很难促进生产率的提高，但从中长期看，会对生产率产生一定的促进作用。

根据我国能源产业环境规制政策效应实证分析的结果及对相关结论的分析，提出相应的政策建议：

第一，适当提高中国能源产业环境规制标准和强度。从实证分析结果可以看出，煤炭开采和洗选业已突破“U”型拐点，但能源产业的其他行业在“U”型拐点的左侧，因而随着政府对能源产业环境规制政策的重视，将进一步刺激能源企业进行生产技术创新，目的是通过生产创新补偿作用抵消甚至超过规制给经济绩效带来的不利影响。从目前看，我国能源产业环境规制政策对污染治理技术创新及生产技术创新有一定的激励作用，尽管对生产技术创新有一定的滞后期并且激励程度较小，还不足以完全补偿由于环境规制造成的“遵循成本”给经济绩效带来的不利影响。但是由环境规制政策效应所引致的“创新补偿”机制是消除规制给经济绩效带来不利影响的主要途径和方式。因此，提高环境规制标准、加强环境规制政策实施强度，将有激励企业进行技术创新进而提高经济效益。同时，环境规制政策实施强度的增加，必将提高环境效益和“SH”效益。

第二，根据能源产业的具体情况，选择能够最大程度激励生产技术创新的环境规制政策工具。虽然实证结果表明，从长期看环境规制政策的实施，对能源产业生产技术创新有一定的激励作用，但环境规制政策实施强度不是无限制提高的，环境规制政策的实施强度受具体环境规制政策工具的影响。本书测算能源产业环境规制政策实施强度时充分考虑了我国能源产业环境规制政策工具。因此，要想实现提高环境规制强度的目的，选择合适的环境规制政策工具是十分重要的。应当根据能源产业在不同时期发展的具体情况，选择“命令和控制”型或“基于市场”型为基础的环境规制政策工具。在达到污染控制目标的同时，最大限度地起到激励能源产业生产技术创新的作用。

第三，能源企业应积极应对政府的实施的环境规制政策，进行清洁生产、开展循环经济、发展生态产业减少给环境效益、“SH”效益及经济效益带来的消极影响。能源产业环境规制政策对环境效益、“SH”效益及经济效益的影响，不仅反映了规制政策本身的质量和有效性，也反映了能源产业应对环境规制政策的能力和水平，反映了能源产业吸收规制带来的不利影响的能力。作为被规制的能源产业应当认识到，从社会层面，政府的环境规制政策虽然对企业的经济效益会造成负效应，但对整个社会来说，能源产业环境规制政策的实施，会对整个生态环境的改善及人的健康和安全带来正效应；从企业层面看，环境规制政策不仅仅会给经济效益带来不利影响，它也是能源产业借以提高经济效益获得竞争优势的机会。通过开展技术创新，推行清洁生产，发展循环经济，能够降低污染治理成本，减少规制对经济效益的不利影响，达到污染控制和经济效益提高的目标。综合考虑，能源产业环境规制政策的实施，会为整个社会及企业自身带来正的效应，既有利于实现能源产业最终的效应目标。

5.4 小结

本章运用中国能源产业相关数据，实证分析了环境规制政策实施强度、市场集中度、专利技术申请数对环境效应、“SH”效应、经济效应的影响方向和影响程度，根据检验结果，可以得出如下结论：

（1）从面板模型得出的结论分析：政府对能源产业环境规制政策实施强度的增加，对 SO_2 排放量和固体废物排量的减少有正影响。实证检验结果显示，随着环境规制政策实施强度的增加，SO_2 排放量和固体废物排量在逐渐减少，环境规制政策实施强度每提高 1%，SO_2 和固体废物的排量下降 0.03% 和 0.14%。

（2）随着能源产业环境规制政策的加强，行业市场集中度增加，市场集中度的增加没有使污染物的排放量降低，市场集中度对环境效益的提高有负影响。实证检验结果显示，随着市场集中的增加，废水排放量逐渐增加，市场集中度每提高 1%，废水的排放量上升 0.08%。

根据第 4 章的能源产业环境规制政策作用机理分析，随能源产业环境规制政策的加强，行业市场集中度增加，留在市场中的大企业更容易自觉遵守政府的政策要求，采取相应的环境保护措施，从而使污染物排放水平降低。但是中国能源产业环境规制政策实施效果与此相反。造成这一结果的原因是，虽然我国对污染严重的煤炭、炼焦、火力发电等产业实行了较为严格的环境规制标准和准入政策，但从能源产业整体来看，国家制定的环境规制标准的严格性不足以对污染物排放量起到降低作用。

(3) 能源产业环境规制政策的加强，对企业技术创新行为有一定的刺激作用，具体表现为：企业技术创新行为对环境效益的提高有正影响。实证检验结果显示，随着专利技术申请数的增加，污染物排放量逐渐减少，专利技术申请数每提高 1%，废水、SO_2 和固体废物的排量下降 0.04%、0.13% 和 0.34%。

这验证了本书在能源产业环境规制政策效应作用机理中的分析。随着政府对能源产业环境规制政策的加强，环境规制政策对企业进行污染治理技术创新具有一定的促进作用。具体表现为专利技术申请数目增多，当这些专利技术中污染治理技术投入应用时会对环境的改善有正效应。

(4) 能源产业环境规制政策实施强度对“SH”效应的影响。从短期看，随着环境规制政策实施强度的增加对“SH”效益的提高有负影响。实证检验结果显示，随着环境规制政策实施强度的增加，职业病患病人数也在逐渐增加，环境规制政策实施强度每增加 1%，职业病患病人数增加 1.13%；从长期看，随着环境规制政策实施强度的增加对“SH”效益的提高有正影响。实证检验结果显示，随着环境规制政策实施强度的增加，职业病患病人数在逐渐减少，环境规制政策实施强度每增加 1%，职业病患病人数减少 0.98%。

表明在短期我国能源产业的环境规制政策即“命令与控制”型环境规制政策工具和“基于市场”型环境规制政策工具对健康安全质量的改善没有起到积极作用，而从长期看，随着环境规制政策实施强度的增加行业健康安全质量将得到改善。因此，从长期看环境规制政策实施强度对“SH”效益的提高有正影响，即产生正效应。

(5) 随着能源产业环境规制政策的加强，行业市场集中度增加，市场集中度的增加使行业内从业人员职业病人数将降低，市场集中度对“SH”效益的提高有正影响。实证检验结果显示，随着市场集中度的增加，职业病患病人数逐渐减少，市场集中度每提高 1%，职业病患病人数下降 3.74%。

这验证了本书在能源产业环境规制政策效应作用机理中的分析。随着政府环境规制政策的加强，污染严重的小企业被迫退出市场，市场集中度加强，而留在市场中的大企业能自觉地遵守政府的政策要求，采取相应的环境保护措施，工作环境得到改善，因此，从业人员患病人数会随着环境污染的治理而减少。

（6）能源产业环境规制政策的加强，对产业技术创新行为有一定的刺激作用，但这种刺激作用没能提高“SH”效益。具体表现为：企业技术创新行为对“SH”效益的提高有负影响。实证检验结果显示，随着专利技术申请数的增加，职业病患病人数会逐渐增加，专利技术申请数每提高 1%，职业病患病人数增加 0.68%。

根据能源产业环境规制政策作用机理分析，环境规制政策加强对产业技术创新有一定的促进作用，但企业所采取的技术创新主要是生产技术创新，生产技术创新的提高主要目的是提高产出和利润。因此，在过分强调产出和利润时，往往会对从业人员的健康和安全产生负面影响。

第 6 章

经济转型时期中国环境规制政策选择机制

6.1　环境规制政策选择机制构建

经济转型时期，污染物排放的减少与经济稳定的增长很难实现共赢，而从长期看，环境污染的治理最终对经济增长是有益处的，因此，政府的环境规制政策的最终目标是，通过执行合理的环境规制政策促进环境污染的治理与经济转型的双赢发展。合理的环境规制政策的制定是通过健全的政策选择机制实现的。而环境政策制定的过程与经济活动过程是密不可分的。经济活动过程是从经济人出发，借助于经济制度工具，人们将做出各种经济决策，并在实践中现实这些决策，最后产生一个与原始设想或多或少有些偏差的结果，这就完成了一个经济活动的过程。我们把这样的一个过程可以通过图 6 - 1 来简明表示。如何对于现实中已经发生的过程进行合意性判断是经济研究的一个重要方面。经济学各要素及其相关关系的分析是用来分析一切经济问题的通用工具，也是我们用以分析环境规制政策问题的基本工具。

本书结合经济活动过程建立环境规制政策的选择机制，实现经济发展与环境规制政策制定的和谐统一。如图 6 - 2 所示，环境规制政策选择机制体现了，经济转型时期环境规制政策从制定到政策监督过程中几种优先的政策选项。首先，在环境规制政策的制定阶段，在经济人假设的前提下，即环境规制政策制定所涉及的供给方和需求方，通过双方博弈的结果对环

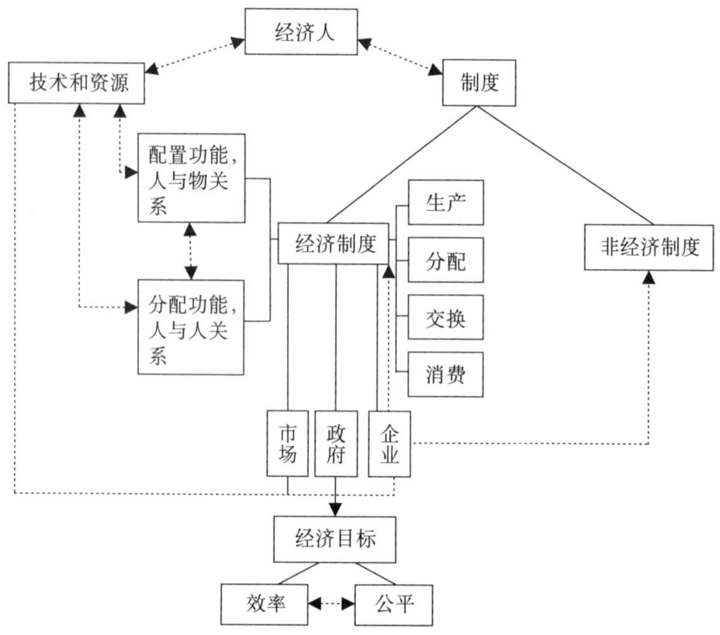

图 6-1　经济活动过程分析框架图

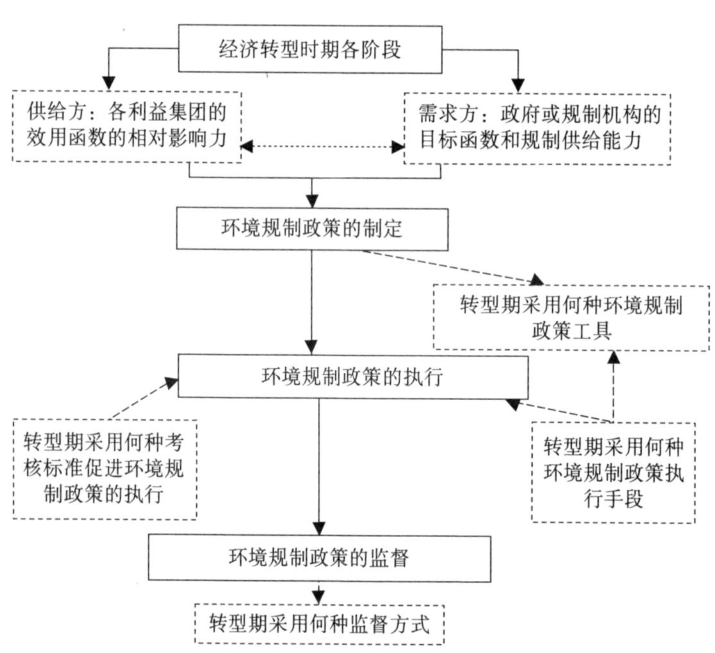

图 6-2　环境规制政策选择机制图

境规制政策的制定进行指导。在确定政策工具时，根据经济转型时期不同阶段采用不同的环境规制政策工具，分析政府规制政策工具与市场机制政策工具哪种更有利于经济增长与环境治理的双赢；其次，在环境规制政策的执行阶段，分析经济转型的不同时期、不同阶段的考核标准对环境规制政策执行效果的影响，在各级政府官员业绩的考核中采用以 GDP 为导向的考核标准还是以环境考核指标为标准，以及环境规制政策在不同时期，具体采用何种执行手段，采用法律手段更有效还是采用道德劝告手段更有效；最后，在环境规制政策的监督阶段，研究经济转型的不同时期，环境规制政策监督的不同方式，采用政府监督的方式或公众监督的方式，哪种方式更有效。

6.2　环境规制政策选择机制内容

6.2.1　供给方与需求方的选择

环境规制政策制定的过程是在国家相关政策的指导下，各个相关利益主体博弈的最终结果。在经济转型时期，环境规制政策制定过程中各个利益主体所追求的目标各不相同，使环境规制政策所涉及的需求方和供给方也各不相同。从而最终影响环境规制政策的执行。

（一）环境规制政策制定与供给方

环境规制政策的供给是通过三重委托——代理关系实现的，各个利益集团虽然能够通过博弈影响环境规制结果，但是由于不对称和搭便车问题使政治家构成的供给方没办法直接执行规制，这就形成了第一重委托——代理关系。委托人指社会公众，其中包括各个利益集团，代理人指政府行政部门，由政治家构成（如内阁、中央政府）和立法机构（如议会）。虽然部分文献假设政治家以社会福利最大化为目标，但是更现实的假设是政治家以个人利益最大化为目标。为了这一目标的实现，政治家们不仅要考虑利益集团对其进行的不同方式的贿赂，还要尽可能的获取在选举中所需要的政治支持。在这一过程中，每个利益集团都会抓住游说贿赂的机会，因此，不得不在政府的博弈过程中制定规制政策，来协调各方集团的利益，造成所制定出的规制政策并不是为社会谋求最大化福利，而是使政治家赢取最多选票的政策。政府职能的多样化，也给环境规制政策的制定带来了一定程度的困难。环境规制政策的制定只是政府政策的一种，构建政府部门的目的是完成众多职能，在实施具体的环境规制政策时往往存在专业知识和相关信息不足的问题。所以环境规制政策通常情况下会指定专门的规制机构来制定。规制机构聘请来的专业技术人员对污染企业进行长期监控来获取相关信息，以此在信息和技术方面为政府制定环境规制政策给出建议与支持，并负责解释、执行和监督具体的政策。如此一来规制机构和政府二者就构成了第二重的委托——代理关系。政府代表相关利益集团或是社会大众，委托给环境规制政策机构制定环境规制政策。代理人规制机构在谋求最大化社会福利同时也保证自己的利益。规制机构在长期规制过程中广泛的收集了与污染企业有关的信息，比政府更具有信息优势。当把信息隐藏给企业留下租金时，规制机构赢取这些租金成为其目标之一。一方面规制机构被动的等待规制企业的收买，然后把相关信息隐藏起来；另一方面，规制机构可依靠收集的信息，制定威胁污染企业的更为严格的环境规制政策，当企业被迫交出租金后，规制机构也就放松了污染企业的规制。不仅包括获取租金，还包括可支配预算经费最大化、雇员数量最大化、保持同污染企业的良好关系从而获得政治支持等，这些都可能是制定并实施环境规制政策机构的目标。因此，环境规制政策最终效果是由规制机构努力实现自身目标时受限程度决定的。当规制机构只是拥有抉择权，而没有对其加以约束完善制度时，环境规制政策会较大背离“最优”状态。这样，环境规制政策制定机构与污染企业之间便构成了第三重委托——代理关系。环境规制政策机构通过制定实施环境规制政策将污染治理委托给污染企业。由于污染企业相对环境规制政策制定机构对生产成本和污染治理成本方面的信息更熟悉，因此，能够利用信息优势采取策略性行为，这意味着环境规制政策制定机构在信息不对称情况下制定实施的环境规制政策有可能会背离最优状态。

在不同经济发展水平下，上述三重委托——代理关系对环境规制政策供给具有不同影响。首先，在经济发展水平低的国家，政府腐败行为更为常见。政府的低效率和腐败在发展中国家比在发达国家更普遍。发展中国家相较于工业化国家，影响政府决策行为的主要因素并不是社会福利而是寻租行为。因此，在经济发展水平处于较低阶段时，前两重委托——代理关系更具负面影响环境规制政策。其次，在经济发展水平较低时，经济增长是政府首先需要考虑的。在经济增长与环境保护发生矛盾时，很多发展中国家选择“先发展、后治理”。对待环境保护的这种态度体现在低收入国家的政治体制中，制定环境规制政策的机构地位偏低，规制过程中既要受上级政府部门制约，往往还受同一级政府中主管经济的部门制约，权力有限。最后，在经济发展水平低，政府可支配资源有限时，环境规制政策制定机构还存在人员、资金、技术和设备不足等问题，而规制机构人员整体素质较低，缺乏专业技术知识和管理经验，这不但使政策的制定和实施非常困难，也使环境规制政策更易受到污染企业策略性行为的影响。

可见，环境规制政策供给所具有的三重委托——代理性质使其必然要受经济发展水平和与之相应的规制政策安排的制约。所以，随着经济的不断发展，环境目标只有被足够重视，腐败现象被普遍控制，制度安排被逐渐改善，环境规制政策执行能力得到提高，环境规制政策供给才能更有效。

（二）环境规制政策制定与需求方

环境规制政策的需求方主要来源是各个利益集团。其在环境规制政策执行过程中，通过施加给环境立法和规制机构压力，影响确定环境规制政策目标、制定执行和环境立法，从而使自身对环境规制政策的需求得到满足。利益集团的种类、数量和行为方式等在不同的政治体制和经济发展水平下有所差异。通常情况下，如下利益集团在制定环境规制政策及实施过程中可能被涉及。

1. 污染企业

污染企业是制定环境规制政策及执行过程中考虑的最重要的利益集团，也是环境规制政策中规制的对象。企业一般以利润最大化为目标，在运用末端治理技术条件下，企业目标与环境规制目标不同。因为建设、维持治污设施的运行会提高成本，减少利润，企业为了降低环境规制标准，放宽对其执行与监督，降低惩罚力度，存在游说立法机构、收买环境规制政策制定及执行机构的动机。甚至企业在必要的时候会对规制机构采取策略性行为欺骗或与其对抗。并不是在所有情况下，污染企业都采取抵制环境规制政策，有时也支持或者主动请求环境规制政策。一方面，当在污染治理的成本或技术上企业存在优势时，提高标准也就使得竞争对手的成本被相应提高，竞争力被削弱，也可能阻碍新竞争对手的进入。此时高标准的环境规制政策是企业取得竞争优势和市场势力的重要手段。另一方面，当企业的经济收益能够被环境规制政策提高时，企业也会支持该政策。环境规制政策可能会使企业的技术创新得到提高，进一步改进生产工艺，增加能源与资源利用效率以及改善组织管理，可以有效降低污染、企业成本并提高利润。这种情况企业利润最大化与环境规制的目标保持一致，企业当然会支持环境规制。在经济发展水平较低时，大多数企业技术水平落后，缺乏创新能力，因而对环境规制政策需求较小。

2. 与污染相关的上、下游企业

在一定程度上污染企业原材料的供应商和产品的采购商、销售商是否可以获得最大利润取决于其生产状况。因此与污染企业利益相同的上、下游企业，可能在政府进行环境规制过程中形成利益集团。尽管这样，不是所有情况二者利益都是完全相同的，它们各自有自己的利益。在改变技术、开采新矿藏的因素下，当原材料由传统原材料的供应变为相对清洁的原材料时，它们以更为严格的环境规制政策标准迫使污染企业使用清洁原材料，或者冲击取代原材料供应商。污染企业产品的销售商或采购商同产品的最终消费需求一致，清洁产品成为消费需求时，污染企业被要求更改产品结构，也可能让规制机构改变规制政策。所以，二者可能形成利益共同体，也可能规制机构通过供应链规制污染企业。在经济发展水平较低时，原材料供应商往往缺少供应清洁原材料的能力，市场上也缺乏对清洁产品的需求，因而上、下游企业更有可能与污染企业形成共同的利益集团。

3. 污染企业员工

污染企业增多了员工的就业机会，提高了员工的收入，员工的收入可能随企业收入水平的提高而提高。企业面对严格的环境规制政策导致成本提高、利润下降，甚至倒闭，员工收入相应的会下降严重时甚至失业。同时，污染可能首先影响企业员工受害。员工接受教育的多少和收入高低会紧密影响其对污染的认知。因为受过良好的教育的这类员工对污染造成的伤害和生产过程中污染产生的原因或环节更加了解，不仅会欣然支持治理污染还会提出有效的建议，相反，未受过教育的员工不会关心污染问题。当员工收入不多时，污染企业的收入可能是其主要或是仅有的收入，此时员工只会关心是否保住工作，没有精力关心污染会给社会带来什么损失；收入水平增加，是员工最关注的问题，只有解决了生存问题后，员工才可能会关注污染或采用清洁生产方式。

4. 股东

当企业经营者是股东时，股东与企业追求的目标相同，股东利益集团同样也是污染企业利益集团。在经营权与资本所有权分离的企业中，资本增值就是股东的目标。如果企业成本由于高标准的环境规制政策增加，企业利润降低，股东会降低投资或拒绝执行环境规制政策；如果由于企业污染的原因，造成企业形象降低，从而使企业股票市值或利润下降，股东会采用减少投资、抛售股票等手段来间接地施加给企业治理污染的压力，从而使股东主动支持环境规制政策。由此可见作为环境规制政策的支持者，股东发挥作用取决于所有权和经营权的分离以及资本市场的充分发展，只有在经济发展水平较高时上述条件才有可能满足。

5. 消费者

通过多种商品的消费，消费者发挥自身的最大效用。当消费者收入水平不高时，物质利益在消费者收入不多时就是为满足需要。这种情况下，自然环境只是消费者物质资料的来源和收纳废弃物的场所，他们并不关心生产和消费产品是不是会对环境有所损害。消费者的环境意识随收入的增加而提高。一方面，消费者更倾向于选择清洁产品；另一方面，多种功能赋予环境，比如说审美功能、娱乐功能等，环境价值得到升值。此时，消费者选购商品的标准之一就是企业保护环境的声誉，消费者维护自身权益的办法就是环境诉讼和环境规制。

6. 环保产业

由于严格的环境规制政策可以使环保产业利益集团获得收益，环保产业利益集团根据高标准环境规制政策获得广阔的市场。在经济发展刚刚开始的阶段，因为市场需求不大和政策支持不够，环保产业发展缓慢，不能对环境规制政策的制定起到绝对影响作用。只有当环保产业地位随着经济发展逐步提高，其对环境规制政策的需求才具有决定性作用。实践证明，在现实生活中只有环保产业产值和就业人数占比较大时，大量环保法律才会更有可能通过。

7. 国际贸易厂商和外国投资者

国际贸易的商品结构又由各国消费者的偏好和一国在国际分工中的位置决定。低收入水平的国家缺乏对清洁产品的需求，产业结构以污染密集型产业为主，这时国际贸易厂商主要从事污染密集产品的进出口。随着收入水平提高，一国环境规制政策的标准趋于严格，环境规制政策标准不高的国家成为污染产业的目标，这种情况下，国内对污染密集产品的需求主要靠进口满足，出口的主要是清洁产品。进出口商品结构的这种变化规律意味着，低收入国家的贸易厂商更关心环境规制政策增加的成本对商品国际竞争力的影响，从而可能要求放松本国环境规制政策标准；高收入国家的进出口厂商为满足消费者偏好或限制来自其他国家的污染密集产品的竞争，可能会要求提高环境标准政策。国际贸易中高收入国家严格的环境标准形成的贸易壁垒会促使低收入国家贸易厂商采用清洁生产技术；清洁产品的贸易有可能诱导低收入国家产生对清洁产品的需求。因此，当贸易伙伴国的环境规制趋于严格时，低收入国家的国际贸易厂商也有可能成为支持环境规制的利益集团。外国投资者在投资决策时，可能会将一国的环境规制政策作为影响因素之一加以考虑。一国宽松的环境规制政策会诱使外国投资者将污染密集型产业转移到该国。低收入国家为促进经济增长需要利用外资，在缺少技术、人力资本等要素时，以放松环境规制政策换取外国投资成为选择之一。因此，低收入国家的国际贸易厂商和外国投资者往往形成反对严格环境规制的利益集团，而随着一国收入水平的提高，它们可能会逐渐转向支持环境规制政策。

8. 环保组织

由民间具有半官方的性质自愿组成的环保非政府组织，主要包括环保社团、经贸协会、社区组织、产业协会等。为了保护社区的环境权益，社区组织会施加压力给污染者或找寻环境规制的支持；环境规制的主要拥护者环保社团；而同企业维持密切关系的经贸协会、产业协会等组织，虽然代表企业利益，但有时会成为推动企业技术进步和提高治理环境的重要办法。在不同经济发展水平下能够发挥的作用不同。在经济发展水平较低时，公众的环保意识不强，环保社团和社区组织的组织性差、规模小、数量少，不能支持环境诉讼制度，缺少影响环境规制的有效办法，经贸协会和产业协会此刻也主要服务于企业生产经营，因此影响力很弱。当经济发展达到较高水平时，环境保护社团和社区组织不断壮大发展，公众提高的环保意识和完善的制度都使它们可以取得更多的支持，产业协会、经贸协会由于技术经济的改变会引导企业倾向于采用清洁生产技术，因为影响力增强，这时对环境规制的需求会增加。

通过对上述利益集团的分析可知，在经济发展水平较低时各利益集团更关心就业和经济增长能够给自己带来的经济收益，支持环境规制的利益集团不仅数量少而且影响力小，这时对环境规制政策的需求不足。当经济发展达到较高水平时，各利益集团的环境意识都有不同程度的提高，支持环境规制政策的利益集团数量增多，影响力增强，对环境规制政策的需求明显提高。

（三）经济转型时期供求双方对环境规制政策制定的影响机制

经济转型的各个阶段，环境规制政策在定制过程中，所考虑的供给方和需求方也不尽相同。由于对经济转型时期第三阶段环境规制政策的问题研究，对未来具有指导作用，因此，本节问题的研究中所涉及的供求双方的选择主要针对经济转型的新常态时期环境规制政策制定中所涉及的供给方和需求方。新常态时期国家对环境规制政策制定中总的指导思想包括：党的十八届三中、四中全会对生态文明建设做出一系列重大决策部署；2014 年 APEC 会议上习近平主席描绘了环保蓝图；2015 年国家审议通过《关于加快推进生态文明建设的意见》，内容包括：坚持把“绿色发展、循环发展、低碳发展”作为基本途径，经济社会发展必须与生态文明建设相协调。[①]无论是政府、企业还是个人都是生态文明的重要建设者，决不以牺牲环境为代价去换取一时的经济增长。党的十八届五中全会中提出加大环境治理力度，以提高环境质量为核心，实行最严格的环境保护制度，深入实施大气、水、土壤污染防治行动计划，实行省以下环保机构监测监察执法垂直管理制度。通过分析这一阶段国家相关政策中，主要所涉及的供求双方主要包括，需求方：环境污染企业、环保产业、国际贸易厂商和外国

① 冯卓．经济转型期我国环境治理的思考［J］．宏观经济管理．2016（1）：67－69．

投资者、环境保护的非政府组织；供给方：中央政府、地方政府。通过分析经济转型时期供求双方的特点，构建供求双方均衡评价理论模型，研究供求双方对环境规制政策制定影响大小。环境规制政策制定导向，同时受到需求方条件和供给方条件的影响。供求双方的博弈决定了环境规制政策制定的需求情况。国家的政策环境、经济水平和政策规制的导向性决定了环境规制政策制定中的供给情况。环境规制政策的制定应是现实供给和需求的均衡。Damania（2001）对环境规制政策的这种选择机制及结果进行了详细论证。模型中选取的影响环境规制政策的需求方的利益集团是污染企业和消费者。这里所涉及的消费者包括：普通消费者和环保消费者。普通消费者购买污染企业的产品，假设消费量为 Q，所支付的产品价格为 P，普通消费者除购买污染企业的产品外，还消费无污染的商品 X，且价格为单位价格，根据上面条件得到普通消费者效用函数：

$$U = X_0 + U(Q) - PQ \tag{6.1}$$

对于环保消费者而言，他们只购买环保产品。假设由于污染企业生产所造成的损失为 $D(E)$。根据上述条件得到环保消费者效用函数：

$$U_e = X_0 - D(E) \quad (e = 1,\cdots,n) \tag{6.2}$$

函数其中，E 表示污染企业生产污染产品时的排污水平，其中 $D(E) > 0$，$D(E)$ 越大表示污染水平越高，环保消费者效用越少，并且效用的损失随污染水平增加而递增。污染企业中参与古诺竞争的两个企业，其反需求函数表示为：

$$P = P(Q) = P(q_i + q_j) \quad (i, j = 1, 2 \text{ 且 } i \neq j) \tag{6.3}$$

污染企业的排污量与产量具有函数关系，两者成正相关关系，参与古诺竞争的污染企业总排污量表示为：

$$E_0 = 2\varepsilon q_i \quad (i = 1,2) \tag{6.4}$$

函数中，ε 表示排污量与产量之间关系系数。为限制企业排污，政府采用征收排污税的环境规制政策工具。此时，污染企业生产成本包括：生产产品的不变成本 C，污染治理成本 C_a 和征收的排污税 t 三部分。污染企业成本函数为：

$$C_i(q_i, C_a, t) = C_0 q_i + [t(1 - a_i) + C_a(a_i) a_i]\varepsilon q_i \quad (i = 1,2) \tag{6.5}$$

公式中，a_i 为污染企业 i 生产产品时所排放的污染量，$C_{aa} > 0$ 即污染企业的污染成本呈递增趋势。由此，污染企业的利润函数表示为：

$$\Pi_i = P(Q)q_i - C_i(q_i, C_a, t) \quad (i = 1,2) \tag{6.6}$$

古诺模型中两个污染企业产量相同，即 $q_i = q_1 = q_2$ 企业的均衡产出由利润函数的一阶条件给出，即：

$$P(Q) + (\partial p/\partial q_i)q_i - C_0 = [t(1 - a_i) + C_a(a_i)a_i]\varepsilon \tag{6.7}$$

古诺均衡时，污染企业成本最小化的一阶条件得出，即：

$$dC_i/da = C_{aa}a_i + C_a - t = 0 \quad (i = 1,2) \tag{6.8}$$

通过上式，计算出总排污水平为：$E_t = 2(1 - a_i)\varepsilon q_i$ （6.9）

环境规制政策的实施，规定污染企业最高排污量为 E_s。根据此条件确定污染企业利润函数表示为：

$$\Pi_i = P(Q)q_i - C_0 q_i - C_a(a_i)a_i\varepsilon q_i \quad (i = 1,2) \tag{6.10}$$

函数中约束条件为：$E_s = (1 - a_i)\varepsilon q_i$ （6.11）

此时计算污染企业的均衡产出量为：

$$P(Q) + (\partial p/\partial q_i)q_i - C_0 - C_a a\varepsilon - (1 - a_i)\varepsilon[(\partial C_s/\partial a_i)a_i + C_a] = 0 \tag{6.12}$$

假设环境规制政策的供给者由两个政党进行博弈后确定。其中，A 代表环境保护利益集团推举的政党代表，其执行目标为减少污染物排放量。B 代表污染企业利益集团推举的政党代表，其执行目标为采用较为宽松环境规制政策。两个政党获胜依据为利益集团对其选举的捐助支持。假设，政党 A 从环保利益集团获得的捐助支持为 g，政党 B 从污染企业利益集团获得的捐助支持为 f。则两个政党获胜的可能性分别为：

$$1 - \alpha = F/G + F; \quad \alpha = G/G + F \tag{6.13}$$

该式中，G 表示环保利益集团总的捐助额，F 表示污染企业利益集团总的捐助额。其中，$G = nG_e(e = 1, \cdots, n)$，$F = F_i + F_j \quad (i, j = 1,2)$ （6.14）

政党 A 和政党 B 在对污染进行规制时，同时以限制污染量排放为主要手段，则政党 A 限制标准为 E_g，政党 B 限制标准为 E_j，在不同利益集团获得的捐助额已知的条件下，集团利润最大化为：

$$\Omega(\Pi_i) = \alpha[\Pi_i(E_g) - F_i] + (1 - a_i)[\Pi_i(E_j) - F_i] \tag{6.15}$$

联立式（6.13）、式（6.14）和式（6.15）得到预期利润最大化的一阶条件：

$$G/(G + F) - 1/[\Pi_i(E_f) - \Pi_i(E_g)] = 0 \tag{6.16}$$

同理，环保集团的预期效用函数为：

$$\Omega(U_e) = x_0 - [aD(E_g) + (1 - a)D(E_f)] - G_e \tag{6.17}$$

效用最大化的一阶条件满足：

$$G/(G+F)_2 - 1/[D(E_f) - D(E_g)] = 0 \tag{6.18}$$

联立式（6.16）和式（6.18）得到政党 A 和政党 B 设定的排放标准应分别满足：

$$E_g \in \text{Argmax}\, W_g(E_f, E_g) = [\Pi_i(E_f) - \Pi_i(E_g)]/[D(E_f) - D(E_g)] \tag{6.19}$$

$$E_f \in \text{Argmax}\, W_f(E_f, E_g) = [D(E_f) - D(E_g)]/[\Pi_i(E_f) - \Pi_i(E_g)] \tag{6.20}$$

最大化的一阶条件为：

$$[D(E_f) - D(E_g)](\partial \Pi_i(E_f)/\partial E_f) - [\Pi_i(E_f) - \Pi_i(E_g)](\partial D E_f/\partial E_f) = 0 \tag{6.21}$$

$$[D(E_f) - D(E_g)](\partial \Pi_i(E_g)/\partial E_g) - [\Pi_i(E_f) - \Pi_i(E_g)](\partial D E_g/\partial E_g) = 0 \tag{6.22}$$

联立式（6.21）和式（6.22）得：$E_f = E_g$

通过上述计算可以得出以下结论：代表不同利益集团的政党在进行获胜博弈时，为取得最大可能的获胜，会选择与其竞争政党相关的环境规制政策标准，此时限制排污量相同。

当代表不同利益集团的政党同时选择排污税作为环境规制政策工具时，政党 A 设置税率为 t_g，政党 B 设置税率为 t_f，则环境保护利益集团和污染企业利益集团利润函数和预期效用函数用下列公式表示：

$$\Omega(\Pi_i) = a[\Pi_i(t_g) - F_i] + (1-a)[\Pi_i(t_f) - F_i] \tag{6.23}$$

$$\Omega(U_e) = x_0 - \{aD[E(t_g)] + (1-a)D[E(t_f)]\} - G_e \tag{6.24}$$

计算上式一阶导数，求出预期利润最大化值和预期效用最大化值：

$$G/(G+F)_2 - 1/[\Pi_i(t_f) - \Pi_i(t_g)] = 0 \tag{6.25}$$

$$G/(G+F)_3 - 1/\{D[E(t_f)] - D[E(t_g)]\} = 0 \tag{6.26}$$

联立式（6.25）和式（6.26）得到两个政党竞选获胜的税率选择应分别满足：

$$t_g \in \text{Argmax}\, W_g(t_f, t_g) = \{D[E(t_f)] - D[E(t_g)]\}/[\Pi_i(t_f) - \Pi_i(t_g)] \tag{6.27}$$

$$t_f \in \text{Argmax}\, W_f(t_f, t_g) = [\Pi_i(t_f) - \Pi_i(t_g)]/\{D[E(t_f)] - D[E(t_g)]\} \tag{6.28}$$

分别求式（6.27）和式（6.28）最大化的一阶条件并联立得：

$t_f = t_g$

通过上述计算的到以下结论：代表不同利益集团的政党在进行获胜博弈时，为取得最大可能的获胜，会选择与其竞争政党相关的环境规制政策标准，此时设置排污税税率相同。若各政党分别选择不同的政策，政党 A 选择排污标准，政党 B 选择排污税时，应满足下列条件：

$$E_f \in \text{Argmax}\, W_f(E_f, t_g) = [\Pi_i(E_f) - \Pi_i(t_g)] / \{D(E_f) - D[E(t_g)]\} \tag{6.29}$$

$$t_g \in \text{Argmax}\, W_g(E_f, t_g) = \{D(E_f) - D[E(t_g)]\} / [\Pi_i(E_f) - \Pi_i(t_g)] \tag{6.30}$$

$$t_f \in \text{Argmax}\, W_f(t_f, E_g) = [\Pi_i(t_f) - \Pi_i(E_g)] / \{D[E(t_f)] - D(E_g)\} \tag{6.31}$$

$$E_g \in \text{Argmax}\, W_g(t_f, E_g) = \{D[E(t_f)] - D(E_g)\} / [\Pi_i(t_f) - \Pi_i(E_g)] \tag{6.32}$$

分别联立式（6.29）、式（6.30）和式（6.31）、式（6.32）可以得到以下结论：当代表不同利益集团的政党在进行获胜博弈时，分别采用不同的环境规制政策，才会产生不同结果。当政党 A 选择采用排污税而政党 B 采用排污量限制，则代表环保利益集团的政党才具有更大的获胜可能。两个政党选择相同策略时，结果都是两个政党的占优政策。

通过对 Damania（2001）模型的验证，说明在竞选假设条件下，环境规制政策制定中所涉及的供求双方的通过博弈结果决定了环境规制政策制定导向。同时为相关研究学者揭示了一种现象。即大多数理论成果认为，市场激励型环境规制政策工具的使用比命令——控制型环境规制政策工具更具有优势，但在实际环境规制政策推广使用中，命令——控制型环境规制政策工具更受欢迎。将该模型中企业利益集团和环保利益集团的捐助一般性的理解为各利益集团为实现自身利益需求向政府或规制机构施加压力或提供各种政治支持的成本。政党追求竞选获胜可能性最大化，一般性的理解为政府或规制机构官员追求政治升迁中的政治支持最大化或压力最小化，则该模型的解释能力可进一步扩展。

将 Damania（2001）模型阐明的环境规制政策选择机制与经济发展对环境规制需求和供给的影响结合起来。Damania（2001）模型是反应经济发展与环境规制政策选择关系的基本模型。在该模型中显示，各利益集团的效用水平受到经济发展的制约，同时经济发展水平也会影响政府或环境规制政策制定机构的目标函数、规制政策供给水平。环境规制政策的制定最终由需求方各利益集团，供给方政府或环境规制政策制定机构进行博弈的最终结果。

在我国经济转型时期的第一阶段，经济发展水平较低，政府更重视经济的发展，因此污染企业利益集团与环保利益集团相比在环境规制政策制定阶段更具有话语权，污染企业利益集团更倾向于采用宽松的环境规制政策，从而导致环境规制政策有效需求不足，政府或环境规制政策制定机构受经济因素影响，在环境规制政策的供给上为满足污染企业利益集团需求导致供给不足的局面。在该状态下，供求平衡时环境规制政策指标在较低的标准上，政府或环境规制政策制定机构体现的供给水平更多情况是为了满足污染企业利益集团的需求，而污染企业利益集团更倾向于政府使用命令——控制型环境规制政策工具，因此在该阶段命令——控制型环境规制政策工具相对于市场激励型、信息披露和公众参与环境规制政策工具根据有优势。

随着经济的快速发展，经济转型时期进入第二阶段，人们越发认识到环境保护的重要性，经济发展初期以牺牲环境为代价的经济发展，已经不适应社会可持续发展的需要。环保利益集团随着其规模的增加，影响力逐渐提高，其对环境规制政策制定的需求影响逐渐增大。而随着政府和环境规制政策制定机构对环境问题认识的深入，政策制定机制也随着完善，环境规制政策供给力得到提升。在这一阶段环境规制政策工具的使用逐渐向市场激励型环境规制政策工具过渡。

在经济转型时期第三阶段，我国正逐渐迈入一个新的以转变发展方式、调整产业结构、持续稳定增长、提高质量效益为内容的中高速发展新常态时期。政府和环境规制政策制定机构对于环境保护的认识达到新高度。环境保护关系到经济的可持续发展，社会各集团的生死存亡。此时，环境保护利益集团的影响力远远超过污染企业利益集团，环境规制政策的供给方更多的是满足环境保护利益集团的需求，采用更高标准的环境规制政策。这一阶段的环境规制政策工具提供主要采用以市场激励型工具为主，命令——控制型工具、信息披露和公众参与为辅的方式。

从环境规制政策开展的实际情况看，也与上述分析内容相符。从全世界层面看，发展中国家在对待经济发展与环境治理的关系问题上，往往采用“先发展在治理”的态度，分析其原因不是由于政府对于环境保护没有认识，而是由于在经济发展水平较低，处于快速发展阶段时，环保利益集团的影响力相对较弱，政府和环境规制政策制定机构，更多是为满足污染企业利益集团的利益，从而限制了环境规制政策的制定与实施，导致环境规制政策供给不足。从国家层面看，我国环境规制的指导思想也随着环境规制政策制定中，供求双方博弈结果的不同而变化。在经济转型时期的第一阶段和第二阶段前期，我国环境治理的思想是：“谁污染，谁治理”。在经济转型时期的第二阶段末期至今，我国环境治理的思想是：“谁污染，谁付费”。体现了不同利益集团在不同阶段的影响力不同，从而导致供求水平发生变化。

6.2.2　市场机制与政府管制的选择

环境规制政策工具包括：“命令与控制”型环境规制政策、“基于市场”型环境规制政策、“信息披露与参与机制”型环境规制政策。“命令与控制”型环境规制政策包括：技术标准和绩效标准；“基于市场”型的环境规制政策包括：环境税费、补贴和许可交易排污许可证；“信息披露和参与机制”型的环境规制政策包括：信息公开办法、公众参与暂行办法、环境标志、ISO 14000。而命令与控制型和信息披露与参与机制型环境规制政策工具，主要强调政府管制的作用。基于市场型环境规制政策工具强调了市场机制的作用。

（一）环境规制政策与市场机制

对环境问题进行较为系统的分析，可以追溯到新古典经济学阶段。经济学家庇古在其 1920 年撰写的《福利经济学》一书中这样表述外部性问题，他对环境问题进行了较为详细的经济学分析。书中阐述环境问题的根源为在自由的市场机制条件下，在环境资源的配置问题上，由于外部性的存在造成了市场失灵。外部性指市场上私人主体所付出的成本与其所获得的收益，以及经济社会所承担的成本与其所获得的收益不一致。当经济活动的私人成本小于社会收益时，我们称其为负外部性；当经济活动的私人成本大于社会收益时，我们称其为正外部性。比如，造纸业会对环境造成污染，该行业的生产会给除纸张交易双方之外的其他企业或居民造成损害。无论生产者还是消费者都未计算该行业的生产会对第三者带来的成本。例如：在完全市场条件下，产品的价格用 P 表示；厂商生产所需的成本即私人边际成本用 MPC 表示；厂商生产所产生的社会边际成本用 MSC 表示。当污染企业由于排污给社会造成负效应时，$MPC < MSC$。因此，从企业角度考虑，当 $MPC = P$ 时，企业实现利润最大化，此时对应产量为 Q，由于污染水平与生产产品数量之间存在着正相关关系，即随着产量的增加，污染水平也会随之提高。因此，此时的污染水平为 E。从社会角度考虑，当 $MSC = P$ 时，社会实现利润最大化，此时对应的产量为 Q^*，即为社会最优产量。与之相对应的污染水平为 E^*，$E^* < E$。因此，通过上式分析得出：污染企业只考虑到消费自然资源给企业带来的经济效益，而不考虑污染物排放给社会造成的负效应，此时企业的生产水平往往高于社会最优生产水平，但此时产生了过度的污染量，即 $E - E^*$。而解决该问题的方法是通过使外部成本通过内部化的办法解决，尽可能减少负外部性给社会带来的负效应。具体来说可以通过三种方法解决。

第一种方法：通过新古典主义的“庇古税”解决环境污染问题。即通过国家征收与环境污染相关的税收，以此来限制企业污染行为，这部分税收作为社会成本来弥补，污染企业对社会造成的负外部性而产生的成本。由于市场制度的失灵无法将外部成本内部化，庇古则主张对于负外部性现象即使边际私人成本小于边际社会成本的情况征税。对正外部性情况即边际私人成本收益小于边际社会收益的情况给与生产者补贴。在这种做法中只要政府的税收和补贴与正负外部性所引起的社会损失和收益的大小相同，则外部性问题就可以解决。这种解决外部性的做法称之为“庇古税”。

第二种方法：新制度学派中“科斯定理”明晰产权的办法解决环境污染问题。在相当长的一段时间里，庇古税理论在解决外部性的问题一直占据着重要的地位。直到科斯理论的提出。科斯在其出版的《社会成本问题》一书中提到，外部性问题主要指一方对另一方的影响的好与坏。庇古认为一方对另一方的损害，试图通过对外部性引发者的纠正来解决。科斯理论则认为，这种为避免甲方对乙方的伤害而使甲方受损害的观点是不正确的。解决外部性的关键在于外部性的损失或收益在双方之间的分配。按在这一观点，外部性问题之所以产生由于社会某些物品存在着产权不明晰问题，而科斯认为解决这一问题的有效方法是，在假设交易成本为零的条件下，将产权赋予任何一方，最终都会得到最优的结果。因此，在交易成本为零的假设下，在产权明晰的条件下，外部性的问题可以有效被内部化解决。科斯定理的提出为解决外部性的问题提供了新思路，但其提出的交易成本为零的假设条件是一种理想状态，在现实中或多或少会产生交易成本。

第三种方法：政府管制的办法解决环境污染问题。如上面提到的在自由的市场机制下，市场在对环境资源配置上是失灵的。那么针对这种市场失灵政府可以通过直接干预的方式对环境资源进行配置。由于环境资源有其特殊性，许多公共资源无法确定其产权，不能做到产权明晰，因此，无法通过明晰产权的办法解决环境污染所造成的负外部性。而环境污染的负效应往往存在持续性，对后代具有长期影响，而从国家未来可持续发展的角度来看，为减少这种负效应对环境产生的危害，国家采取行政手段来规制环境污染问题是十分必要的。这种直接管制的手段与国家宏观调控手段不同，国家主要采用微观调节的方式对造成负效应的主体进行规制。以期解决由于外部性问题而造成的市场失灵。环境污染问题也是由于产权不清而产生外部效应，而环境问题的解决主要运用行政和市场两种手段。在运用市场手段时，具体使用的工具有两类：第一类，征收排污税、给与补贴、收取污染费等市场规制手段，而这些手段都被认为是庇古税理论在实践中的应用；第二类，排污许可证、污染许可证、许可证交易等市场规制手段，则可认为是科斯产权理论在实践中的具体应用。

（二）环境规制政策与政府管制

由于在解决环境污染问题上，通过市场对环境资源进行配置的过程中存在着市场失灵的现象。因此，人们将解决环境问题的重任更多的赋予政府。那么通过政府解决环境问题一定是最有效的吗？政府是否也存在着失灵问题？该问题的解答直至 20 世纪 70 年代，以布坎南为代表的公共选择学派的兴起对这一问题给出了答案。公共选择学派认为，经济学中的基本要素“经济人”要素，不单纯针对经济问题，在某些政治现象中，也存在着“经济人”。在公共选择理论中所提及的代议民主制中，公民选出的代表也是在追求某种特殊利益，而不是公众利益最大化，因此，政府在听取投票人或公民代理人意见并制定的公共政策也存在着失灵的现象，我们称之为“政府失灵”。公共选择理论认为，造成政府失灵的原因是由于公共选择的过程的复杂性和困难性；公共选择体制和选择方式存在着缺陷，这些都是造成公共决策失败的主要原因。从具体情况看包括以下几个方面：

第一，公共选择理论认为，公共政策所追求的公共利益最大化目标是不可能实现的。公共理论代表人物阿罗提出的“阿罗不可能性定理”中的到证明。“阿罗不可能性定理”认为：在一个民主社会中，我们无法找到一种规则或程序，使它产生的结果既不受规则或程序的影响又能保证尊重每一个社会成员的偏好，作出前后一致的决策。布坎南对这一观点也给与了肯定回答，他认为为满足公共利益而进行的公共选择是不现实的，在公共决策过程中不可能出现。公共决策过程是各种利益间互相博弈的过程。第二，各种公共决策的方式都存在着一定的缺点。虽然以满足多数人利益基础的民主决策机制与独裁机制相比较更具有合理性，但无论是直接民主机制还是代议民主机制都存在者一定的缺陷。直接民主决策机制所消耗的成本是十分巨大的。其存在的主要缺陷包括：①在直接民主制中，要求社会每一成员都参与投票，且一人一票制，全体成员都通过，才能达成一致性结果。但在这一决策过程中，参与人数众多，决策过程相当复杂，且要求全体成员都通过决议，这与在市场机制下交易双方通过契约方式达成协议要复杂得多，且产生的交易成本较高。②社会成员在公共决策选择公共物品的提供问题上，会刻意隐瞒自己的偏好，希望实现以花费最小的成本享受最多的公共物品。社会成员在进行选择时会考虑到所支付的成本与所获得的收益之间的联系，总是希望支付最少的费用得到最多的公共物品的使用。而这种结果造成资源配置的低效率。而在公共选择过程中，要想社会成员都能真实的提供自己的偏好，政府需要付出十分昂贵的代价，因而真实的了解社会成员的偏好可能性很小。而代议民主制的缺陷在于：①决策参与者的“搭便车”倾向往往会带来决策参与者不参与决策过程而直接享受决策结果。②公共政策的执行者即管理者，并不是单纯地接受指令，也会对公共决策产生重要的影响。③政治家的行为对公共决策结果产生影响也是十分明显的。所以，没有一种民主制度是完美的。第三，信息不对称问题也是造成公共决策失败的原因。政府决策者在进行决策时，所获得的信息有限，其决策是在有限信息下进行的，这样在信息不对称的情况，政治家的决策会导致失误。第四，政策执行上存在时滞。即使政治家在政策的决策上做出最优的选择，但从政策的选择到政策的执行过程存在着时间滞后问题，政策制定后如果没有及时执行，同样会以政策执行失败而告终。正如我们上面分析的，在解决环境污染问题时，不能因为市场存在着失灵现象就否定市场机制在环境规制中的作用。同样，也不能因为存在政府失灵的现象都否定政府规制在环境规制中的作用。如果造成环境规制政策实施效果不佳的原因是由于政府过多干预，那么纠正政府失灵，多采用市场机制，是十分必要的。

（三）经济转型时期环境规制政策制定工具的选择

利用经济学视角分析环境规制问题可以使人们对环境规制问题的认识更加深刻，使人们对环境规制问题的理解从技术层面上升到经济层面及社会层面。随着我国经济转型进入新常态阶段，人们对环境问题的认识也越原来越深刻，环境问题使决定人类生死存亡的大事，因此，人们对环境问题的经济学分析也在逐渐深入。随着人类已进入工业社会，环境污染问题逐渐凸显，该问题已经严重影响到人类社会的生存和发展。与此同时，伴随着新古典主义经济学的发展，环境规制的经济学分析不仅在理论上有了较深入的研究，同时各国也将治理环境污染问题的经济学理论更多的应用于实践之中。从现实情况看，各国在解决环境污染问题上的主要思路经历了，从强调市场机制——市场失灵——政府干预——政府失灵——寻求市场机制解决。从整个历程上看，似乎从市场到市场，又回到了原点。但从整个政策的实施过程上看，经济学家对环境问题的分析是不断认识和深化的过程。从开始单一依靠市场机制实现对环境资源的配置到现在强调政府政策与市场机制相结合环境问题。具体体现在环境规制政策发展上，经历了以“命令与控制”型环境规制政策工具为主“基于市场”型的环境规制政策工具为辅的阶段；到“命令与控制”型环境规制政策工具和“基于市场”型的环境规制政策工具双主体，附以其他政策工具的阶段。从环境规制政策类型的发展历程看，各国逐渐认识到通全新思路改变了过去完全依靠“命令与控制”型环境规制政策工具为主的观念，逐渐认识到在环境规制政策中，采取以市场为基础的激励机制，促进了环境规制政策实施效率的提高，促进环境规制有效性的增加。在环境规制政策的具体实施过程中，许多国家并不单纯的应用一种类型的规制政策，而是制定多种类型政策综合使用，针对解决不同环境问题。因此，在环境规制政策的创新中并不是完全否定原有的政策形式，而是在吸纳的基础上进行创新，从这个意义上来说，在环境问题的探讨中，经济分析方法对相关理论问题的研究和实际操作层面上，环境规制政策的制定，都起到了至关重要的作用。但环境规制理论中与经济学相关问题的研究还在继续，对于一些不同观点的争论还值得我们继续去发现和探索。

6.2.3 GDP 考核指标与环境 GDP 指标标准的选择

（一）环境规制政策与 GDP 考核指标

我国环境规制机构包括中央、地方两级管理部门。我国的环境管理部门几经改革，直到 2008 年国务院机构改革时将国家环境保护总局改组为环境保护部并被赋予环境政策的制定、规划、重大问题的解决等职责，使环境保护部门参与、决策能力得到了强化。但与其他相对独立的部门比较，其决策权依然较弱。原因是我国的环境规制体制属于中央和地方双重管理，具体表现：一是环境规制的具体工作是由地方各级环境管理部门执行，但在执行过程中受到地方政府干预和领导，从而影响了环保部门的执行力；二是国家各部委的环境保护部门受到国家环境保护部及各部委双重管理，导致环境规制政策彼此冲突，缺乏协调性。例如，我国能源局、水利部都有权力制定与能源和水利相关的环境保护政策，从而导致环保机构实质并无实权。环保部门设置与职能的交叉重叠造成了环境规制的低效率。由于我国现行环保管理体制的双重管理模式使地方各级环保部门受上级环保部门和同级人民政府的双重领导，其中地方人民政府主要负责环保部门的人事权和财权，因此对其控制力更强、影响力更大。对于地方政府而言，分税制改革后国家向地方财政转移支付有限，地方政府为增加财政收入，促进经济的增长方式主要是靠资源的高投入来实现，在利益的驱动下不惜牺牲环境为代价换取经济发展扩大税收。在以环境换取 GDP 增长的同时，政府为避免影响财政收入，也不愿承担相应的治理成本进行环境规制。经济转型时期以来，国家对地方政府和官员的政绩考核均以 GDP 增长作为主要标准，因此地方政府在片面追求 GDP 增速目标的趋势下很难兼顾环境保护的目标。①

（二）环境规制政策与环境 GDP 指标标准

以 GDP 为标准的考核最终导致了我国地方政府主要采取以牺牲环境为代价的粗放型增长方式。这种地区间的锦标赛制度，使地方官员为实现晋升目标而进行 GDP 指标数值的竞争。为实现地区 GDP 的增长，地方官员不惜以牺牲环境为代价，通过各种手段招商引资，而对于外商投资的项目，地方政府往往只重视收益而不重视是否对环境造成污染。而随着党的十八届三中全会中提出的“完善发展成果考核评价体系，纠正单纯以经济增长速度评定政绩的偏向，加大资源消耗、环境损害、生态效益、产能过剩、科技创新、安全生产、新增债务等指标的权重”的精神，使环保部门及各级政府在政绩考核的标准上加入了环境指标，更多运用的是绿色 GDP 的考核标准，而在这一时期，绿色 GDP 的考核标准逐渐替代了 GDP 考核标准。但以单一的绿色 GDP 考核标准也存在着一定的缺点。第一，绿色 GDP 核算指标衡量标准较为复杂，需要较多数据进行核算，工作量较大，核算成本较高；第二，国际上对各国经济发展的衡量标准多是以 GDP 为标准的核算，如果我国采用绿色 GDP 核算标准，会造成国际社会间经济衡量的标准不具有可比性问题。同时，如果我国在对经济增长情况进行测算时，在国内采用绿色 GDP 指标，而在国外采用 GDP 指标，会使工作量重复，产生不必要的成本。因此，在对地方政府的考核中采用何种衡量标准，通过建立既可以反映地方经济的增长情况，又可以限制环境污染问题的衡量标准，促进环境规制政策执行的有效性的实现。

（三）经济转型时期考核标准的转变与环境规制政策的执行

在经济转型时期的三个阶段中，即经济快速发展阶段（1978—1993 年末）、经济高速发展阶段（1994 年初—2012 年末）、经济增速转换（新常态时期）阶段（2013 年初至今）。在这三个阶段中，地方官员的考核标准

① 冯卓．经济转型期我国环境治理的思考［J］．宏观经济管理．2016（1）：67－69．

的变化对环境规制政策的执行效果产生不同的影响。在经济转型时期的第一阶段和第二阶段，国家对地方经济增长的考核标准主要依据地方 GDP 值的增长情况，而这种较为单一的考核标准会造成地区间的锦标赛制度。这种地区竞争锦标赛制度会驱使地方官员为提高业绩实现晋升目标而进行地区间的 GDP 竞争。最终造成各地区以不惜牺牲环境为代价的 GDP 增长现象。随着在经济转型进入新常态阶段，与前几个发展阶段相比较，环境污染问题有所改善，但还存在着经济增长较多的依赖资源过度开发，资源能源高消耗、污染排放高强度、产出和效益低下的等特征。针对这一现状，党的十八届三中、四中全会对生态文明建设作出一系列重大决策部署。提出的“完善发展成果考核评价体系，纠正单纯以经济增长速度评定政绩的偏向，加大资源消耗、环境损害、生态效益、产能过剩、科技创新、安全生产、新增债务等指标的权重”的精神，使环保部门及各级政府在政绩考核的标准上加入了环境指标。具体来说，在实际的考核中，多采用以下两种考核方式：第一种，采用绿色 GDP 考核指标，而这种考核标准我们在上文中已经分析其存在的优势和劣势；第二种，在 GDP 考核的基础上加入，环境保护要素。在考核标准的执行上，实行环境保护要素一票否决制，这既保证了 GDP 衡量指标与国际间经济增长衡量的统一性。也是对地方官员在片面追求 GDP 增长的同时所对环境造成的极端污染问题进行约束。

6.2.4 经济手段与行政手段的选择

（一）环境规制政策与经济手段

环境规制政策中所涉及的经济手段是指，运用环境成本内部化的价格方法；设置与环境相关的税种；对企业自觉保护环境的措施给予的补贴；防止企业排污所收取的排污押金；企业排污给社会造成的负外部性，为补偿损失所给予的补偿费；以及其他金融手段等。具体来说，首先考虑的是企业在成本核算时，是否将环境成本计入产品生产成本之中，将影响环境规制政策的执行效果。作为“经纪人”的企业在追求利润最大化过程中，使用环境资源所引起的外部性问题是环境污染严重的主要原因。国家进行环境规制的主要目的在于使外部的环境成本内部化到企业成本之中，为降低成本，企业将自觉进行环境污染的治理。但企业在进行环境成本核算时往往存在以下问题：第一，没有考虑环境资源的机会成本。企业在利用现有资源时，主要考虑的是资源开采成本及资源运输成本，而忽略了反映资源使用所导致的机会成本。在不考虑机会成本的前提下，资源使用价格往往较低，当企业受益大于资源开发及运输所需成本时，资源的使用量会增加，进而对环境产生影响；第二，由于环境污染的影响分为：有形影响和无形影响。有形影响是指环境污染造成的直接经济损失。而无形影响是指环境污染间接造成的经济损失。如，雾霾对人体健康产生的影响，温室效应造成的全球变暖都会间接对经济产生影响。而企业在进行成本核算时只考虑了直接影响，而忽视了间接影响。因而往往忽视环境污染问题，将环境成本内部化将直接影响环境规制政策执行效果。其次，政府完善与环境污染相关财税政策是改善环境规制政策执行效果的直接手段。征收环境税是促进资源合理配置、减少环境污染的有效手段。

我国环境税改革主要包括两部分内容：一是完善现有环境税制体系。具体内容包括：①资源税改革。提高现有资源税税率，对环境影响较大的资源，如煤炭、原油等，在市场因素允许的条件下，应适当提高其税率标准，扩大征税范围。资源税的征税范围不应仅仅局限于矿产资源，还应将海洋资源、土地资源、森林资源、草原资源等自然资源纳入征税范围。②消费税改革。调整高污染、高能耗类消费品资源税税率；扩大对环境造成污染的消费品征收范围，将含磷洗衣粉、化学农药、泡沫包装物等对环境造成污染的消费品纳入消费税增收范围。二是增设新的环境税种。具体内容包括：①大气污染税。征税范围包括二氧化碳、二氧化硫、氮氧化合物、总悬浮颗粒物等。②水污染税。征税范围包括含有化学需氧量、氨氮、重金属的废水。③固体废物税。征收范围包括工业固体废物。征收环境税应采取循序渐进的原则，既达到环境规制的目的又考虑纳税人实际的经济负担。当税收政策发挥作用不明显时，需要财政政策进行直接或间接的补充。

国家在进行环境规制过程中主要采取的财政政策包括：①财政支出。增加环保财政支出规模、优化结构、提高效率。②财政转移支付。加大财政转移支付中生态补偿的力度，完善生态补偿机制。生态补偿机制的建立使外部环境规制成本内部化，提高资源利用效率。③绿色采购。通过借鉴国外经验，补充采购当事人、采购方式、合同、程序等内容，制定中国绿色采购法，促进生产、消费“绿色”化。[①]

（二）环境规制政策与行政手段

我国的环境规制政策执行中的行政手段包括两方面内容：第一，国家制定和实施与环境问题相关的法律法规。我国在环境规制法律法规建设取得了一定的成绩，除《宪法》规定之外，还制定了《环境保护法》等 90 多部与环境治理相关的法律、法规，600 多项地方性环境治理部门规章及地方性法规。环境治理的法制体系初步形成，但仍存在一些问题：一是某些特殊领域及新型领域的环境治理问题缺少相应的法律法规，如危险化学品污染、核污染、光污染等问题还没有相应的法律法规加以规范；二是环境治理相关法律、法规之间缺乏系统性、逻辑性。部分法律法规间存在重复、交叉、互相矛盾等问题。这些问题的存在不仅浪费了国家的立法资源，还增加了修订工作的难度以及实际执法工作开展困难，最终影响环境规制政策执行的效果。第二，推行和实施环境政策。依据不同时期内国家的环境保护目标，国务院环境保护行政主管部门制定环境保护工作的基本方针、指导原则、具体措施并予以推行。我国环境保护行政主管部门包括中央、地方两级管理部门。我国的环境管理部门几经改革，直到 2008 年国务院机构改革时将国家环境保护总局改组为环境保护部并被赋予环境政策的制定、规划、重大问题的解决等职责，使环境保护部门参与、决策能力得到了强化。但与其他相对独立的部门比较，其决策权依然较弱。原因是我国的环境治理体制属于中央和地方双重管理，具体表现：一是环境治理的具体工作是由地方各级环境管理部门执行，但在执行过程中受到地方政府干预和领导，从而影响了环保部门的执行力；二是国家各部委的环境保护部门受到国家环境保护部及各部委双重管理，导致环境治理政策彼此冲突，缺乏协调性。例如，我国能源局、水利部都有权力制定与能源和水利相关的环境保护政策，从而导致环保机构实质并无实权。环保部门设置与职能的交叉重叠造成了环境规制政策实施的低效率。

（三）经济转型时期环境规制政策执行手段的选择

我国环境规制政策执行手段与环境规制政策工具之间存在着紧密的联

① 冯卓．经济转型期我国环境治理的思考［J］．宏观经济管理．2016（1）：67－69．

系性。环境规制政策执行手段决定了环境规制政策工具的选择，同样环境规制政策工具实施的效果好坏影响环境规制执行手段的调整。在经济转型时期的第一阶段，我国主要采取行政手段对环境污染问题进行治理。而体现在政策工具的选择上，多采用命令—控制型环境规制政策工具。如，“三同时”制度排污申报、排污许可证制度、污染物排放标准等。在经济转型时期的第二阶段，我国主要采用以行政手段为主，市场手段为辅的综合治理方式。具体体现在政策工具的选择上，采用的是命令—控制型为主市场激励型为辅的政策工具。如，命令—控制型环境规制政策工具：环境影响评价制度、限期治理关停并转以新带老；市场激励型环境规制政策工具：排污许可证交易、治理设施运行保证金、污染费（含超标排污费）等。在经济转型的第三阶段，我国主要采用行政手段与市场手段双主体附以其他手段相结合的混合治理方式。具体体现在政策工具上，采用是命令—控制型和市场激励型为主政策工具，附以信息公开的政策工具。如：在沿用经济转型时期第二阶段使用的环境规制政策工具外，额外增加了信息公开办法、ISO 1004 等环境规制政策政策工具。第三阶段采用双主体的政策选择是由于，我国经济转型时期的第一阶段和第二阶段环境规制政策主要应用的是命令与控制政策，市场的规制政策（经济激励政策）。而通过对环境污染情况的分析可知，环境规制政策工具的使用并没有彻底改变经济转型时期环境污染较重的情况，因此采用双主体的政策选择有利于实现最佳的环境规制政策执行效果。

6.2.5 政府监督与公众监督的选择

（一）环境规制政策与政府监督

环境规制政策执行的政府监督机制，主要包括两方面内容：第一，内部监督机制。该监督机制主要强调内部强有力的执法、监督、约束力。内部监督机制是确保依法行政的最直接举措。在具体做法上，环保部门内部推行执法责任制，将有执法权限的单位、执法职责、执法任务、执法权限进行统一。规范执法尺度和程序，把责任落实到人头。第二，司法监督机制。环境行政诉讼是监督和审查环境行政机关是否严格执法重要手段。如果环境保护行政主管部门存在不作为或执法不严的现象，则上级主管部门应对其采取撤职和变更处理。严重失职行为应承担相应的法律责任。通过司法部门的监督使执法机构提高其责任心，促使其严格执行法律法规的同时，也会对违规情况进行处罚，将由于政府行政失职而为社会所造成的损失降低到最小。

（二）环境规制政策与公众监督

国家的环境规制政策在采用市场激励型政策工具时，经济主体的污染排放量越大，被征收的排污税就越多；补贴和削减补贴指政府通过信贷优惠和税收支出等方式对倾向于使用清洁投入或技术的厂商实施补助，即补贴；相对地，对倾向于使用污染密集型投入或技术的厂商减少补助，即削减补贴。如政府采用衍生型的市场化规制方式。包括：次优的拖入税和产品税、押金—返还机制、税收—补贴机制、排污费—返还机制。次优的拖入税和产品税指监督执行成本相对较低。在发展中国家和经济转型国家，政府较难对每个排污者的污染排放量进行准确度量。而对投入品和产品的度量则相对容易，此时政府根据固定的技术关系就可以推断出厂商的排污量，以此来征收投入税和产品税。举证角色发生转变，一般是政府对排污者进行核查，证实其排放量或技术水平是否达标。而在这里，是排污者主动证明其采用了清洁生产技术，以此来实现投入税和产品税的降低乃至豁免；押金—返还机制指自我证明机制的有效利用。政府避免了对商品使用时产生的污染物的不合法处理的监管，消费者为了获取事先缴纳的押金，将会自主收集和退还商品使用后产生的污染物。特别是能有效规制一些危险废弃物的不当处理；税收—补贴机制指通过税收和补贴的结合来鼓励减排行为。政府首先设定一个基准排污量，当厂商的排污量高于该基准时，则需要对多出的排污量纳税，当厂商的污染排放量低于该基准时，则可以获得一定的补贴。排污费—返还机制这是一种主要针对生产者制定的环境规制工具。政府事先对产生污染的厂商征收一定的排污费，事后根据某些测量值（如排污量、产量等）部分乃至超额退还事前征收的排污费。高于平均排污水平的厂商支付净支付，低于平均排污水平的厂商获得净收益。而在政策工具执行的背后存在大量经济利益，如果缺少监管会使企业与地方政府在政策执行时存在寻租现象。在环境污染治理的“足球赛场”上，政府既是环境规制政策的制定者，即裁判员身份，对于国有污染企业来说，政府又是参与者，即“运动员”身份，在这种情况下，运动员的在足球场上的监督就不能再由裁判员来执行，则应由场外观众进行监督。由此，体现了环境规制政策的监督不仅应由政府进行，还应该提倡公众的监督。公众的参与除了协助政府强化环境规制政策执行力度外，也起到了对政府的监督和约束作用。

（三）经济转型时期监督方法的选择与环境规制政策的执行

在经济转型时期的第一阶段，我国多采用命令—控制型环境规制政策工具。而与此相对应的监督机制往往强调政府监督的作用。在经济转型时期的第二阶段和第三阶段多采用市场激励型环境规制政策工具，与此相对应的监督机制则更应强调公众监督的重要性。公众对环境规制政策的执行监督可采用个人和组织两个方式。但从个人角度来说，监督能力有限，而且在政府与污染企业之间的博弈构成中，公众容易产生“搭便车”现象。因此，只有把较多公众联合起来形成一定的组织形式才能更好地发挥监督作用。这种组织形式可以是非官方的，该组织不代表任何利益集团，不完全受控于政府部门，在环境规制政策的执行中，属于较为中立的角色。但可以成为政府与企业，政府与公众沟通的纽带。一些西方国家在环境保护方面取得的成绩与许多民间监督组织是分不开的。

6.3　环境规制政策选择机制的评价

经济转型时期环境规制政策所涉更广的范围和行业，而中国环境规制政策研究领域还存在着诸多不可确定的具体问题。但无论涉及哪一领域哪一问题，作为环境规制政策所包含的组成因素和根本性质是一直的。因此，要完善经济转型时期的环境规制政策，应当建立一个环境规制选择机制，明确机制内环境规制政策从制定到政策监督过程中几种优先的政策选项。

首先，在环境规制政策制定阶段。明确的是社会性最优的规制模式不是单纯的政府部门的单一规制，而政府、社会层面、市场层面多方的参与者合力作用的结果。是来至于环境规制政策制定过程中的供求双方博弈的结果。其次，在环境规制政策制定阶段。环境规制政策的制定还要考虑具体政策工具的选择。在经济转型时期，我国主要采用命令—控制型和市场激励型双主体的环境规制政策工具。然后为保证环境规制政策执行的有效性，在经济转型时期，应将环境考核标准纳入地方政府政绩考核标准中，促进环境规制政策的实施。环境规制政策的有效执行还涉及采用何种政策执行手段。环境规制政策手段的选择与环境规制政策工具的使用是相辅相成的，在经济转型时期，应对政策工具的选择，采用行政和市场相结合的混合政策执行手段。最后，在环境规制政策监督阶段。在环境规制政策的监督方面，经济转型时期，由于政府和国有企业的特殊身份，应号召采用推广公众监督的方式，政府应积极宣传，培育和扶持民进环境保护组织的成长，要从政策法律上承认其存在的合理性，对于监督作用较好的组织，政府可以给予一定资金扶持。

6.4 小结

第一，对于供给方与需求方的选择方面：环境规制政策的制定最终由需求方各利益集团，供给方政府或环境规制政策制定机构进行博弈的最终结果。在我国经济转型时期的第一阶段，经济发展水平较低，政府更重视经济的发展，因此供求平衡时环境规制政策指标在较低的标准上，政府或环境规制政策制定机构体现的供给水平更多情况是为了满足污染企业利益集团的需求。经济转型时期进入第二阶段，人们越发认识到环境保护的重要性，经济发展初期以牺牲环境为代价的经济发展，已经不适应社会可持续发展的需要。环保利益集团随着其规模的增加，影响力逐渐提高，其对环境规制政策制定的需求影响逐渐增大。政府制定环境规制政策倾向于满足环保利益集团的利益。在经济转型时期第三阶段，我国正逐渐迈入一个新的以转变发展方式、调整产业结构、持续稳定增长、提高质量效益为内容的中高速发展新常态时期。政府和环境规制政策制定机构对于环境保护的认识达到新高度。此时，环境保护利益集团的影响力远远超过污染企业利益集团，环境规制政策的供给方更多的是满足环境保护利益集团的需求，采用更高标准的环境规制政策。

第二，在市场机制与政府管制的选择方面：随着经济转型从第一阶段向第三阶段发展的过程，环境规制政策的制定也从政府管制向市场机制转变，具体体现在环境规制政策发展上，从“命令与控制”型环境规制政策；“基于市场”型的环境规制政策；“信息披露和参与机制”型的环境规制政策。从环境规制政策类型的发展历程看，各国逐渐认识到通全新思路以市场为基础的激励机制，提高了环境政策的实施效率，缓解了环境治理的压力。在环境规制政策的具体实施过程中，许多国家并不单纯的应用一种类型的规制政策，而是制定多种类型政策综合使用，针对解决不同环境问题。

第三，在 GDP 考核指标与环境 GDP 指标标准的选择方面：在实际的考核中，多采用以下两种考核方式。第一种，采用绿色 GDP 考核指标，而这种考核标准我们在上文中已经分析其存在的优势和劣势。第二种，在 GDP 考核的基础上加入，环境保护要素。在考核标准的执行上，实行环境保护要素一票否决制，这既保证了 GDP 衡量指标与国际间经济增长衡量的统一性。也是对地方官员在片面追求 GDP 增长的同时所对环境造成的极端污染问题进行约束。

第四，在经济手段与行政手段的选择方面：在经济转型时期的第一阶段和第二阶段，我国主要采用以行政手段为主，市场手段为辅的综合治理方式。在经济转型的第三阶段，我国主要采用行政手段与市场手段双主体附以其他手段相结合的混合治理方式。具体体现在政策工具上，采用是命令—控制型和市场激励型为主政策工具，附以信息公开的政策工具。第三阶段采用双主体的政策选择是由于我国经济转型时期的第一阶段和第二阶段环境规制政策主要应用的是命令与控制政策，市场的规制政策（经济激励政策）。而通过对环境污染情况的分析可知，环境规制政策工具的使用并没有彻底改变经济转型时期环境污染较重的情况，因此采用双主体的政策选择有利于实现最佳的环境规制政策执行效果。

第五，政府监督与公众监督的选择方面：在经济转型时期的第一阶段，我国多采用命令—控制型环境规制政策工具。在经济转型时期的第二阶段和第三阶段多采用市场激励型环境规制政策工具，与此相对应的监督机制则更应强调公众监督的重要性。公众对环境规制政策的执行监督可采用个人和组织两个方式。但从个人角度来说，监督力有限，而且在政府与污染企业之间的博弈构成中，公众容易产生“搭便车”现象。因此，只有把较多公众联合起来形成一定的组织形式才能更好地发挥监督作用。

第 7 章

经济转型时期完善中国环境规制政策的对策建议

伴随着我国经济发展进入转型时期，社会成员对环境质量的问题越来越关注，而随着经济的快速发展，环境污染的程度呈现出日趋恶化的趋势。环境的污染为整个社会来了严重的负面影响，我们面临的是雾霾、水资源的破坏、固体废物的大量排放等问题，这些问题给我国造成了严重的经济损失，面对这些问题，在市场制度无法最大限度发挥作用时，政府规制变得十分必要，通过分析环境规制政策选择机制中各种最优选择，提出经济转型时期与环境规制政策制定、执行和监督相关的对策建议。

7.1　环境规制政策制定机构的改革和完善

7.1.1　明晰环境规制政策机构的独立性和执行力

我国环境规制政策机构要保持高度的独立性和执行力。首先，强调环境规制政策相关法规在执行中的独立性。环境规制政策法律法规的制定和执行需要立法部门、司法部门、行政机关共同协调执行，虽然我国环境保护部直接隶属于国务院，但由于环境规制政策制定工作的决策和执行要受到司法、行政等部门的约束和制衡，在执行过程中很难避免相关利益集团为实现共同利益而干涉司法的现象。因此，要保证环境规制政策制定的独立性，就应保证在司法独立的基础上，强化环境保护部在环境规制、法规制定、重大问题的解决上的话语权和决策权，避免“强势利益集团”干预环保部门执法行动。其次，应转变现有管理模式，由当前中央与地方的双重管理体制转变为中央政府垂直管理，强调环境规制政策机构的独立性，消除环境规制政策工作人员受环保部和各级政府双重领导的弊端。例如，在现行管理体制中，各市环保部门工作人员的编制来自于省级政府部门，工作人员的工资由政府统一划拨，而具体工作由各市级环保部门安排。工资发放与工作绩效考评的分离造成了工作拖沓等现象。因此，我国各级地方环保部门的编制应划归国家环保局统一管理，实行各级垂直领导，避免地方政府自行定制编制的随意性，干部人事的任免也应由上一级环保部门通过民意测评和工作绩效考核的结果决定，彻底与地方政府脱钩。

7.1.2 完善环境规制政策机构的统一性和协调性

环境规制政策实施效果的好坏取决于环境规制政策机构与其他相关机构的配合、协调；取决于以其他机构之间是否执行了有效的激励机制和约束机制；取决于与其他机构之间对于重点污染领域及行业的规制是否达成共识；取决于相关法律政策制定的完备性、污染信息的透明性、治理过程的完善性，以及与非政府部门和环保组织之间的合作性。如：加拿大政府为治理环境污染问题，设立专门的环保部，环保部的主要任务政策颁布：如制定、落实加拿大环境保护相关的法律法规、政策标准、相关事项等；协调各级政府之间的职责、任务和政策实施过程中存在的冲突。加拿大政府高度重视环境保护工作，在国会两院设立环境保护立法机构和环境相关问题咨询机构。具体来说，在参议院设置能源产业环境保护委员会和资源保护委员会；在众议院设置环境保护和可持续发展委员会。加拿大政府对于环境保护机构的设置采取层层管理的方式，即联邦、省级、市级三级管理方式。其中，联邦政府负责国际间环境保护相关事宜及协调省际间环境保护事物。省级环保部门和市级环保部门分别负责所在区域内的生活污染物处理工作。对于污染物的排放，加拿大出台了严格的环境质量监督标准和有针对性的环境治理法律法规。为推进环保工作有效进行，加拿大政府还跨部门合作设立 CCME 即环境部门理事会。该理事会的机构是 10 - 3 - 14 式结构，即由 10 个省、3 个区、14 个环保部门组成。理事会的主要任务是讨论与环境相关问题，并由该环境问题提出对策建议。理事会内所有成员组织关系协调平等，14 个环保部门轮流担任执政理事会主席。理事会的主要职能为提供四大平台。第一，对话平台。为解决环境事件提供协调、磋商、决策的平台，采用政治协商方式制定环境规制政策。第二，信息发布及讨论平台。与公众及其他环保机构分享环境保护方面的信息、科学研究、重大发现等。第三，规则制定平台。制定环境保护相关规章、制度、标准等。所有规则法规定期向公众公布。第四，化解矛盾平台。对于理事会内部及与其相关部门之间，在解决环保问题上的矛盾和冲突采用协商方式加以解决，为消除各方的分歧提供平台。同时该理事会接受公众、社会团体、非政府组织的监督。由于积极为公众及各团体提供环境相关的利好政策，因此，理事会内部所达成的协议一般都可以得到广泛支持和有效落实。加拿大政府的这做法值得我们去学习和研究。我国政府也可借鉴加拿大在环境规制方面的经验，加强环境规制政策和解决重大环境问题的各部门的协调性。强调部门间、地区间环境规制政策制定及实施的协调性和有效性。

7.1.3 规范环境规制政策机构内部人员绩效考核体系

在经济转型的新阶段，经济增长速度、经济结构、发展动力的驱动方式都发生了变化，过去那种以 GDP 为主导的考核体系已经不适应新的发展方向，应建立全面的政绩考核标准，尤其要增加环境指标、健康指标、安全指标等社会指标，并切实加以贯彻。在建立地方官员的政治激励机制时，要强调经济增长与环境保护并重的思想，将环境规制政策取得的成效作为政治晋升的重要依据。建立问责机制，当发生重大环境污染事件时，对主要负责领导和相关责任人应从重处罚，避免地方官员放松环境规制的思想与行为。

7.2 环境规制政策工具的选择

7.2.1 强化命令——控制型环境规制政策工具的执行力度

通过对我国经济转型时期环境规制政策演进过程的梳理，可以看出，现阶段我国主要采用的环境规制政策工具为命令——控制型环境规制政策和市场激励型环境规制政策。尤其是地方环境规制管理部门更愿意采用已经习惯使用的方式去解决公众反映较为强烈的环境问题。为使命令——控制型环境规制政策工具发挥最优效果不仅需要国家制定完善的环境保护的法律法规，还需有各地政府及各级环境政策执行部门的有效配合，做到认真执法。但由于我国采用的是中央和地方各级行政管理体制，而地方政府片面的追求经济业绩的提高，而不惜以牺牲环境为代价，往往存在对中央政府制定的相关法律法规执行力度不够等问题。因此，为使命令——控制型环境规制政策工具有效发挥作用，需要政策制定部门和政策执行部门的有效配合，强化命令——控制型环境规制政策工具的执行力度。环境规制政策制定部门需要确实了解环境污染的原因及污染的主要领域，制定严格的环境保护法律法规。环境规制政策执行部门应加大环境执法投入，通过科学的环境执法绩效评价，激励环境保护执法人员的积极性和主动性。

7.2.2 优化市场激励型环境规制政策工具的使用

现阶段我国在执行市场激励型环境规制政策时，所采用的排污收费标准较低，不足以弥补污染所造成的负外部性。为激励正外部性，政府对于从事环保的企业给予资金补贴，但从现实情况看，市场激励型环境规制政策工具并未有效推动我国环保事业的发展，相反成为某些企业骗取国家环保补贴资金的手段。真正有效的市场激励型环境规制政策工具手段有待于进一步完善。具体做法是：首先，使企业明确政府制定的市场激励型环境规制政策执行的原则，即贯彻“谁污染、谁付费”的原则，推动企业在确定产品价格过程中，将环境成本纳入成本核算体系。可以约束企业在产品生产过程中严格遵守国家污染物排放总量和污染排放标准。当企业环境资源成本核算过低时，应受到相应的处罚。环境资源成本可以通过资源税和环境税实现，计税依据为资源环境成本。其次，完善强化环境规制的相关财税政策。征收环境税是促进资源合理配置、减少环境污染的有效手段。

我国环境税改革主要包括两部分内容：一是完善现有环境税制体系。具体内容包括：①资源税改革。提高现有资源税税率，对环境影响较大的资源，如煤炭、原油等，在市场因素允许的条件下，应适当提高其税率标准，扩大征税范围。资源税的征税范围不应仅仅局限于矿产资源，还应将海洋资源、土地资源、森林资源、草原资源等自然资源纳入征税范围。②消费税改革。调整高污染、高能耗类消费品资源税税率；扩大对环境造成污染的消费品征收范围，将含磷洗衣粉、化学农药、泡沫包装物等对环境造成污染的消费品纳入消费税增收范围。二是增设新的环境税种。具体内容包括：①大气污染税。征税范围包括二氧化碳、二氧化硫、氮氧化合物、总悬浮颗粒物等。②水污染税。征税范围包括含有化学需氧量、氨氮、重金属的废水。③固体废物税。征收范围包括工业固体废物。征收环境税应采取循序渐进的原则，既达到环境规制的目的又考虑纳税人实际的经济负担。

当税收政策发挥作用不明显时，需要财政政策进行直接或间接的补充。国家在进行环境规制过程中主要采取的财政政策包括：①财政支出。增加环保财政支出规模、优化结构、提高效率。②财政转移支付。加大财政转移支付中生态补偿的力度，完善生态补偿机制。生态补偿机制的建立使外部环境规制成本内部化，提高资源利用效率。③绿色采购。通过借鉴国外经验，补充采购当事人、采购方式、合同、程序等内容，制定中国绿色采购法，促进生产、消费“绿色”化。

7.3 环境规制政策法律体系的构建

7.3.1 健全我国环境规制政策法律法规体系

我国环境规制政策法律法规内容建设中，取得了一定的成绩。除《宪法》规定之外，还制定了《环境保护法》等90多部与环境治理相关的法律、法规，600多项地方性环境治理部门规章及地方性法规。环境治理的法制体系初步形成，但仍存在一些问题：一是某些特殊领域及新型领域的环境治理问题缺少相应的法律法规，如危险化学品污染、核污染、光污染等问题还没有相应的法律法规加以规范；二是环境治理相关法律、法规之间缺乏系统性、逻辑性。部分法律法规间存在重复、交叉、互相矛盾等问题。这些问题的存在不仅浪费了国家的立法资源，还增加了修订工作的难度以及实际执法工作开展困难，最终影响环境治理的效果。面对环境规制政策法律法规制定中出现新问题，国家在制定相应法律法规的同时，也应该对原有法律法规不足之处进行及时修订。例如，企业由于排污行为所受到的处罚往往低于安装净化设备所需要的成本，作为市场中的“经济人”，企业宁愿选择被处罚。造成这一现象的原因是我国原有的法律法规对破坏环境资源的处罚偏低，处罚结果无法弥补对生态环境造成的损害。因此，国家首先应加大处罚力度，让违法排污者对其排污行为进行相应的补偿，对造成严重后果的责任人应依法追究其刑事责任。其次，在修订相关法律法规时，应赋予公民更多的知情权、参与权、监督权，在保证环保信息公开化的同时，提高公民的参与和监督意识。

7.3.2 增强环境规制政策法律法规的可执行性

我国颁布的环境规制政策法律法规是以1979年颁布实施的《中华人民共和国环境保护法》为依据制定。如：《中华人民共和国水土保持法》

(1991)、《中华人民共和国固体废物污染环境防治法》(1995)、《中华人民共和国森林法》(1998)、《中华人民共和国大气污染防治法》(2000)等。这些较为重要的法律集中体现出法律陈旧的特点。法律法规的制定与实施之间存在着时滞性，而我国制定的一些法律法规只是具有广泛的指导作用，而不是有针对性的解决某些环境问题，因而削弱了法律制定的有效性。因此，我国法律法规的制定应着眼于加强环境规制政策法律法规制定的可执行性，提升法律解决实际问题的能力。环境规制政策法律法规的制定的过程应采取听证制，广泛听取社会公众、专家学者、环保人士的意见。对于法律法规的颁布过程应采取，制定、试用、修订、实施几个阶段，对于在试用过程中的问题，及时修改，使相关法律法规的执行更具有针对性。

7.4　环境规制政策执行的监督

7.4.1　建立广泛的环境规制政策监督机制

政府可以利用网络平台及时公开环保信息，减少公众参与成本，加大公众对环保的话语权。但应注意在促进公众参与的同时保证参与群体的代表性和广泛性，确保其所反映的环境污染问题具有真实性和代表性，避免公众参与平台成为某些利益集团和污染企业的利用工具。在修订相关法律法规时，应赋予公民更多的知情权、参与权、监督权，在保证环保信息公开化的同时，培养公民的参与和监督意识。利用网络平台及时公开环保信息，减少公众参与成本，加大公众对环保的话语权。

7.4.2　积极发挥非政府组织的监督作用

非政府组织对环境规制政策的执行监督可采用个人和组织两个方式。但从个人角度来说，监督力有限，而且在政府与污染企业之间的博弈过程中，公众容易产生“搭便车”现象。因此，只有把公众联合起来形成一定的组织形式才能更好地发挥监督作用。这种组织形式可以是非官方的，该组织不代表任何利益集团，不完全受控于政府部门，在环境规制政策的执行中，属于较为中立的角色。但可以成为政府与企业，政府与公众沟通的纽带。一些西方国家在环境保护方面取得的成绩与许多民间监督组织是分不开的。如：上文提到的加拿大为推进环保工作跨部门合作设立 CCME 即环境部门理事会。在这些欧美国家非政府的环保组织较为常见，且发挥了不可替代的作用，可以说这些非政府的环保组织引发了“绿色革命”，他们对环境问题的认识更为深刻，且就有中立性，因此提出的环保问题及环境规制政策更具有针对性。我国大部分环保组织为官方或半官方形式，主要是在政府部门、学校、学会下成立，而这种依附于政府的环保组织其受约束程度较高，制约了其环保监督作用的发挥。所以，政府应积极宣传，培育和扶持民进环境保护组织的成长。要从政策法律上承认其存在的合理性，对于监督作用较好的组织，政府可以给予一定资金扶持。

结论与研究展望

8.1 研究结论

第一，经济转型时期中国环境污染相关情况结论：

进入经济转型时期，工业迅速发展，成为经济增长中的主导产业。在这一阶段，工业污染问题伴随着经济的高速增长而产生。随着工业“三废”排放量的增加，人们开始重视环境污染问题。国家主要从两方面着手治理环境污染：

（1）在资金投入上，国家不断加大环境保护的力度，拓宽环境保护投入的渠道，由过去单纯的政府财政投入为主体扩展为政府和企业双主体的投资渠道模式。政府通过财政转移支付、环境保护国债及排污收费等方式筹集环境规制资金；企业通过保护专项基金、污染源治理专项基金、企业自有资金、政策性银行贷款、国际金融机构和外国政府优惠贷款等方式筹集环境规制资金。政府与企业共同筹集资金，双管齐下，保证了充足的环境污染治理投入资金。

（2）国家实行工业污染源限期达标排放，关闭浪费资源、污染环境的小企业等措施，环境污染程度有所减轻，环境规制收到了一定的效果。从“三废”排放量及治理情况来看：2012 年全国废气排放量为 635 519 亿立方米，比上一年减少 38 990 亿立方米。全国工业 SO_2 排放达标率、全国工业烟尘排放达标率、全国工业烟尘排放达标率从 2010 年起均已超过 90%；2014 年全国废物排放量为 325 620 万吨，比 2013 年减少 6 889 万吨。从

2012—2014 年全国废物排放量值看，废物排放量一直呈下降趋势。工业废物利用率从 2006 年起已超过 60%；2000—2014 年全国废水排放总体值，整体上呈缓慢上升趋势。但从工业废水排放指标看，2013 年全国工业废水排放量为 209.8 亿吨，比上一年减少 5.3%。全国工业废水排放达标率从 2010 年起已超过 95%。从统计资料数据分析，在经济转型时期通过有效的环境规制手段使环境污染得到一定的控制。但我们也应该看到一些现实问题，如：雾霾问题、地下水污染防治五年，仍有八成不能饮用等问题，说明环境治理还没有达到最优治理效果。

第二，经济转型时期经济增长与环境污染之间关系问题的相关结论：

通过简单回归模型对废水排放量、固体废物排放量和 SO_2 排放量与人均 GDP 值之间的关系进行分析，三种污染与人均 GDP 存在着多种形态关系，所呈现的 EKC 曲线的形状也不尽相同。

（1）人均 GDP 与人均废水排放量之间的关系：对于经济转型各阶段废水排放与经济增长的关系分析，在经济转型的现阶段，从全国人均 GDP 水平看，此时人均 GDP 水平还没有突破拐点，人均 GDP 的继续上升会使人均废水排放量增减，此时还没有达到了经济增长与环境治理的双赢局面。随着人均 GDP 的增加，当全国人均 GDP 突破极值点时，人均 GDP 的继续上升会使人均废水排放量减少，达到了经济增长与环境治理的协调。

（2）人均 GDP 与人均固体废物排放量之间的关系：在经济转型的现阶段，从全国人均 GDP 水平看，此时人均 GDP 水平还没有突破拐点，人均 GDP 的继续上升会使人均废水排放量增减，此时还没有达到了经济增长与环境治理的双赢局面。随着人均 GDP 的增加，当全国人均 GDP 突破极值点时，人均 GDP 的继续上升会使人均废水排放量减少，达到了经济增长与环境治理的协调。

（3）在经济转型的三个阶段中，我国人均 GDP 水平在第二阶段（2000 年）时，人均 GDP 水平已经突破第一极值点，但直到第三阶段（2014 年），我国人均 GDP 水平还没有突破第二极值点。可以看出我国从 2000—2014 年这一经济转型阶段对于我国的经济增长与环境治理相协调已经实现双赢的目标，而且随着经济的增长人均 GDP 水平超过第二极值点时，这种状态将一直保持，处于相对稳定时期，达到经济增长与环境治理之间的和谐发展局面。

第三，能源产业环境规制政策效应相关结论：

能源产业是国家基础产业，也是关系到国计民生的产业。由于能源产业的排污行为给社会造成了负面的影响，包括大气污染、饮用水污染、酸雨、臭氧层的破坏和全球变暖等。因此，国家对其进行环境规制，目的在于控制环境污染、保障人们健康安全的同时减轻对经济增长的负面影响。我国政府一直重视对能源产业的环境规制，能源产业环境规制政策对环境污染、健康安全、经济效益会产生正效应还是负效应，这引起了很多学者的注意和研究。虽然，有学者对产业环境规制政策进行研究，但是对环境规制政策效应的研究，尚未处于初探阶段。一方面是由于环境规制政策评价的过程较复杂，与一般性产业政策评价不同，环境规制政策涉及环境、健康安全、经济等多方面的内容，其中许多内容是近几年才出现的，系统的将这些内容结合起来进行评价是一件十分困难的事情。另一方面，环境规制属于社会性规制范畴，而社会性规制相关要素，在统计年鉴中的数据资料较少，评价主体很难得到足够的数据，这大大增加了对环境规制政策效应评价的难度。针对这些问题，本书借鉴相关研究内容，结合自己的观点，对该问题进行了研究。

本书首先对国内外环境规制相关理论研究现状进行综述，接着阐述了环境规制政策效应评价的相关理论，确定了环境规制政策效应评价的目标即环境效益、“SH”效益及经济效益目标；然后描述了能源产业整体污染情况，计算出能源产业中各行业污染强度。归纳能源产业环境规制政策发展的各个阶段，概括能源产业环境规制政策类型及作用。根据能源产业环境规制政策类型的特点，构建能源产业环境规制政策实施强度评价体系，测算能源产业环境规制强度；接着利用 SCP 框架的分析方法，分析能源产业环境规制政策效应，从市场结构对市场绩效影响角度分析，政府实施能源产业的环境规制政策使环境绩效、“SH”绩效、经济绩效得到提高。从市场行为对市场绩效影响角度分析，对于能源企业来说，其创新活动包括两种：污染治理技术创新和生产技术创新。污染治理技术创新活动必然对环境绩效和“SH”绩效的提高具有促进作用。而对经济绩效来说，从短期看，政府的环境规制政策通过对企业技术创新行的影响进而对企业经济绩效产生负面的影响。从长期看，由于生产技术创新的加强，企业利润的提高足以弥补因污染治理创新所投入的费用，因此，会对企业经济绩效产生正面的影响。然后通过实证分析，验证作用机理的分析。最后综合对比分析这些效应，得出当前能源产业环境规制政策效应结论，并给出相应的政策建议。

1. 能源产业污染程度相关结论

从中国能源产业整体看，其“三废”排放量占整个工业“三废”排放量的比重较大，能源产业废水排放量的比重超过10%；SO_2排放量的比重超过50%；固体废物排放量的比重超过25%。可以看出，我国能源生产企业污染物的排放对我国生态环境造成较大的负面影响。从中国能源产业内部各行业污染物排放情况看，电力、热力的生产和供应业；煤炭开采和洗选业；石油加工、炼焦及核燃料加工业三个行业属于污染较为严重的行业。

2. 能源产业环境规政策的环境效应检验结论

本书利用面板模型，根据中国1996—2010年的能源产业各行业数据，将环境效益评价指标综合为废水排放量、SO_2排放量、固体废物排放量三个指标，对能源产业环境效应进行实证分析。研究结果表明：政府对能源产业环境规制政策实施强度的增加，对SO_2排放量和固体废物排量的减少有正影响。实证检验结果显示，随着环境规制政策实施强度的增加，SO_2排放量和固体废物排量在逐渐减少，环境规制政策实施强度每提高1%，SO_2和固体废物的排量下降0.03%和0.14%。这说明，能源产业环境规制强度的加强有效地减少了污染物的排放，从而改善了环境质量，从而达到环境规制政策的环境效应目标。

通过面板模型的分析可知：加入市场集中度指标和专利申请数量后，模型拟合效果较好。但市场集中度对废水排量的影响的估计系数为正，对SO_2和固体废物排放量的影响不显著。

企业专利技术申请数对废水、SO_2和固体废物排放量的影响的估计系数为负，即企业技术创新对环境效益的提高有正影响。专利技术申请数每提高1%，废水、SO_2和固体废物的排量下降0.04%、0.13%和0.34%。这验证了本书在能源产业环境规制政策效应作用机理中的分析。随着政府对能源产业环境规制政策的加强，环境规制政策对企业进行污染治理技术创新具有一定的促进作用，具体表现为专利技术申请数目增多，当这些专利技术中污染治理技术投入应用时会对环境的改善有正效应。

3. 能源产业环境规制政策的“SH”效应检验结论

本书利用面板模型，根据中国 2001—2010 年的能源产业数据，将“SH”效益评价指标综合为职业病数量指标，对能源产业“SH”效应进行实证分析。研究结果表明：能源产业环境规制政策实施强度对“SH”效益的影响。从短期看，随着环境规制政策实施强度的增加对“SH”效益的提高有负影响。实证检验结果显示，随着环境规制政策实施强度的增加，职业病患病人数也在逐渐增加，环境规制政策实施强度每增加 1%，职业病患病人数增加 1.13%；从长期看，随着环境规制政策实施强度的增加对“SH”效益的提高有正影响。实证检验结果显示，随着环境规制政策实施强度的增加，职业病患病人数在逐渐减少，环境规制政策实施强度每增加 1%，职业病患病人数减少 0.98%。表明在短期我国能源产业的环境规制政策即“命令与控制”型环境规制政策工具和“基于市场”型环境规制政策工具对健康安全质量的改善没有起到积极作用，而从长期看，随着环境规制政策实施强度的增加行业健康安全质量将得到改善。因此，从长期看环境规制政策实施强度对“SH”效益的提高有正影响，即产生正效应。

市场集中度对“SH”效益的提高有正影响。实证检验结果显示，随着市场集中度的增加，职业病患病人数逐渐减少，市场集中度每提高 1%，职业病患病人数下降 3.74%。这验证了本书在能源产业环境规制政策效应作用机理中的分析。

企业技术创新行为对“SH”效益的提高有负影响。实证检验结果显示，随着专利技术申请数的增加，职业病患病人数会逐渐增加，专利技术申请数每提高 1%，职业病患病人数增加 0.68%。

4. 能源产业环境规制政策的经济效应检验结论

本书选取中国能源产业 1996—2010 年五个行业相关数据，利用面板模型，测算了环境规制强度、市场集中度、专利申请数，对能源产业的全要素生产率、技术进步指数、技术效率指数的影响。研究结果表明：能源产业环境规制实施强度的增加对经济效益各指标回归的一次项系数均为负，二次项系数均为正，呈“U”型特征。这一回归结果说明，从现阶段看，政府的环境规制政策的实施并没有给能源产业的经济效益带来正影响，但随着能源产业环境规制政策实施强度由弱变强，突破“U”型拐点后，环境规制政策的实施将给能源产业的经济效益带来正影响。实证检验结果显示，能源产业环境规制政策实施强度的“U”型拐点分别在38.3、37.5和30。

市场集中度的增加使经济效益得到提高。实证结果显示，在能源产业环境规制政策的作用下，市场集中度对经济效益的提高有正影响。

企业技术创新行为在短期对经济效益的提高有负影响；在中长期企业技术创新行为对经济效益的提高有一定激励作用。

5. 综合分析

总体来说，从短期看，能源产业环境规制政策还有待进一步加强。从长期看，能源产业环境规制政策效应能够达到预期的环境效应、“SH”效应和经济效应目标。

第四，经济转型时期环境规制政策最优选择相关结论：

环境规制政策选择机制的构建是在经济人假设的前提下，提出多种选择：

（1）第一种选择，环境规制政策制定导向，受供求双方谁的影响更大。在该选项下，我们通过研究经济转型供求双方在不同阶段得出不同的博弈结果分析可知：对于需求方来说，在经济发展水平低时各利益集团更关心就业和经济增长能够给自己带来的经济收益，支持环境规制政策的利益集团不仅数量少而且影响力小，这时对环境规制政策制定的需求不足。当经济发展达到较高水平时，各利益集团的环境意识都有不同程度的提高，支持环境规制政策的利益集团数量增多，影响力增强，对环境规制政策的需求明显提高。受环境规制政策利益集团支持程度及经济发展水平的影响。对于供给方来说，需求和供给之间存在着委托——代理的关系，其性质使其必然要受经济发展水平和与之相应的规制政策安排的制约。只有，环境目标随着经济发展被足够重视，控制腐败现象，改善制度安排，环境规制政策能力得到提高，环境规制政策供给才能更有效。因此，环境规制政策制定导向受需求方影响更大。

（2）第二种选择，环境规制政策工具选择以市场机制为主还是以政府管制为主。环境规制政策工具包括：“命令与控制”型环境规制政策、“基于市场”型环境规制政策、“信息披露与参与机制”型环境规制政策。“命令与控制”型环境规制政策包括：技术标准和绩效标准；“基于市场”型的环境规制政策包括：环境税费、补贴和许可交易排污许可证；“信息披露和参与机制”型的环境规制政策包括：信息公开办法、公众参与暂行办法、环境标志、ISO14000。而命令与控制型和信息披露与参与机制型环境规制政策工具，主要强调政府管制的作用。基于市场型环境规制政策工具强调了市场机制的作用。通过分析表明，无论是以市场机制为主的环境规制政策还是以政府管制为主的环境规制政策，都会存在着政策失效的现象，正对这一现象和经济转型时期第三阶段的特点以及国家政策导向，现阶段我国环境规制政策工具的使用应采用市场机制为主，政府管制为辅的多种环境规制政策工具相结合的方式。

（3）第三种选择，为促进环境规制政策的有效实施，对于政府部门的考核标准采用 GDP 考核标准还是采用环境指标标准。从我国经济转型的不同阶段政府部门的考核标准发展历程来看，在经济转型时期的第一阶段和第二阶段前期，我国中央政府对地方政府政绩考核标准以 GDP 指标为主。但对于地方政府而言，分税制改革后国家向地方财政转移支付有限，地方政府为增加财政收入，促进经济的增长方式主要是靠资源的高投入来实现，在利益的驱动下不惜牺牲环境为代价换取经济发展扩大税收。在以环境换取 GDP 增长的同时，政府为避免影响财政收入，也不愿承担相应的治理成本进行环境规制。经济转型时期以来，国家对地方政府和官员的政绩考核均以 GDP 增长作为主要标准，因此地方政府在片面追求 GDP 增速目标的趋势下很难兼顾环境保护的目标。因此，在 GDP 考核的基础上加入，环境保护要素。在考核标准的执行上，实行环境保护要素一票否决制，这既保证了 GDP 衡量指标与国际间经济增长衡量的统一性。也是对地方官员在片面追求 GDP 增长的同时所对环境造成的极端污染问题进行约束。

（4）第四种选择，在环境规制政策制定执行中选用经济手段还是行政手段。环境规制政策执行中涉及的经济手段主要是：一种经济手段是通过规范成本核算方式，将环境成本内部化，使企业自觉减少生产过程中对环境造成的污染。另一种经济手段是通过环境税收的方式阶段环境污染问题。通过对环境污染情况的分析可知，环境规制政策工具的使用并没有彻底改变经济转型时期环境污染较重的情况，因此采用双主体的政策选择有利于实现最佳的环境规制政策执行效果。

（5）第五种选择，在环境规制政策监督方面，采用政府监督方式还是公众监督方式更有效。在政府监督方式上，无论是政府的内部监督方式还是司法监督方式，都存在着政府监管不严，与企业串谋等问题。因此，在环境规制政策的监督方面，通过借鉴环境规制政策实施效果较好的国家经验，采用公众监督的方式，更有利于经济转型时期我国环境规制政策的推广和实施。

8.2 研究不足与未来展望

环境规制政策实施效果的好坏受很多因素影响，如经济因素、政治因素、文化因素、道德因素等，而本书的研究更侧重于研究环境与经济之间的关系问题。由于环境规制政策问题本身的复杂和本人对规制经济学、计量经济学等问题上的学识有限，所以对该问题的分析具有局限性。因此，本书的研究还有很多不足和有待完善的地方。

第一，由于数据收集有限，对我国环境污染情况的描述还不够完整，只是以时间为依据进行了纵向数据的分析，没有进行不同时间段，地区间和产业间环境污染情况的分析。

第二，本书在进行经济增长与环境污染关系问题的论证中，以全国为研究对象，主要着重于经济转型不同时期环境污染与经济关系问题的分析，没有将各省细化分类。而现实情况是，各省每个省份的经济发展情况不同，产业结构不同，因此对环境污染的影响也不同，将各省按地区产业情况及人均收入水平情况分成高污染高收入、高污染低收入、低污染高收入、低污染低收入四组，然后对四组经济增长与环境污染情况进行分析，这是本人未来继续研究的一个方向。

第三，本书研究的是能源产业各行业环境规制政策效应问题，采用的是能源产业层面的数据进行实证研究，欠缺对不同产业环境规制政策效应的比较分析。这也是未来继续研究的方向之一。

第四，本书另一个不足是在定量化环境规制政策时，采取的简单化量化，只是根据自己主观判断划分，有一定的主观性，未来笔者将考虑如何把环境规制政策采取更加科学和客观的方法将其量化。

第五，本书对能源产业环境规制政策工具进行了研究，但只是从分类角度进行分析，在未来的研究中，应对能源产业的每一个环境规制政策工具具体分析，找出最适合能源产业的环境规制政策工具。

第六，由于环境规制问题的复杂性，本书对经济转型时期环境规制政策选择机制的构建还不够完善，可计入多种要素对该机制进行完善。在本人未来的学术研究中，还会继续对该问题进行研究。

参考文献

[1] Abraham Charnes, Willianm W. Cooper and Shanling Li. Using Data Envelopment Analysis to Evaluate Efficiency in the Economic Performance of Chinese Cities [J]. Soeio - Eeon - Plann - Sei, 1989 (6): 325 - 344.

[2] Anderson, Robert. The U. S. Experience with Economics Incentives in Environmental Pollution Control Policy [R]. Working Paper, 1997: 23 - 32.

[3] Andrews G. Utilizing survey data to inform public policy: comparison of the cost - effectiveness of treatment of ten mental disorders [J]. The British journal of psychiatry, 2004 (184): 526 - 533.

[4] Baron, D. P. Regulation of Prices and pollution under incomplete information [J]. Journal of public Economics, 1985 (2): 211 - 231.

[5] Buehanan, J. M., Extemal diseconomics, corrective taxes, and market structure. American Economic Review, 1969 (1): 174 - 277.

[6] C. Jagger, B. Cox, S. Le Roy et al., Health expectancy calculation by the Sullivan method: a practical guide [R]. EHEMU Technical Report, 2007 (6).

[7] Campbell S et al. Quality of primary care in England with the introduction of pay for performance [J]. The New England Journal of Medicine, 2007 (357): 181 - 190.

[8] Carmen Arguedas, Hamoudi. Controlling Pollution with relaxed regulations [J]. Journal of Regulatory economics, 2004 (26): 85 - 104.

[9] Chanda Pet al. A cost - effectiveness analysis of artemether lumefantrine for treatment of uncomplicated malaria in Zambia [J]. Malaria Journal, 2007 (6): 21.

[10] Charnes, W. W. Cooper and E. Rhodes, Measuring the Efficiency of Decision Making Units [J]. Joural of Operational Research, 1978 (2).

[11] Chichester: Wiley. Im, L. S., Pesaran, M. H., & Shin, Y. Testing for Unit Roots in Dynamic Heterogeneous Panels [J]. Working Paper, Department of Applied Economics, University of Cambridge, 1995.

[12] Christoph Bohringer, Knut Einar Rosendahl. Green promotes the dirtiest: on the interaction between black and green quotas in energy markets [J]. Journal of Regulatory economics, 2010 (37): 17 -39.

[13] Crandall, R. W.. Controlling industrial Pollution: the economics and Politics of clean air, Washington, DC: Brookings institution, 1983.

[14] Damania, R. Politieal. Lobbying and the choice of environmental Poliey instruments. Environmental Modelling & Software, 2001 (16): 509 -515.

[15] Dasgu Pta, N. Greening small recycling firms: the case of lead - smelting units in Calcutta. Environment and Urbanizationg, 1997 (2): 289 -305.

[16] Dasgu Pta, N. Environmental enforcement and small industries in India: Reworking the Problem in the Poverty context. World Development, 2000 (5): 945 -967.

[17] Dixit, Avinash K., Joseph E. Stiglitz. Monopolistic Competition and Optimum Product Diversity [J]. American Economic Review, 1997 (3): 297 -308.

[18] Eftichios S. Sartzetakis, Panagiotis Tsigaris. Regulating Service Qualiy: A Survey [J]. Journal of Regulatory Economics, 2005 (2): 123 -154.

[19] Farrell J., G. Saloner. Installed base and compatibility [J]. American Economic Review, 1986 (76): 940 -955.

[20] GJ Stigler. What can the Regulators Regulate: The Case of Electricity [J]. Journal of Law and Economics, 1962 (10).

[21] Gomez - Ibanez, J. Regulating Infrastructure: Monopoly, Contracts and Discretion [M]. Cambridge: Harvard University Press, 2003.

[22] GoulderL, parryl, Williams R, et al. The Cost - effectiveness of Al-

ternative Instruments for Environmental Protection in A Seeond - best Setting [J]. Journal of Public Economics, 1999 (3): 329 - 360.

[23] Greenstone, M. The Impact of Environmental Regulation on Industrial Activity: Evidence from the 1970 and 1977 Clean Air Act Amendments and the Census of Manufactures [J]. Journal of Political Economy, 2003 (6): 1175 - 1219.

[24] Grossman, Michael. The human capital model [J]. Handbook of Health Economics, Anthony J. Culyer and Joseph P. Newhouse, 2000 (5): 347 - 408.

[25] Gupta, J. P., & Sravat, A. K. Development and Project Financing of Private Power Projects in Developing Countries: A Case Study of India [J]. International Journal of Project Management, 1998 (2): 99 - 105.

[26] Gutierrez, L. H. The Effect of Endogenous Regulation on Telecommunications Expansion and Efficiency in Latin America [J]. Journal of Regulatory Economics, 2003 (3): 257 - 286.

[27] Haln, Robert W. The Impact of Economics on Environmental Policy [J]. Journal of Environmental Economics and Management, 2000 (39): 375 - 399.

[28] Hawdon, D. Performance of Power Sectors in Developing Countries - A Study of Efficiency and World Bank Policy Using Data Envelopment Analysis [J]. Surrey Energy Economics Centre Discussion Paper, University of Surrey, 1996.

[29] Henisz, W., & Zelner, B. A. The Institutional Environment for Telecommunications Investment [J]. Journal of Economics and Management Strategy, 2001 (10): 123 - 147.

[30] International Financing Facility for Immunization (IFF Im) [EB/OL]. http: //www. iff - immunisation. org.

[31] J. Stern, S. Holder. Regulatory Governance: Criteria for Assessing the Performance of Regulatory Systems, An Application to Infrastructure Industries in the Developing Countries of Asia [J]. Utilities Policy, 1999 (8).

[32] Jencks, Stephen F., Cuerdon Timothy et al. Quality of medical care

delivered to Medicare beneficiaries: a profile of state and national levels [J]. Journal of American Medical Association, 2000 (284): 1670 - 1676.

[33] Jon Stern and John Cubbin. Regulatory Effectiveness: the Impact of Regulation and Regulatory Governance Arrangements on Electricity Industry out Comes [Z]. World Bank Policy Research Working Paper, 2005 (3): 35 - 36.

[34] Joskow and Rose. The Effect of Economic Regulation in Schmalensee and Willinged [M]. Handbook of Industrial Organization, New York: Elsevier Science Publishers, Inc, 1989.

[35] Kennedy, D. Power Sector Regulatory Reform in Transition Economies: Progress and Lessons Learned [J]. European Bank for Reconstruction and Development Working Paper, 2003: 78.

[36] Kennedy, P. A. Guide to Economics [M]. Cambridge: MIT Press, 1992.

[37] Kwerel, E. To tell the truth: imperfect and optimal pollution control. Rev. Econ. Stud, 1977 (44): 595 - 601.

[38] Kwoka J. E, Power Structure: Ownership, Integration, and Competition in the U. S. Electricity Industry [M]. Boston: Kluwer Academic Publishers, 1996.

[39] Laffont, J - J. More on Prices versus quantlties [J]. Rev. Econ. Stud, 1977 (44): 177 - 182.

[40] Levine, P., Stern, J. & Trillas F. Independent Utility Regulators: Lessons from Monetary Policy [J]. London Business School Regulation Initiative Working Papers 2002, (52).

[41] Maniac, Rafaela, Guillermo Weber. The Italian recession of 1993: Aggregate implications of microeconomic evidence [J]. Review of Economics and Statistics, 1999 (81): 237 - 249.

[42] Markusen, Morey and Olewiler. Competition in Regional Environmental Policies When Plant Loeations are Endogenous [J]. Journal of Public Eeonomies, 1995 (1): 55 - 77.

[43] Matthew Barmack, Edward Kahn and Susan Tierney. A Cost - benefit Assessment of Wholesale Electricity Restructuring and Competition in New

England [J]. Journal of Regulatory Economics, 2007 (31): 151 - 184.

[44] Megginson, W. L., & Netter, J. M. From State to Market: A Survey of Empirical Studies on Privatiation [J]. Journal of Economic Literature, 2001 (39): 321 - 389.

[45] OECD. Regulatory Impact Analysis in OECD Countries: challenges for Developing Countries [EB/OL]. http: //www. oeed. org.

[46] Panayotou, T, Demystifying the Environmental Kuznets Curve: Tuminga Black Box into a Policy Tool, Environment and Development Economics, 1997 (2), 465 - 484.

[47] Pashigan, B. P. The Effects of Environmental Regulation on Optimal Plant Size an Factor Share [J]. Journal of Law and Environment, 1984 (57): 1 - 17.

[48] Pedro Simoes, Kristof De Witte, Rui Cunha Marques. Regulatory structures and operational environment in the Portuguese waste sector [J]. Waste Management, 2010 (30): 1130 - 1137.

[49] Quah, Euston, Boon, TayLiam. The Economics Cost of Partieulate Air Pollutionon Healthin SingaPore. Journal of AsianEeonomics, 2003 (14): 73 - 90.

[50] Raul E. O'Ryan. Factors that determine the cost - effectiveness ranking of second - best instruments for environomental regulation [J]. Journal of regulatory Economics, 2006 (30): 179 - 198.

[51] Reinhard, S., Lovell, C. A. K., Thijssen, G. J. Environmental efficiency with multiple environmentally detrimental variables: estimated with SFA and DEA. European Journal of Operational Researeh, 2000 (121): 287 - 303.

[52] Robert W. Halln. Sheila M. Olmstead and Robert N. Stavins. Environmental Regulation During The 1990's: A Retrospective Analysis [R]. Working Paper, 2002: 5 - 7.

[53] Saneho F H, Tadeo A P, Maltinez E. Efficiency and Environmental Regulation: An Application to Spanish Wooden Goods and Furnishings Industry [J], Environmental and Resource Economics, 2000 (4): 365 - 375.

[54] Shafik. Economic Growth and Environmental Quality: Time Series and Cross - country Evidence [Z]. World Bank Paper for World Development Report, 1992.

[55] Susanne Droge, Philipp J. H. Schroder. How to Turn an Industry Green: Taxes versus Subsidies [J]. Journal of Regulatory Economics, 2005 (2): 177 -202.

[56] Ted Gayer, Rober W. Hahn. Designing environmental policy: Lesson from the regulation of mercury emission [J]. Journal of Regulatory economics. 2006 (30): 291 -315.

[57] Thomas A. Abbott, John A. Vernon. The Cost of US Pharmaceutical Price Regulation: A Financial Stimulation Model of R & D Decisions [J]. Managerial and Decision Economics, 2007 (4): 293 -306.

[58] Waterson M. Regulation of the Firm and Natural Monopoly [M]. Oxford : Basll Blackwell, 1988.

[59] World Bank Bureaucrats in Business: The Economics and Politics of Government Ownership [M]. Oxford and Washington, DC: Oxford University Press and World Bank, 1995.

[60] World Bank Power for Development: A Review of the World Bank Group's Experience with Private Participation in the Electricity Sector [R]. World Bank, International Finance Corporation, Multilateral Investment Guarantee Agency: Washington DC, 2003.

[61] Zhou P, Ang B W, Poh K L. Measuring Environmental Performance Under Different Environmental DEA Technologic [J]. Energy Economics, 2008, (1): 1 -14.

[62] [美] George G. Judge. 经济计量学理论与实践引论 [M]. 中国统计出版社, 1997.

[63] 冯卓. 经济转型背景下我国环境治理问题研究 [J]. 沈阳师范大学学报（社会科学版）, 2016 (3): 130 -134.

[64] 冯卓. 经济转型期我国环境治理的思考 [J]. 宏观经济管理, 2016 (1): 67 -69.

[65] 冯卓. 环境规制与农业技术进步的关系分析 [J]. 农业经济,

2016（3）：68－72.

［66］陈虹. 政府规制机构研究［J］. 理论与实践理论月刊，2007（3）：64－69.

［67］单杰，徐兆云等. 当前公共卫生监督工作中存在的问题及对策分析［J］. 中国卫生事业管理，2000（11）：596.

［68］丁伟等. 中华人民共和国环境影响评价法与规划、设计、建设项目实施手册［M］. 北京：中国环境科学出版社，2002：50－60.

［69］古阿什，汉恩. 古月译. 规制的成本与收益：对发展中国家的寓意［J］. 经济社会体制比较，2004（1）：67－77.

［70］杜朝晖. 产业组织理论［M］. 北京：中国人民大学出版社，2010.

［71］樊慧玲. 政府社会性规制的成本与收益［J］. 山东财政学院学报，2008（5）：21.

［72］樊慧玲. 转型期政府社会性规制的绩效分析［J］. 中共四川省委党校学报，2008（4）：52－56.

［73］方丹等. 政府间管制效率的比较模型分析［J］. 东南大学学报（哲学社会科学版），2006（6）：67－69.

［74］傅京燕，李丽莎. FDI、环境规制与污染避免所效应——基于中国省级数据的经验分析［J］. 公共管理学报，2010（7）：65－126.

［75］傅京燕. 国际贸易中“污染避难所效应”的实证研究述评［J］. 中国人口·资源与环境，2009（4）：13－18.

［76］高运胜，张永安，2007，北京：欧盟新绿色壁垒对我国中小企业出口影响分析［J］. 财贸经济，2007（13）：96－104.

［77］高山. 环境规制对高耗能产业能源效率的影响研究［D］. 广州：暨南大学，硕士毕业论文，2012.

［78］耿海清. 中国环境影响评价管理的现状、问题与展望［J］. 环境科学与管理，2008（11）：1－3.

［79］郭国锋等. 基于 DEA 模型的环境治理效率评价——以河南为例. 经济问题，2009（1）：48－51.

［80］韩峰. 环境规制对技术进步的影响研究——基于山东省的动态计量分析［J］. 中国科技论坛，2011（4）：97－102.

[81] 韩强等. 我国工业领域环境保护投资效率实证研究 [J]. 经济管理, 2009 (5): 154 - 160.

[82] 胡峰. 政府规制的理论基础及效果评估 [J]. 郑州经济管理干部学院学报, 2005 (1): 58 - 60.

[83] 黄清. 电力行业放松规制改革政策效果的实证研究 [J]. 山西财经大学学报, 2009 (1): 49 - 56.

[84] 黄裙仪等. 社会性管制绩效的成本与收益分析 [J]. 东北财经大学学报, 2007 (6): 75 - 78.

[85] 江珂. 环境规制对中国技术创新能力影响及区域差异分析——基于中国 1999—2007 年省际面板数据分析 [J]. 中国科技论坛, 2009 (10): 28 - 33.

[86] 江珂, 卢现祥. 环境规制与技术创新——基于中国 1997—2007 年省级面板数据分析 [J]. 科研管理, 2011 (7): 60 - 66.

[87] 李静等. 基于 DEA - SBM 模型的中国地区环境效率研究 [J]. 合肥工业大学学, 2009 (8): 1208 - 1211.

[88] 李美娟等. 数据包络分析法 (DEA) 的研究与应用 [J]. 中国工程科学, 2003: 88 - 94.

[89] 李月军等. 美国社会规制研究的三种路径 [J]. 湖北经济学院学报, 2006 (6).

[90] 李昭华, 蒋冰冰. 欧盟环境规制对我国电出口的绿色壁垒效应 [J]. 中国人口·资源与环境, 2010 (3): 136 - 142.

[91] 李昭华, 蒋冰冰. 欧盟环境规制对我国纺织品与服装出口的绿色壁垒效应——基于我国四种纺织品与服装出口欧盟 11 国的面板数据分析 [J]. 中国工业经济, 2009 (6): 130 - 140.

[92] 李子乃, 叶阿忠. 高等计量经济学 [M]. 清华大学出版社, 2004.

[93] 李子奈. 计量经济学 [M]. 高等教育出版社, 2002.

[94] 廖红伟等. 垄断行业政府规制效率及改进机制 [J]. 当代经济研究, 2009 (9): 62 - 65.

[95] 林季红, 刘莹. 内生的环境规制"污染甜筒假说"在中国的再验证 [J]. 中国人口·资源与环境, 2013 (1): 13 - 18.

[96] 林木西等. 自然垄断产品价格规制的福利效应分析 [J]. 当代经济研究, 2006: 29－32.

[97] 林少宫. 微观计量经济学要义: 问题与方法探讨 [M]. 华中科技大学出版社, 2003.

[98] 刘纪山. 基于DEA模型的中部六省环境治理效率评价 [J]. 生产力研究, 2009: (17): 93－94.

[99] 刘静. 我国环境规制效率测评研究 [D]. 陕西: 西安理工大学, 硕士毕业论文, 2010.

[100] 刘俊等, 从管制成本角度论析政府管制的有效性 [J]. 江西社会科学, 2006: 149－152.

[101] 刘新梅等. 规制机构成员影响规制效率的路径研究 [J]. 软科学, 2007 (1): 63－65.

[102] 刘研华. 中国环境规制改革研究 [D]. 辽宁: 辽宁大学, 博士毕业论文, 2007.

[103] 卢鹏. 中国垄断产业规制效果的评价研究 [D]. 辽宁: 东北财经大学, 硕士毕论文, 2007.

[104] 鲁再平等. 中国政府规制目标及效率分析 [J]. 江汉论坛, 2003 (5): 12－15.

[105] 陆梦龙. 基于DEA方法的公共部门绩效评估研究 [J]. 湖北广播电视大学学报, 2008 (1): 94－95.

[106] 马福萍, 郭晓川, 茶娜. 环境规制对技术创新绩效影响的研究——基于资源型企业的实证研究 [J]. 科学学与科学技术管理, 2011 (08): 87－92.

[107] 马雁军等. 基于DEA的政府绩效评估探析 [J]. 西北农林科技大学学报 (社会科学版), 2005 (5): 48－52.

[108] 马育军等. 基于DEA模型的区域生态环境建设绩效评价——以江苏省苏州市为例 [J]. 长江流域资源与环境, 2007, 16 (6): 769－774.

[109] 梅黎明. 西方国家的规制影响评价及其启示 [J]. 江西社会科学, 2009 (3): 179－183.

[110] 梅黎明. 中国建立规制影响评价制度的障碍及政策建议 [J].

求实，2009（4）：51－52.

［111］孟华．政府绩效评估：美国的经验与中国的实践［M］．上海：上海人民出版社，2006.

［112］孟延春等．转轨时期的政府管制：理论、模式与绩效［M］．北京：经济科学出版社，2008：265－286.

［113］潘家华，杜亚平．明确资源产权，优化环境管理［J］．科研导报，1995（7）.

［114］彭国甫．对政府绩效评估几个基本问题的反思［J］．湘潭大学学报（哲学社会科学版），2004（3）：6－11.

［115］彭海珍，任荣明．国外关于环境规制与竞争力理论研究综述［J］．经济纵横，2004（3）.

［116］彭海珍，任荣明．环境保护私人供给的经济学分析［J］．中国工业经济，2004（5）.

［117］彭克茂、席利卿、彭开丽．中国环境规制与污染避难所区域效应——以大宗农产品为例［J］．南开经济研究，2012（4）：68－96.

［118］曲如晓．环境保护与国际竞争力关系的新视角［J］．中国工业经济，2001（9）.

［119］曲如晓．环境外部性与国际贸易福利效应［J］．国际贸易探索，2002（1）.

［120］曲如晓．浅谈环境标志措施［J］．国际经贸探索，1995（4）.

［121］沈芳．环境规制的工具选择：成本与收益的不确定性及诱发性技术革新的影响［J］．当代财经，2004（6）：10－12.

［122］沈满洪．环境制度经济学的构建［J］．生态经济，2000（2）.

［123］沈满洪．论环境经济手段［J］．经济研究，1997（10）.

［124］沈能．环境规制对区域技术创新影响的门槛效应［J］．中国人口·资源与环境，2012（6）：12－16.

［125］石磊等．环境管制收益和成本的评估与分配［J］．产业经济研究，2006（5）：33－40.

［126］斯考特·J．卡兰，珍妮特·M．托马斯．环境经济学与环境管理［M］．北京：清华大学出版社．2006.

［127］托马斯·思德纳．环境与自然资源管理的政策工具［M］．上

海：上海三联书店、上海人民出版社，2005：107－141.

[128] 王灿，陈吉宁，邹骥. 基于CGE模型的CO_2减排对中国经济的影响 [J]. 清华大学学报（自然科学版），2005（12）：70－74.

[129] 王国印，王动. 环境规制与企业科技创新——低碳视角下波特假说在东部地区的检验性研究 [J]. 科技与经济，2010（10）：70－74.

[130] 王金南，杨金田. 电力行业排污交易设计 [M]. 北京：中国环境科学出版社，2011.

[131] 王俊豪. 英国政府规制体制研究 [M]. 上海：上海三联书店，2003：7－9.

[132] 王俊豪. 政府管制经济学导论 [M]. 北京：商务印书馆，2003.

[133] 王万山. 对我国环境规制主体制度优化的建议 [J]. 中国环保产业，2004（4）.

[134] 王志明，袁建新. 技术性贸易壁垒的影响及中的对策 [J]. 世界经济，2003（7）：31－34.

[135] 郭京福，杨德礼. 数据包络分析方法综述 [J]. 大连理工大学学报，1998（38）：236－241.

[136] 小贾尔斯·伯吉斯. 管制和反垄断经济学 [M]. 上海：上海财经大学出版社，2003.

[137] 解垩. 环境规制与中国工业生产率增长 [J]. 产业经济研究，2008（1）：19－25.

[138] 原毅军，刘柳. 环境规制与经济增长：基于经济型规制分类的研究 [J]. 经济评论，2013（1）：27－33.

[139] 张成. 内资和外资：谁更有利于环境保护？——来自我国工业部门面板数据的经验分析 [J]. 国际贸易问题，2011（2）：98－106.

[140] 张成. 基于S－C－P范式的中国环境规制问题研究 [D]. 中国人民大学，2011.

[141] 张熳. 经济发展与环境保护的共生策略 [J]. 财经问题研究，2001（5）.

[142] 张嫚. 环境规制约束下的企业行为 [M]. 北京：经济科学出版社，2006.

［143］王爱兰. 企业的环境绩效和经济绩效［J］. 经济管理，2005（15）：31－33.

［144］张中元，赵国庆. FDI、环境规制与经济进步——基于中国省级数据的实证分析［J］. 数量经济技术经济研究，2012（4）：19－32.

［145］赵红. 环境规制对中国产业技术创新的影响［J］. 经济管理，2007（21）：57－61.

［146］赵红. 环境规制对中国产业绩效影响的实证研究［M］. 北京：经济科学出版社，2011.

［147］祝飞. 环境政策设计与实施的若干经济问题研究［D］. 华中理工大学博士学位论文，2000.

［148］庄莹莹，龙如银. 环境规制对经济开放的影响——基于江苏省数据的实证分析［J］. 软科学，2010（12）：85－88.

［149］邹骥. 环境经济一体化政策研究［M］. 北京：北京出版社，2000.